學校心理學

陳永進，魯雲林 主編

本書系統，全面地介紹了學校心理學的基本理論與方法，有助於學校管理者，教師和家長準確理解學校心理現象，從兩營通良好的心理環境，引導學生健康、快樂地成長

崧燁文化

目錄

目錄

前 言

第一章 學校心理學概論
    第一節 學校心理學的對象與任務 11
    第二節 學校心理學的地位與作用 21

第二章 學校心理學的研究方法
    第一節 學校心理學研究的方法論原則 29
        一、為何要進行學校心理學的研究 29
        二、學校心理學研究的特殊性 31
        三、學校心理學的方法論原則 31
    第二節 學校心理學的主要研究方法 36
        一、學校心理學家常用的研究設計 36
        二、數據收集方法 40
        三、研究數據的分析與處理 48

第三章 學校心理學的歷史發展
    第一節 學校心理學的產生 55
        一、學校心理學的萌芽（1896～1920） 55
        二、學校心理學的產生（1920-1946） 58
    第二節 學校心理學的發展 60
        一、學校心理學的發展（1946～1969） 60
        二、學校心理學的繁榮（1970-現在） 62

第四章 認知發展問題
    第一節 認知發展問題的表現 71
        一、認知發展 71
        二、常見的認知問題表現 79

第二節 認知發展問題的診斷 ⋯⋯⋯⋯⋯⋯⋯⋯⋯⋯⋯⋯⋯⋯⋯ 86
　　　　一、智力障礙的診斷及矯正 ⋯⋯⋯⋯⋯⋯⋯⋯⋯⋯⋯⋯⋯ 86
　　　　二、學習困難診斷與矯正 ⋯⋯⋯⋯⋯⋯⋯⋯⋯⋯⋯⋯⋯⋯ 88
　　　　三、注意力缺陷多動障礙的診斷與矯正 ⋯⋯⋯⋯⋯⋯⋯⋯ 93

第五章 人格動力問題

　　第一節 人格動力問題的表現 ⋯⋯⋯⋯⋯⋯⋯⋯⋯⋯⋯⋯⋯⋯ 103
　　　　一、什麼是人格 ⋯⋯⋯⋯⋯⋯⋯⋯⋯⋯⋯⋯⋯⋯⋯⋯⋯ 103
　　　　二、學生常見人格動力問題的表現 ⋯⋯⋯⋯⋯⋯⋯⋯⋯ 105
　　第二節 人格動力問題的診斷 ⋯⋯⋯⋯⋯⋯⋯⋯⋯⋯⋯⋯⋯⋯ 113
　　　　一、人格動力的理論基礎 ⋯⋯⋯⋯⋯⋯⋯⋯⋯⋯⋯⋯⋯ 113
　　　　二、人格動力問題診斷 ⋯⋯⋯⋯⋯⋯⋯⋯⋯⋯⋯⋯⋯⋯ 118
　　　　三、良好人格的培養 ⋯⋯⋯⋯⋯⋯⋯⋯⋯⋯⋯⋯⋯⋯⋯ 126

第六章 社會適應問題

　　第一節 社會適應問題的表現 ⋯⋯⋯⋯⋯⋯⋯⋯⋯⋯⋯⋯⋯⋯ 133
　　　　一、適應：生物界普遍存在的現象 ⋯⋯⋯⋯⋯⋯⋯⋯⋯ 133
　　　　二、學生社會適應問題的表現 ⋯⋯⋯⋯⋯⋯⋯⋯⋯⋯⋯ 135
　　第二節 社會適應問題的診斷 ⋯⋯⋯⋯⋯⋯⋯⋯⋯⋯⋯⋯⋯⋯ 140
　　　　一、社會適應問題診斷的理論基礎 ⋯⋯⋯⋯⋯⋯⋯⋯⋯ 140
　　　　二、社會適應問題診斷標準 ⋯⋯⋯⋯⋯⋯⋯⋯⋯⋯⋯⋯ 142
　　　　三、提高對社會適應問題的診斷能力 ⋯⋯⋯⋯⋯⋯⋯⋯ 144

第七章 心理診斷評估技術

　　第一節 心理診斷評估的含義 ⋯⋯⋯⋯⋯⋯⋯⋯⋯⋯⋯⋯⋯⋯ 151
　　　　一、什麼是心理診斷 ⋯⋯⋯⋯⋯⋯⋯⋯⋯⋯⋯⋯⋯⋯⋯ 151
　　　　二、什麼是心理評估 ⋯⋯⋯⋯⋯⋯⋯⋯⋯⋯⋯⋯⋯⋯⋯ 155
　　　　三、心理診斷與心理評估的關係 ⋯⋯⋯⋯⋯⋯⋯⋯⋯⋯ 160
　　第二節 心理診斷評估的技巧 ⋯⋯⋯⋯⋯⋯⋯⋯⋯⋯⋯⋯⋯⋯ 163
　　　　一、心理診斷評估方法 ⋯⋯⋯⋯⋯⋯⋯⋯⋯⋯⋯⋯⋯⋯ 163

二、心理診斷評估應注意的問題 ———————— 169

第八章 心理諮詢治療技術

　第一節 心理諮詢治療的含義 ———————————— 177
　　一、什麼是心理諮詢 ———————————————— 177
　　二、什麼是心理治療 ———————————————— 179
　　三、心理諮詢與心理治療的關係 ——————————— 180
　　四、學校心理諮詢治療的主要內容 —————————— 181
　　五、心理諮詢治療的原則 —————————————— 183
　　六、心理諮詢治療的階段 —————————————— 185
　第二節 心理諮詢治療的技巧 ———————————— 186
　　一、學校心理諮詢治療常用的方法 —————————— 187
　　二、心理諮詢治療應注意的問題 ——————————— 200

第九章 心理干預矯正技術

　第一節 心理干預矯正的含義 ———————————— 213
　　一、什麼是心理干預 ———————————————— 213
　　二、什麼是行為矯正 ———————————————— 215
　　三、心理干預與行為矯正的關係 ——————————— 217
　第二節 心理干預矯正的技巧 ———————————— 219
　　一、心理干預的技巧 ———————————————— 219
　　二、行為矯正的技巧 ———————————————— 229

第十章 促進系統的變革

　第一節 學校心理學家的作用 ———————————— 239
　　一、應對學校面臨的挑戰 —————————————— 239
　　二、促進系統變革 ————————————————— 243
　第二節 學校心理學家的角色 ———————————— 251
　　一、心理測驗者 —————————————————— 252
　　二、檔案管理者 —————————————————— 253

三、品行培育者..255
　　四、生命意義的啟蒙者..258
　　五、人生價值觀的指導者..259

第十一章 學校心理學的遠景

　第一節 學校心理學的預測..263
　　一、加強輔導實踐..263
　　二、注重家校合作..271
　　三、創新社區服務..274
　第二節 學校心理學的未來..275
　　一、切實理清學校心理學的目的與任務............................276
　　二、盡力完善學校心理學的課程體系..............................278
　　三、全面提升學校心理學的團隊水準..............................279
　　四、逐步健全學校心理學的監督管理..............................281

附錄 參考答案

前 言

　　個體的觀念、行為方式會隨社會環境的變化而改變，以適應所處的社會環境。社會的迅速變化使人們的困擾越來越多。如何識別心理問題，提升社會環境適應的技能與技巧，成為學校心理學研究與服務的核心內容。

　　我們的宗旨是，闡述新形勢下學校心理學的基礎理論及其應用。

　　（1）透過系統介紹學校心理學的基本理論和方法，使讀者掌握系統的基本知識；

　　（2）啟發讀者運用學校心理學的原理與方法去分析、理解各種學校心理現象和解決有關問題；

　　（3）介紹各種學校心理學的應用技術和方法，使學生懂得如何調節自己的心理活動，加強自身心理素質的培養。

　　本書的編寫力求貫徹「教育要面向現代化、面向世界、面向未來」體現「科學性與思想性相統一，理論性與實踐性相統一，趣味性與實用性相統一」的原則，為培養合格的公民素質服務。為此，我們在以下幾方面做了一些努力。

　　一、力求密切聯繫學生實際，以培養其素質為基點組織本書內容，使本書有助於培養學生適應社會的能力。

　　二、力求更新觀念，更新教學內容，努力跟蹤學科發展，反映最新的心理學研究成果，儘量不用或少用描述性知識，以進一步提高本書的科學性。

　　三、努力建設體現綜合性的心理學課程，而不拘泥於中小學部分，讓教師根據課程目標和教學時間靈活地設計課程，使本書的適用面更廣一些。

　　在內容組織上，作者把學校心理學的主要問題和基本技術視為並行的部分，並把相關分支的體系與內容適當地融合到各章的寫作之中，這是學校心理學教材改革的一種新嘗試，相信會對本學科的教學有所促進。本書大體分為四個部分，其結構安排如下：先是大體介紹了學校心理學的總體概況，探

討學校心理學的對象任務、研究方法與歷史發展，隨後分析學校心理學的主要問題，包括學生認知發展、人格動力和社會適應問題，接著講述學校心理學的基本技術及心理指導預防技術，最後展望了學校心理學的運用前景。

第一部分包括前三章，試圖用系統觀概述學校心理學的基礎理論觀點和基本方法等問題。

第二部分包括第四到六章，從學校心理學的發展觀闡述了「學生認知發展」「人格動力」「社會適應」等，探討了在學校情境下學生發展過程中的主要心理問題。本部分打破了以往學校心理學教材的結構，用人格動力代替了傳統的情感、動機等問題，意義更廣泛。

第三部分包括第七到九章，介紹了「心理診斷評估技術」「心理諮詢治療技術」和「心理干預矯正技術」，運用系統觀分析了學校心理學家必備的基本技術，也更符合當代心理學的發展趨向。

剩下的章節為第四部分，主要從「促進系統變革」和「未來願景」等方面闡述學校情境中心理學的功能運用、發展願景問題。這一部分更新了學校心理學的視角，運用整體發展觀探討了學校心理學與現實的關係問題，使其內容與生活實際的聯繫更緊密。

本書大綱由陳永進擬定。參加該書編寫的主要作者都是在各自的專業領域有堅實的學術理論，又具有豐富心理工作經驗的專家。各章撰寫人員如下：第一章陳永進、李思，第二章黃鐸、魏昌武，第三章蔣曉紅、陳永進，第四章游雅玲、王群，第五章張林林、季海君，第六章黃鐸、周春梅，第七章蔣曉紅、張俊琳，第八章秦萬波、王群，第九章夏薇、周春梅，第十章張昊、魯雲林，第十一章葉姍姍、魯雲林。全書主編、副主編分別進行了統稿，陳永進負責最後定稿。

本書在編寫的過程中參閱了大量國內外相關文獻資料，所以在此衷心感謝多年來在學校心理學領域付出辛勤努力並取得成就的專家、學者，感謝出版社對本書出版的大力支持。

由於本書是一種理論觀點的新嘗試，我們力求精益求精，但難免存在疏漏乃至錯誤之處，懇切希望同行專家和廣大讀者批評指正。

陳永進

美國聖路易斯

第一章 學校心理學概論

第一章 學校心理學概論

　　學校是串串音符，連起人們的夢想；學校是縷縷陽光，溫暖人們的心靈。學校使人學習知識，擁有思想；使人掌握技能，感受成功。而隨著時代的變革，生活方式趨於複雜，導致了諸多社會問題，如離婚率居高不下，青少年網癮、吸毒、自殺等。於是，人們更加依賴學校教育，以期解決各種問題。學校心理學如同心靈的刷子，能將學生某些外在的浮塵輕輕拂去，還原其本心。本章將著重討論何為學校心理學，以什麼為研究對象和任務，它有怎樣的地位和作用。

▍第一節 學校心理學的對象與任務

　　學校心理學萌芽於 1896 年，由當時美國賓夕法尼亞大學兒童心理諮詢所所長萊特納·韋特默（Lightner Witmer，1867～1956）創立，1932 年起在美國已成為正式的教育專業用語，到 20 世紀 70 年代這門學問才得到確立並得以迅速發展。從學校心理學在世界各個國家的發展軌跡來看，它是一門將教育心理學、特殊兒童心理學、發展心理學，特別是臨床心理學等知識加以綜合運用的學科，是心理諮詢與輔導領域內的新興學科，具有很強的應用色彩。

　　每一門學科，都是由於實際需要而產生和發展起來的，都有自己特定的探索領域和研究對象。

　　1. 什麼是學校心理學

　　心理學是研究心理現象及其規律的學科，它以自己特有的研究對象而與其他學科區別開來。心理學既研究動物的心理，也研究人的心理，而以人的心理現象為主要的研究對象。學校心理學就是心理學的一個分支學科，屬於應用心理學的分支學科。

　　認識學校心理學的定義，首先應瞭解學校心理學與相關學科間的關係。學校心理學不僅和普通心理學、發展心理學，特別是教育心理學有著不可分

割的有機聯繫，而且在它的發展過程中，同心理學的其他一些分支也具有一定的內在聯繫。要正確區別教育、教學過程中，學生正常和異常的心理現象，它就需要同生理心理學、醫學心理學適當結合；要深入探討學生理解知識，形成技能的心理特點和規律，它又需要同實驗心理學、學科心理學密切合作；要矯正學生的不良品德，杜絕其發生有害於社會的行為，它還需要同過失心理、社會心理的研究進行協作。因此，學校心理學不是孤立存在的，而是整個心理科學的一個有機組成部分。

其次，需要明白什麼是心理輔導，因為學校心理學是一門關於在學校教育中如何開展心理輔導與諮詢的學科。國際上，以學校教育活動為背景的心理輔導和諮詢被稱之為「學校心理輔導」，歸屬於學校心理學的研究領域，主要以學生的學習、適應、人格成長作為中心問題予以心理援助。被援助者有時不僅僅是學生，也包括學生的家長和學校的教師。學校心理輔導的範圍包括以學校教育為背景的校內問題，學校外的家庭教育問題以及社會地區內的問題等。但是，已經從學校畢業或退學的人，利用業餘時間在各級各類學校中進修、學習的社會人士，其心理輔導和諮詢問題均不屬於學校心理學的研究範疇。

學校心理學是由學校心理學工作者在教育情境中研究和解決教育過程中的心理學問題的一門應用性學科。《辭海》對「學校心理學」所下的定義是：學校心理學研究學校教育過程中心理學方面的問題，如學習、情緒與社會發展方面的測驗、診斷與諮詢，以指導教師和家長對學生的學習與情緒障礙做適當的分析和處理，促進個體身心的健康成長。美國心理學家考斯尼主編的《心理學百科全書》認為，學校心理學是由學校心理學家在教育情境中，綜合運用心理學的知識和技術，直接或間接地促進學生最適度學習的一門學科（徐光興，2012）。

綜上所述，學校心理學是在學校情境下，綜合運用心理知識與技術，對學生、教師及家長等進行援助與輔導，促進學生身心健康發展的一門學科。

2. 學校心理學的特點

學校心理學在心理科學體系中有自己的特殊性,主要有現實性、滲透性、專業性等特點。

現實性。學校心理學的重要任務在於解決學生的各類現實的心理問題,密切關注學生心理,努力尋求評估和矯正學生心理問題的手段與方法,配合教師和家長改進學生的學習能力和社會適應能力。

滲透性。學校心理學應用許多其他心理學分支積累的知識和技術來解決學生的心理健康問題,因此,它有賴於這些分支的發展和成果。例如,要想很好地評估學生,就要瞭解不同發展時期的學生具有哪些特殊的心理特徵和心理活動規律,這種知識是由發展心理學的內容所提供的。再如,若要有效地對學生進行干預,就要掌握一定的心理治療手段,這將有賴於心理治療學所提供的技術。學校心理學應用各類心理學的綜合知識來解決學生的問題,這使得學校心理學具有交叉學科的性質。

專業性。學校心理學在各個心理學分支中顯得尤其專業化。從事管理心理學的人可能擔任企業管理者的職務,也可能擔任研究工作,或在其他部門任職,而學校心理學家則幾乎都在學校,都是專業的研究者。

3. 學校心理學的對象

學校心理學的研究對象,從廣義上講,包括個體也包括群體,甚至還包括班級管理、學校管理、教師的講課評估等,但凡學校中有關心理學的問題,學校心理學都有責任解決。從狹義上講,我們認為,學校心理學主要研究5～24歲不同年齡階段的學生在成長與發展過程中遇到的各類問題,以兒童和青少年所遇到的發展性問題為主,障礙性問題為輔。西方學校心理學注重輔導和諮詢模式。他們把工作重點放在問題兒童身上,注重對問題兒童的輔導、諮詢和治療。根據中國當前的教育實際情況和教育特點,我們更應重視發展模式,把工作重點放在發展性心理輔導上,透過提高學生的心理健康水準,有效地預防心理疾病的發生。

學者徐光興(2012)根據學校心理健康教育體現的目標,將學校心理輔導劃分為三個層次:

第一個層次是發展性心理輔導。面對青少年開展心理健康工作，提高全體學生的心理素質。

第二個層次是預防性心理輔導。面對的是部分在學習上、心理上及生活適應上有可能發生問題或剛出現問題苗頭的學生。

第三個層次是治療性心理輔導。面對的是在心理、學習、社會事業方面產生重大問題或不正常狀態，性格出現偏差，非常需要心理指導的學生。

這三個層次相輔相成。由此，也可以認為，學校心理學的主要研究對象是全體學生的心理健康，尤其關注那些已經出現心理問題的個別學生。

由於學生在成長中遇到的各種各樣的發展性心理問題及障礙性心理問題可能會受到家庭、教師、同伴等多種因素的影響，故根據學生所遇到的具體問題，學校心理學的研究對象也包括家長、教師等。

1. 心理診斷評估

「診斷」這一用語原來是醫學術語，學校心理學中的「診斷」是從臨床心理學的角度出發，對有問題行為、心理障礙或人格異常的兒童，進行生育史、家庭環境、精神衛生以及與家長的心理面談情況的考察，有時還要參考醫學檢查（例如腦電圖、神經系統檢查）等方面的資料，是一種綜合、客觀地瞭解兒童的技術方法，所以也稱為「心理診斷」「心理臨床的理解」或「教育臨床」。

學生形成問題行為、心理障礙的原因多種多樣，要找出其中特定的因素，就離不開心理診斷。心理診斷需要學校心理輔導教師具有非常紮實的專業知識、經驗和綜合的分析、判斷能力，還必須抓住以下五大因素：

第一，身體因素（有無腦器質性、身體機能性障礙）；

第二，智力因素（有無弱智、智力發展遲緩現象）；

第三，人格、情緒因素（有無心理異常狀態）；

第四，環境因素（家庭、社區、學校、社會的環境如何）；

第五，體質因素（有無遺傳性問題、過敏性體質、營養不良等）。

生活中的心理學

案例：某中學生的學校恐懼症分析

一、個案資料

阿華（化名），男，13歲，某小學六年級學生，獨生子，本人及家人無重大疾病史。

2005年6月，阿華從家鄉小學轉到某一流中學後，第一學期常請病假，有嘔吐、肚子痛等症狀。第二學期開學後，早晨上學有意拖延，經常訴說肚子痛、惡心、嘔吐症狀有所加重。在學校裡，老師反映阿華對學習無興趣，學習成績較差；並且對學校開展的各項活動態度冷淡，有時看到他的眼神裡充滿了敵意和恐懼，與同學關係不好。班導師從責任心和愛心出發，將其轉介給學校社工。

二、問題與症狀

母親及祖輩們對他特別溺愛，幾乎百依百順；看到教師感到害怕；與同學無主動性交往。

該同學緊閉著口，愁眉苦臉，不敢正視任何老師，身體發抖。回答老師提問時不願開口，即使偶爾說話聲音也很輕。能完成老師出的書面調查問卷。

三、案例診斷

學校恐懼症是兒童對學校感到恐怖、強烈拒絕上學的一種情緒障礙。其認知上的問題主要體現在：學校裡的教師都很凶，學校很可怕；情緒上的問題在學校裡主要表現為在教師面前緊張、焦慮、憂鬱，在家長面前發脾氣、暴怒，在家裡休息時一切正常，準備上學時開始緊張、退縮；軀體上的問題表現為無器質性問題，但一背上書包就胃痛、嘔吐、心悸、胸悶、心跳加速等。

2.心理干預矯正

通常認為,心理危機干預發生於危機事件之後。這是對危機干預的狹義理解。從廣義上以及實際效果上來說,有效的學校心理危機干預不是始於危機事件發生後的反應,而是在危機事件發生之前很早就開始了。完整而系統的學校心理危機干預體系應包括危機發生前的預防和準備、危機發生後的心理危機處理以及心理危機干預的有效性評估等三個方面。有效的學校心理危機干預計劃也應從這三個方面著手。

危機發生前的預防和準備。有效的危機反應植根於預防和準備。學校需要預防可能發生的危機;對於無法預防的,則要做好準備,在平時生活中提高學生的復原力,讓他們未來面對危機時能有效應對。具體而言,可以從普及性、目的性和針對性等三個層面開展危機預防工作:

第一,普及性的預防,即形成一種安全的學校氛圍,提高學生的復原力,進行安全教育,並制定學校安全計劃等。其中,學校安全計劃的制定尤為重要。有效應對學校危機——保護成百上千的學生和教職員工免於危險,確保其身心健康——是一項具有很強挑戰性的工作。建立在預防機制上的努力是最有效的,畢竟「預防勝於治療」。如果事先沒有制定危機干預計劃,很多危機干預的協調和執行工作就會變得很混亂。目前,美國有些州已經頒布了有關學校危機干預計劃的法律,規定學校要為自己量身定做危機干預計劃,這已經成為一個命令,而不是一個選擇。中國雖然還沒有制定相關的法律,但是在學校系統下事先制定心理危機預防的安全計劃,做到未雨綢繆,勢必成為一種趨勢。

第二,目的性的預防,即依照特定目的,教授具有某些共同特徵的人員更為具體的干預技能。例如,教授人際退縮的學生具體的人際交往技巧,教授教師如何評估學生的創傷後成長等。

第三,針對性的預防則更加個人化,例如針對個體的一些危險性指標對其進行自殺評估,並進行有效的預防等。

危機發生後的心理危機處理。危機發生後,首先要確保生理需要。危機發生後,學校首先要確保學生的基本生理需要,包括提供安全的場所、必要的食物和水等,同時給學生提供相關的訊息,讓學生得知危機事件的始末以

及目前的情況。這樣做，可以提高他們的安全感。只有基本的生理需要滿足了，才適合進一步開展心理干預。其次，評估心理創傷。在心理干預開始之前，首先要評估每個學生的心理創傷水準。青少年和成年人的心理需求是不同的，而且每個學生的反應可能差異很大。評估工作最好由學校內部及周邊的心理健康專業人員進行（例如學校心理教師、社會工作者以及職業心理諮詢師等）。需要評估的因素包括：危機暴露程度、對危險的知覺、個人的脆弱性（例如先前的危機經歷及心理健康問題）、危機反應以及應對行為等。根據危機的性質，有時學校內部成員（例如教職員工、校長等）也需要接受評估和調查。最後，提供心理干預並滿足需要。對師生的心理需求進行評估之後，就要針對不同的干預對象及其不同需求提供不同形式的危機干預。根據師生遭受創傷的程度和範圍，在危機干預的對象方面要注意按照嚴重程度的不同提供不同的干預，我們稱之為「分層」。分層能最大限度地利用有限的人力資源，有針對性地提供心理干預，保證干預的效果。

第一層是普及性的危機干預，提供給所有可能有心理創傷危險的學生。根據危機的性質，這個階段的干預對象可以是整個學校的學生。其主要作用在於預防危機的影響進一步惡化，給學生帶來安全感，重新建立其社會支持系統。此時，教授父母和老師如何幫助學生也是非常重要的。大部分學生經過第一階段的干預後都會得到較好的恢復。

第二層是選擇性的危機干預，提供給那些可能受到中等程度創傷的學生。他們通常只是學生中的一部分，但如果是非常嚴重的創傷性危機，可能也要將干預範圍擴展至全體學生。這一階段的指導性更強，例如心理教育式的團體輔導、急救性質的個體和團體諮詢等。心理急救能給學生一個分享經歷的機會，並明確適當的應對策略，可以幫助學生減少孤獨感。

第三層是指定性的危機干預，主要提供給那些受到最嚴重心理創傷的個體。他們通常是危機倖存者中很小的部分，但也可能包括較大比例的學生。這個層次的心理治療可能需要校外的機構提供支持以及輔助。至於何種心理干預模式最為有效，能給受創人員提供最好的幫助，一直是研究者關注的話題。

心理危機干預的有效性評估。對於經歷危機的師生進行危機干預之後，還應該定期對干預的效果進行評估，以確保干預的有效性。在評估的基礎上，要對學校制訂的危機干預計劃進行修改，收集學校內部人員、學生家長以及學生的反饋意見，以明確什麼地方做得好，什麼地方還需要進一步調整。除此之外，學校的行政人員必須要注意，他們自己也經歷了危機事件，也受到了危機事件的影響。因此，給包括校長在內的學校行政人員提供身心方面的照顧，同樣非常重要。

3. 心理指導預防

指導校園文化環境建設，提供健康心理氛圍。建構和諧溫馨的校園環境，有助於改善學生的心理狀況。操場、圖書館、餐廳、教室、宿舍等整潔美好的環境能使人心情愉悅，也是學生身心健康成長的重要條件；充分利用學校廣播、電腦網路、校園櫥窗、告示板等宣傳媒介，多管道、多形式地正面宣傳，豐富校園文化生活，滿足學生的精神和心理需求，減少孤獨、寂寞情緒；創辦以學生為主體的校報或院報，不僅可以為學生表現天賦和展示才華提供平臺，同時，可以以身邊的人或事開展健康心理宣傳。

指導心理俱樂部，提供朋輩互助。朋輩輔導員是指從某個群體中選拔出來，接受專業的培訓，為朋輩提供心理援助和行為示範的人。在學生中建立心理俱樂部，提供朋輩互助，是基於學生群體更願意與自己同輩的人交流、分享自己的喜怒哀樂，獲得情感支持，分享成功經驗，減少師長隔閡與牴觸等理念。在心理俱樂部裡透過朋輩輔導員為學生提供交往空間，緩解孤獨、寂寞、無助等情緒。當學生們遇到問題想不開，容易走極端時，可以到心理俱樂部尋求朋輩輔導員的支持，詮釋心理困惑，增進心理健康。同時，還可以根據不同年級學生的特徵開展具有針對性的活動。在俱樂部裡，朋輩輔導員還可以為新生提供更多的實踐機會，促進人與人之間的交流。還可以設立虛擬的心理俱樂部，學生可以根據自己的實際情況，當出現心理困惑、深感無助的時候，可透過網路與虛擬俱樂部中的朋輩或專業心理工作者進行交往、互動，將自己的負面情緒、內心壓抑盡情宣洩，不要有任何顧慮，彼此並不知曉對方是誰，使自己存在的心理危機在不知不覺中得以宣洩、釋放。

指導組織團體活動，完善社會支持系統。用團體動力理論組織團體活動，注重學生之間的彼此溝通。只有透過體驗活動才能實現心理健康教育的目標，學生在團隊中以角色扮演、問題討論、活動體驗等多種學習方式領會人際交往的真諦，在輕鬆、和諧的氣氛中自我成長，從而將認知提高與活動體驗、反思建構有機結合起來。透過團隊活動的形式，一方面為學生提供校園支持與交往平臺，另一方面為學生的壓力釋放提供空間。同時，在團隊活動中帶隊教師要精心設計活動內容，使團隊成員充分展示人格魅力，其行為會感染其他成員，形成良好的、積極的個性心理特徵。團隊中的積極情緒有助於拓展人們瞬間的知行能力，並能構建和增強個體的相關資源，如增強個體的體力、智力、社會協調性等。同時，相關實驗研究表明，積極情緒拓展了知與行的個體資源，而消極情緒則減少了這一資源，而且，積極情緒有助於消除不良情緒。在團隊中強調用開放和欣賞的眼光來看待每一個人，發掘個體潛能，形成積極的品質；對問題進行積極的解釋，形成積極的歸因。積極的社會支持系統簡單地理解就是良好的家庭、學校和社會環境。

　　我們強調學生自身應該學會保持積極樂觀態度，同時應該看到，良好的生活環境在很大程度上能對學生的人格培養造成積極的輔助作用，父母等長輩的樂觀性格必定會對孩子造成示範作用。社會環境的影響力更是不可小覷。學校應與學生家長建立溝通管道，使家長改變原有的「以智育定能力，以成績定喜惡」的做法。在日常生活中要多給孩子以肯定和鼓勵，多看到孩子身上的閃光點，同時讓孩子知道自己存在的價值，在遇到問題時內心充滿力量，有足夠的勇氣去面對。在社會上組織學生觀看各種先進人物的事跡報導，參加各種展覽，感受社會的和諧溫暖，讓學生對未來充滿希望。總之，要完善家庭、學校、社會支持系統，共同塑造學生的積極心理品質。

　　將心理學的理念納入不同學科、不同教學活動之中。學校心理學的研究對象是普通人，它要求心理學家用一種更加開放的、欣賞性的眼光去看待人類的潛能、動機和能力等。基於這種理念，學校的教師在講授課程以及開展各項活動時，應真正做到教書育人、為人師表，用開放與欣賞的眼光和態度去鼓勵學生，使學生在賞識教育下最大限度地表達自己，發揮自己的優勢；用教師自身的積極人格影響、感染學生，做學生的榜樣，形成師生之間和同

學之間互相關心、和諧相處、共同研討、共同進步的學習氛圍。這樣，學生不僅可以在知識掌握中提升成就感，而且還能提升心理健康水準，減少危機事件的發生。

構建學校心理健康教育課程的新視角。傳統的學校心理健康教育課的內容，都是傳授心理問題的表現形式、困擾人們的心理問題、如何解決這些問題等。它們過於強調人們的心理問題與心理疾病，而忽視了人的健康心理。學校心理健康教育的目標不單是解決學生的心理問題，治癒學生的心理疾病，更為重要的是教會學生解決問題，充實快樂地生活，增進心理健康，實現個人潛能。在心理健康知識的普及中，改變學生原有的知識體系，避免不良情緒的產生和病理案例分析的負面影響。

利用學生個性十足、耐挫力強、探索心強的特點，開展專業知識講座、生活感悟交流會、心理小品比賽等積極活動，以此提升其身心素質，完善其人格。同時，鼓勵當代學生探討應如何具備積極心理品質以及積極心態，如何看待失敗，如何獲得幸福，如何快樂地生活。以積極健康的思維和行為處理棘手問題及應對挫折。調動學生探索積極心理品質的相關內容，使學生在不知不覺中將其內化成自己的積極心理品質。以「今天你快樂嗎？」「你覺得自己幸福嗎？」等公益講座主題取代「今天你憂鬱嗎？」「是什麼困擾著你？」等講座主題，培養學生積極的心理品質、人格特質、情緒體驗和生活態度。

拓展閱讀

什麼能使生活變得圓滿如果用 A，B，C……，Z 這 26 個字母分別代表 1%，2%，3%，……，26%，那麼什麼能使我們的生活達到 100% 的圓滿呢？我們能得到一些有趣的結果。

是 MONEY（金錢）嗎？不！M+O+N+E+Y=（13+15+14+5+25）% =72%。

是 BEINLOVE（戀愛）嗎？不！B+E+I+N+L+O+V+E=84%。

是 KNOWLEDGE（知識）嗎？不！K+N+O+ W+L+E+D+G+E=96%。

是 LEADERSHIP（領導能力）嗎？不！L+E+A+D+E+R+S+H+I+P=97%。

這些我們通常非常看重的東西，都不是圓滿的。那麼，究竟什麼能使生活變得圓滿呢？

是 ATTITUDE（態度），A+T+T+I+T+U+D+E=100%

所以說，人主要就是活一種心態！心態決定行為，行為決定習慣，習慣決定性格，性格決定命運。

美國潛能成功學家羅賓說：「面對人生逆境或困境時所持的信念，遠比任何事都來得重要。」這是因為，積極的信念和消極的信念直接影響創業者的成敗。

美國成功學的學者拿破崙·希爾對於心態的意義說過這樣一段話：「人與人之間只有很小的差異，但是這種很小的差異卻造成了巨大的差異！很小的差異就是所具備的心態是積極的還是消極的，巨大的差異就是成功和失敗。」

對待任何困難都要有「雖千萬人吾往矣」的戰鬥精神，只有這樣的信念才能使我們想盡辦法去克服生活和工作中的種種困難，去引導我們走向成功，使我們的生活達到100%圓滿。

複習鞏固

1. 什麼是學校心理學？

2. 危機發生前應做哪些方面的準備？

3. 心理診斷評估應抓住哪些因素？

第二節 學校心理學的地位與作用

1. 學校心理學與社會發展

20世紀80年代以來，學校心理健康教育開始興起，並獲得了一定程度的發展，在培養學生健全的個性和良好的心理品質，促進學生的身心健康發

展等方面都發揮了積極的作用。然而，我們必須清醒地認識到，在目前的複雜形勢下，學校心理健康教育還面臨許多新的挑戰。。

學校心理健康教育社會支持指心理健康教育作為一個多側面、多維度、多層次的長期而系統的艱巨工作，不僅需要家庭和學校的協同配合，也需要社會各界的大力支持和傾力協助，如教育行政部門、社區、大眾媒體都可以參與進來，共同發揮作用。在社會支持下，學校、社會和學生三者之間也會加強相互間的協作，不僅可以促進三者本身的和諧發展，還能促進三者之間關係的和諧。在以人為本，注重人文關懷與心理疏導，注重促進人的心理和諧這一邁向和諧社會的道路上，學校心理健康教育的作用可謂日益顯著。學校心理健康教育系統運行的實質也就是要求充分發現和深入挖掘一切可以利用的資源，在更廣闊的平臺上全方位地維護和促進國家未來建設者和接班人的心理健康發展，進而推動整個社會的和諧與進步。

在這一體系中，學校心理健康教育的專門途徑不僅促進學生與自我和諧，還傳授人與自我、人與自然、人與他人、人與社會和諧相處的技能，為學生和諧發展提供技能積累；學校心理健康教育的滲透途徑則為人與人之間、人與環境之間提供一個應用所學和諧技能的平臺；學校心理健康教育的支持途徑則為人的和諧發展提供更為廣闊的平臺。在這個過程中，會打破過去一直以來彼此相互孤立的僵局，營造一種學校、家庭、社會和學生四位一體的氛圍，不僅維護學生的和諧發展，還加強彼此之間的溝通和協作，促進每個要素及整個系統的和諧發展。而每個個體的和諧發展、每個系統的和諧發展勢必會促進整個社會系統的和諧發展，從而最終實現人類孜孜以求的民主法治、公平正義、誠信友愛、充滿活力、安定有序和人與自然和諧相處的美好理想社會（吳先超，2005）。

2. 學校心理學與教育改革

俄國教育家烏申斯基曾經說過，教育的主要活動是在心理的和生理的活動現象領域內進行的。蘇聯教育家蘇霍姆林斯基也說過，沒有心理上的修養，體力的、道德的、審美的修養就不可能想像。不言而喻，透過學校心理健康

教育使個體保持健康的心理狀態和良好的心理素質，就能為其順利地接受德育、智育、體育、美育等其他素質教育提供良好的心理條件。

學生的知識、技能和智力都同心理健康密切相關，心理健康是有效學習的基礎，不健康的心理會影響智力和學習效率。首先，健康的心理能正確感知外界事物，思維無幻覺、錯覺，條理清晰，對學習有較深厚的興趣和求知慾望，並致力於其中且獲得樂趣，能克服學習中的困難，保持一定的學習效率。相反，如智力出現異常，不僅影響學生掌握科學文化的效果，嚴重者連一般正常的學習和生活也難以維持。其次，健康的心理能保持愉快、樂觀、積極向上的情緒，而這些對於提高學生的學習興趣和自信心，充分發揮智慧的潛能，是不可缺少的。反之，焦慮、恐懼、憤怒、悲觀、壓抑的情緒不僅會使學習分心，睡眠受阻，注意力渙散，記憶力減弱，而且還極大地減弱學習興趣，產生思維停滯，反應遲鈍，不僅毫無創造性可言，而且固有智慧的發揮都會受到阻礙，更談不上掌握先進科學文化知識和高科技了。

再次，健康的心理具有堅強的意志、頑強的毅力和鍥而不捨的精神。而學習是一項艱苦的腦力勞動，並且在學習過程中會遇到許多困難和挫折，所以，學生要取得優異的學習成績，掌握更多的科學文化知識，沒有堅強的意志，沒有不屈不撓的精神是不可能的。最後，健康的心理，能以積極進取、服務於社會的人生觀作為自己人格的核心，並以此為中心把自己的需要、願望、目標和行為統一起來，樹立遠大理想，「以天下為己任」，從而產生強大的學習內驅力，推動學生努力完成學業，自覺攀登科學高峰。心理健康是學生掌握文化科學知識的重要保證，有了良好的心態，不僅能取得好的學習效果，而且有益於終身的發展。離開良好心理的培養，難以造就出具有先進文化知識的合格學生（吳先超，2005）。

3. 學校心理學與家庭穩定

健康的家庭環境是青少年堅實的後盾和支持系統。諮詢師要做的，就是在與整個家庭溝通的過程中，對這種積極的力量加以引導，讓父母成為孩子在遇到困難時能夠安全依靠的港灣，使子女得到父母有力的支持和正確的指導。此外，家庭治療更主要的是針對那些始於更早的家庭問題，只是在青少

年時期才表現出來的心理問題。每個家庭都有其生命週期，它指的是家庭生活的階段，從與父母分開到結婚，生孩子，退休等，通常需要調整家庭結構。對於青少年的父母來說，無論是初次為人父母，還是孩子進入青春期，都是一次生活階段的轉折和開始，甚至要面臨家庭結構的變化和固有平衡的打破，這些變化會讓家庭成員們措手不及，甚至感到難以適應。如果這些問題經過調整仍得不到解決，從而引發長期的不良的教養行為，繼而影響了家庭的心理狀態並對孩子的成長產生了負面的影響，這時候，這些異常的心理狀態很難由家人自行改善或糾正，需要專業人員協助輔導。

青少年在家庭中通常處於被保護的較為弱勢的地位，同時他們具有很強的學習和模仿能力，易於習得或受到父母行為的影響。另外，成員依據自己在家庭中的輩分、性別和功能，與其他成員連接形成家庭次系統，使家庭保持一種較為穩固的結構並行使一定功能。在子系統與子系統之間，或是一個相對獨立的結構之間，均存在著人際界線。人際界線有僵硬和模糊之分。與子系統以外的系統發生很少聯繫的界線是僵硬的。它讓家庭成員（或者說系統）之間的交往顯得獨立而生硬，彼此產生疏離感，例如子女很難從父母那裡獲得支持的感覺，與之對應的功能不良的家庭結構類型為疏離型家庭。當人際界線模糊不清的時候，家庭成員間是相互支持的，但常伴有過度的干涉，受干涉和保護的一方，如子女常感到沒有自由或受到侵犯。作為諮詢師，應注意在家庭成員的互動中觀察每個子系統的人際界線是否清晰，因為不明晰的人際界線極有可能是這個家庭的問題所在（黃瑞瀅，2011）。

4. 學校心理學與個體健康

心理健康是發掘智力潛力的必要條件。大腦是心理活動的器官，也是智力活動的器官，心理活動透過大腦直接影響智力活動。愉快、樂觀的情緒，不僅使人的記憶力增強，而且使人反應靈敏、思維活躍；焦慮不安、悲觀、苦悶、憤怒等不良情緒，則會使人心煩意亂、思維停滯，阻礙著智慧的發揮。長期的心理紊亂會導致大腦機能失調，必然破壞正常的智力發揮。美國教育心理學家弗蘭德森認為，心理衛生是獲取知識的基礎。

一些兒童和青少年的學業成績會超出或落後於我們通常可預料的具有同等智慧能力的個體，其中一個重要因素就是心理健康與否的問題。在學生學習、獲取知識和技能的過程中，過度的挫折和由失敗、威脅、強制、過分的要求引起的壓力等不健康的心理很可能會以各種方式損害智力。在這些壓力下，許多學生往往變得對學習、獲取知識和技能無所用心或思維變得機械呆板。因此，提高心理素質，可使學生增強抵抗挫折和壓力的能力，從而有利於更好地獲取知識和技能。人的身體健康和心理健康是交互作用的。健康的心理寓於健康的身體之中。生理上的缺陷、病痛往往使人產生煩惱、焦躁、憂慮、憂鬱、灰心、絕望等不良情緒，影響人的情感、心境、性格、意志，形成各種不正常的心理狀態，進而影響到心理健康；而心理上的不健康狀態，如長期過度的憂慮、煩悶、疑忌等，又會導致生理上的異常和病變。如果兩者互為因果，形成惡性循環，後果將更為嚴重。因此，提高心理素質對生理健康有著重要的作用，學校心理學正是學校情境中提高學生心理素質的重要武器。

心理健康與美育有著特殊的關係。在理想美、思想美、品德美、性格美、情感美、行為美中，很多都是人的心理健康特徵所應包括的內容，亦是建立在健康的心理素質基礎之上的。許多心理疾病不僅會引起身體上的疾病，而且會給理想、品德、性格、情感等帶來問題，並且其本身也不符合美的要求。因此，沒有健康的心理就談不上外在美和內在美，也不可能有健康的審美情趣和創美熱情。

另外，心理健康與思維、創新素質的培養都存在著密切聯繫。良好的心理狀態是使思維活躍、敏捷的重要保證。思維能力的培養、科學的思維方式的形成，離不開健康的心理素質。健康的情感、堅強的意志、堅韌不拔的品質等健康的心理素質是使創新活動獲得成功的前提條件。

近二十年來越來越重視學校心理學的研究，是因為學生中出現了越來越多的心理健康和行為問題。

在新舊體制轉化的過程中存在著各種矛盾，社會上滋長的「一切向錢看」的消極現象，不僅妨礙了學生樹立正確的人生觀和價值觀，而且也容易助長

他們產生拜金主義、享樂主義和極端個人主義的心理。在「應試教育」的條件下，容易產生重智輕德、分數至上的消極現象，它往往使學生產生焦慮情緒、挫折感和人格障礙，甚至於萌發「輕生」的念頭。有些家庭由於教育不當也會產生各種各樣的消極現象。像離婚家庭的子女，由於失去正常教育，易發生情緒低沉，不能適應現實生活，致使學習成績降低、人際關係緊張，甚至於品德滑坡、人格異常。有些獨生子女家庭，由於嬌慣、縱容、溺愛，致使孩子任性、懶惰、獨立性差、依賴性強、不夠合群等。另外，大眾傳媒中不健康的內容也是造成學生心理行為問題的重要原因。一些文藝、影視廣播、出版等部門充滿「拳頭」加「枕頭」的內容，對兒童和青少年起著教唆的作用，嚴重毒害了兒童和青少年，使他們心理變態，誤入歧途。由此可見，學校心理學的發展具有現實意義。

複習鞏固

1. 學校心理健康教育面臨著哪些新的挑戰？

2. 學生的知識、技能和智力同心理健康的關係是怎樣的？

3. 學校心理學與個體健康的關係是怎樣的？

本章要點小結

1. 學校心理學是在學校環境下，在教學過程中對學生、家長及教師進行的心理方面的援助與諮詢。

2. 學校心理學的特點包括三點：現實性、滲透性和專業性。

3. 學校心理學的研究任務是心理診斷評估、心理干預矯正和心理指導預防。

4. 學校心理學對社會、學校、家庭及個體本身的影響。

關鍵術語表

學校心理學 心理諮詢 學校壓力症 行為主義 人本主義

本章複習題

1. 學校心理學就是心理學的一個分支學科，屬於（　）的分支學科。

A. 教育研究 B. 應用心理學 C. 普通心理學 D. 心理諮詢

2. 不屬於學校心理學特點的是（　）

A. 現實性 B. 滲透性 C. 研究性 D. 專業性

3. 屬於學校心理學主要研究年齡階段的是（　）

A.1 歲 B.3 歲 C.17 歲 D.28 歲

4. 具體而言，可以從（　）和針對性等三個層面開展危機預防工作。

A. 普及性、積極性 B. 普及性、目的性

C. 普及性、同化性 D. 普及性、廣泛性

5. 心理診斷需要學校心理輔導教師具有非常紮實的專業知識、經驗和綜合的分析、判斷能力，還必須抓住（　）因素、智力因素、人格因素、情緒因素、環境因素、體質因素。

A. 個性 B. 身體 C. 技能 D. 遺傳

6. 危機發生後的心理危機處理的內容不包括（　）

A. 確保生理需要 B. 確保身體安全

C. 評估心理創傷 D. 提供心理干預並滿足需要

7. 自（　）年起學校心理學在美國成為正式的教育專業用語。

A.1932 B.1970 C.1896 D.1923

8. 徐光興根據學校心理健康教育體現的目標，將學校心理輔導劃分為三個層次，分別是（　）

A. 發展性 B. 預防性 C. 治療性 D. 教育性

9. 學校心理學主要研究 5～24 歲不同年齡階段的學生在成長與發展過程中遇到的各類問題，為主和為輔的問題分別是（　）

A. 教育性問題和障礙性問題　B. 發展性問題和障礙性問題

C. 發展性問題和教育性問題　D. 障礙性問題和發展性問題

10. 完整而系統的學校心理危機干預體系應包括（　）三個方面。

A. 預防和準備　B. 危機發生後的心理危機處理

C. 心理危機干預的有效性評估　D. 選擇性危機干預

第二章 學校心理學的研究方法

　　學校心理學作為一門應用學科在很多年前就已經告別了純粹思辨和依靠經驗的研究方式。那些具有較低自尊感的學生是否會產生嚴重的學習障礙，單親家庭的孩子會更加努力地學習還是自暴自棄，學生的自我意識發展對於教師和學生溝通方式的影響是怎樣的，這一系列的問題通常都是由學校心理學家經過科學的實證研究來得出結論。本章中你將學習到學校心理學研究的主要方法原則，從而知道哪些行為在研究中是被推崇的，哪些是不被接受的。更重要的是，學校心理學研究中經常被使用到的研究設計和數據收集的方法。

▌第一節 學校心理學研究的方法論原則

一、為何要進行學校心理學的研究

　　發展心理學涵蓋了人類一生的心理和生理發展的趨勢和規律，而學校心理學則是著眼於從小學到大學階段中，在學校範圍內對學生進行一般心理技能教育和特殊心理問題輔導。學校心理學在大的方面來看屬於發展心理學的一部分，但是仍然包括了心理測量、心理健康教育、心理諮詢等多方面的技能。

　　由於從入學到大學這段時間正是人類心理生理發育最為迅猛的重要時期，因此對於學校心理學中的一些特殊問題的探討就顯得極為必要了。這些研究是要針對不同年齡和年級的學生而展開的。為了能讓學生在學校環境裡獲得更好的發展，學校心理學的研究還會對學生的發展需求進行探索，即如何能夠在學生產生發展需要的時候給予較好的輔導和教育。學生遇到的學習和發展障礙也需要經過詳細的研究，以明確知道他們是如何產生這些障礙的，以及如何幫助他們跨越這些障礙，成為健康成長的年輕人。

　　美國學校心理學學會（National Association of School Psychologists）作為美國最大的學校心理學工作者協會，包含了上萬名學校心理學家（任其平，2007）。在為學校提供心理學服務的過程中，學校心理

学家主要承擔四種職能：篩選者、修復者、諮詢師和工程師。學校心理學家的角色又可以分為傳統角色和擴充角色。學校心理學家的傳統角色是篩選者，即對學生進行心理教育評價，其評價結果將直接決定被評估的學生是否有權接受特殊教育以及如何制訂相應的個別教育計劃。從特殊教育和學校心理學的發展歷史來看，學校心理學家正是借助這個角色為學校心理學的發展和成功奠定了學科基礎和地位。擴充角色是諮詢師和修復者，即諮詢和干預。學校心理學家為教育者和家長提供諮詢幫助，為學生提供個體和團體諮詢，及時發現和解決學生在成長過程中出現的影響身心發展和學習的問題，與教育者、家長和其他專業人員共同工作，為學生創設良好的成長環境和學習環境。學校心理學家的第四個角色是工程師，負責協調整個教育服務系統，關注組織系統的運作和發展。對教育過程中出現的有關學生身心發展的系統管理問題進行分析、干預，從心理學角度提出解決問題的觀點和措施。從目前的實際情況看，這一職責在其全部工作職責中所占的比例還比較小。

從美國較為完整的學校心理學工作體系來看，學校心理學的研究應該至少包括三個方面：學校心理學的心理測量研究、學校心理學的心理諮詢研究、學校心理學的管理研究。學校心理學的心理測量的發展，更多地偏向於智力測量、性向測驗、心理問題測驗；學校心理學的心理諮詢研究發展主要偏向於幫助青少年兒童和青年正常完成學習、社交、性格成長和職業選擇；學校心理學管理研究主要是研究如何促進學校心理學在學校環境中正常地開展工作。

目前，中國的學校心理學的發展具有以下三個方面的基礎：

1. 學校心理健康教育開始為人們所重視、關心，媒體對心理健康教育的報導也越來越多，心理諮詢與輔導的書籍成為市民中的熱銷書籍，它的重要作用和意義在一定程度上開始被學校和越來越多的教育工作者所接受。

2. 大中小學逐漸開始設立正規的心理諮詢與輔導機構，一些有條件的中小學中開設了心理輔導教育選修課，絕大多數的高校學生思想教育教學中有心理健康教育的專題內容。

3. 開始形成一支熱心從事學校心理學研究工作的教師團隊和專業人才團隊。同時，對學校中專職和兼職心理輔導教師的師資培訓工作正在走上正規道路。

二、學校心理學研究的特殊性

學校心理學所針對的對象是在校學生以及在校工作者。它主要研究 5～24 歲不同年齡階段的學生在成長與發展過程中遇到的各類問題，以兒童和青少年所遇到的發展性問題為主，障礙性問題為輔。它是為了幫助他們完成學習和工作而開展起來的。由於未成年人和青年人處於人格定型之前的階段，因此具有很多的不確定因素和難以預測的特點。

小學生多數處於生長發育的早期，身體發育程度和心理發育程度都不高。因此，很多研究的開展並不能像成人研究一般使用同樣的量表和實驗過程，這有可能導致兒童無法理解。皮亞傑有名的「三山實驗」就曾被指出過於複雜而低估了兒童的觀點採擇能力（丁芳，2002）。

中學生的心理活動，顯得激烈、動盪。他們在身體和心理方面存在一些以往沒有或不明顯的心理體驗，隨著生理發育而開始出現。身心發展不僅速度加快，還伴隨著質的變化與轉折，因此在這一時期很多青少年都出現了諸多問題。同時，他們又是非常敏感的個體，自我意識非常的強烈。在研究的時候需要採取和藹的態度，從他們可以接受的角度來切入問題進行研究。

大學生具有高智商、高自我價值感、高壓力的特點。他們普遍要比同齡未上大學的人智力高出 10 分左右，因此在思考問題的深度和廣度上也有著不同；他們對自己的評價要高於他人，甚至高於實際情況；在學校中的課業壓力和今後就要到來的就業壓力都讓他們具有更多的心理問題和障礙去面對。研究時需要更多的影響因素，要進行更多的調查才能夠下結論。

三、學校心理學的方法論原則

學校心理學的研究方法必須遵循一系列基本原則，主要表現為客觀性原則、系統性原則、教育性原則、倫理性原則。

1. 客觀性原則

心理學的各種現象和理論都是經過無數思想家、心理學家進行很多次實驗研究和觀察取樣，才取得了過去輝煌的成果。這中間當然也有得出錯誤結論的時候。但無論怎樣，最關鍵的原則在於，要使用精確描述的經過科學論證的方法，並對獲得的數據進行客觀分析。

學校心理學研究也是如此。比如，針對學生抱怨壓力大的問題進行實地調查的結果就會受到研究者與學校教師之間關係和研究者與學生之間關係的影響，因此最好使用雙盲實驗的方式來進行。同時，在學校心理學研究中也可以使用更多的客觀度更高的研究工具來提高研究的客觀性，如生理反饋記錄儀和腦電記錄儀等。

朱昭紅（2006）使用生理反饋對注意缺陷多動障礙（ADHD）的兒童進行研究，透過任務中測試皮膚電反應證明了 ADHD 兒童存在情感性決策障礙，這一障礙主要表現為 ADHD 兒童對獎勵的高敏感性。

2. 系統性原則

學校心理學研究的目的在於解釋學生在學校環境中所發生的各種心理現象的原因，並對之進行預測和控制。學生的心理是一個有次序、多層次、多水準的統一體，因此，在研究的過程中需要注意從多個角度和不同層次來對學生所表現出的心理現象進行描述、解釋和控制，進而形成與這一心理現象有關的體系。

比如，美國心理學家科爾伯格對於兒童道德判斷的發展非常感興趣，他的主要研究都集中在探索人類道德判斷發展的過程和結果上。透過道德兩難論法，他編制了九個道德兩難故事和問題（常用的一個故事便是海因茨偷藥的故事）。經過一系列的長期研究，科爾伯格發現人的道德判斷可分為三種水準，每種水準各有兩個階段，共六個階段。這一結果在今天已經成為世界公認的非常具有價值的發展心理學研究（科爾伯格，1981）。

3. 教育性原則

一切關於人的心理的研究都必須符合教育的原則，不允許進行損害被試身心健康的研究，不允許向被試提出與教育目的相矛盾的圖片、問題、作業等。因此，在學校心理學的研究中，選擇研究方法、設計研究程序時，不能只考慮所要研究的問題是否符合教育的標準，還要考慮所用的方法、工具等會不會對被試尤其是正在成長發育的兒童、青少年的身心產生不良影響，或是否侵犯了他人的個人權利或人格。例如：華生關於懼怕的研究；丹尼斯夫婦（1941）為了研究社會刺激對兒童發展的作用，竟把一對孿生子隔絕人世地養育了 12 個月，這些研究都違背了教育性原則。

不管是橫向研究還是縱向研究，都應該更好地考慮到學生發展的需要。首先，要能夠對大多數的普通學生提供更好的發展機會和環境。其次，要能夠有效地提高他們的生存能力和學習能力。最後，要能夠幫助有障礙的兒童和青少年跨越障礙，對他們自身的發展和周圍群體的發展有極大的幫助。

皮亞傑針對人類認知發展到底是連續性的還是階段性的設計了實驗——守恆實驗，最終證明人類認知發展的規律是階段性的（凱斯，2001）。

守恆是皮亞傑認知發展理論中的核心概念，它指的是兒童能夠抓住事物的本質進行抽象概括，而不再受事物外在空間特點（如形狀、組合、位置等）的影響。守恆觀念的出現，是兒童心理發展中的一個質的飛躍。

在實驗中，實驗者首先將兩杯一模一樣的水放在兒童面前。隨後將其中一杯水倒入旁邊另一只較高、口徑較細的杯子中，液面自然升高。這時，研究者問被試：「哪一只杯子中的水比較多呢？」研究結果發現，年齡在六七歲以下的孩子，他們會認為細長形杯子中的水比較多，因為它的水面高度要明顯高於原來的杯子。而六七歲以上的孩子的答案卻截然不同，他們認為兩個杯子中的水是一樣多的。

從實驗可知，年幼的孩子尚無法理解守恆的概念，其判斷易受物體形狀、組合的影響。除了上面這則體積守恆實驗外，皮亞傑其他數量守恆、面積守恆、長度守恆的實驗都得到了類似的結果。當孩子成長到一定的階段後，他們會逐漸理解和掌握守恆的概念，皮亞傑認為孩子一般在 8 歲左右能理解和掌握守恆的概念。

這類研究在學校心理學研究中就是具有很好的發展性的研究，他們能夠幫助教師確定學生能夠掌握某種能力的大概年齡，從而可以在這一年齡段開展相關的練習，促進其能力成長。

4. 倫理性原則

尊重學生的自主權利。研究者在以學生為研究對象時，應特別注意對學生權利的尊重。然而在現實中，往往會出現侵犯學生權利的現象，學生沒有得到教育者絕對的尊重，這在很大程度上是由於教育者與學生之間地位的不平等所造成的。尊重學生，就要把學生看作和我們自己一樣自由、獨立、完整，有其獨特的天性、人格和尊嚴的人。

重視研究的知情同意環節。「知情同意」被視為心理學研究的首要倫理原則。研究的知情同意一般是指在開展研究之前，研究者必須向研究對象說明研究的目的、程序以及意義，也就是說，在研究對象對某一研究有一個清楚的認識之後，自願做出是否參與這項研究的決定。

綜合評價研究的內容設計。1963年，心理學家班杜拉與合作夥伴進行了「兒童模仿能力」的實驗。在這個實驗中，班杜拉為了研究兒童的模仿行為，選取了96個3～6歲的兒童並把他們分為4個小組，每組24人。接著給他們看不同的畫面：

第一組兒童看見的是真實的表演，一個成年男子用力地捶打和辱罵一只不倒翁娃娃；

第二組兒童看見的是一段影片，影片裡的成年男子對不倒翁娃娃進行了同樣的行為；

第三組兒童看到的是一段卡通片，同樣是關於男子對不倒翁娃娃施暴的內容；

第四組兒童則沒有看到任何攻擊性場面。

在這之後，實驗者分配給四組兒童不倒翁娃娃作為玩具。在他們玩耍期間，實驗者故意透過假裝搶奪玩具而將他們惹惱，接著可怕的事情便發生了：

前三組兒童開始模仿之前看到的場面，對玩具娃娃進行攻擊以發洩怒氣。經班杜拉記錄，在 20 分鐘內，第一組兒童對玩具娃娃攻擊了 83 次；第二組兒童攻擊了玩具娃娃 92 次；第三組的攻擊次數更是高達 99 次；最後一組兒童的情況則輕得多，他們只對玩具娃娃進行了 54 次攻擊。班杜拉由此得出結論：兒童的模仿行為會對他們的社會化以及成長發展過程造成很大的影響。兒童的模仿能力是很強的，如果受到的是正面教育，那麼就可以使之保持良好的品行；反之，則會染上不良習性。倫理學家們普遍認為，雖然某些研究所得到的結論非常具有科學價值，但是研究的參與者付出了過多的代價，這種類型的研究是缺乏道德的。

當某一研究可能會引起研究的參與者發生某種行為改變或者其心理和生理會長時間受其影響時，研究者應特別慎重地考慮利弊得失，始終把研究對象的利益放在首位，謹慎地選擇研究的內容，設計研究方案。

生活中的心理學

嘗試著對小朋友做守恆測試

皮亞傑的守恆實驗主要有液體質量守恆實驗、對應量守恆實驗、重量守恆實驗、長度守恆實驗、體積守恆實驗，你可以分別找 5 歲以下和 5 歲以上的兒童進行測試，看看不同年齡段的兒童具有怎樣的回答。

1. 液體質量守恆實驗 把液體從一個高而窄的杯子倒向矮而寬的杯中，或從大杯倒向兩個小杯中。問兒童大杯和小杯中的液體是否一樣多？或高窄杯和矮寬杯中的液體是否一樣多？

2. 對應量守恆實驗

　　　○○○○○　　　　　　○○○○○
　　　○○○○○　　　　○　○　○　○　○
　　向兒童呈現兩排鈕扣　　　實驗者移動一排鈕扣

如上圖所示，桌面上放著兩排鈕扣，第一排和第二排都是 5 顆鈕扣。兒童知道這種對應關係，但破壞這種知覺對應而把第二排鈕扣之間的間距擴大，再問兒童兩排鈕扣的數量是否一樣，或者問，哪一排鈕扣多，哪一排鈕扣少？

3. 重量守恆實驗

先把兩個大小、形狀、重量相同的泥球給兒童看，然後當面將其中一個做成香腸狀，問兒童大小、重量是否相同？

4. 長度守恆實驗

兩根等長的棍子，先兩頭並齊放置，讓兒童看過之後，改成平行但不併齊放置，問兒童兩根棍子是否等長？

5. 體積守恆實驗

把一張紙片假定為湖，上面的不同大小的方形是小島，要求兒童在這些不同面積的小島中建築體積相同的房子。研究兒童是否想到要以高度的增加來補償面積的減少，從而達到體積的守恆（房子一樣多）。

複習鞏固

1. 什麼是學校心理學研究？

2. 心理學研究的基本倫理有哪些？

3. 心理學研究中經常使用的「雙盲實驗」是否違反了「知情同意」原則？

第二節 學校心理學的主要研究方法

學校心理學的研究與心理科學的其他學科一樣包含有基本的研究設計和蒐集數據、處理數據的主要方法。

一、學校心理學家常用的研究設計

心理學研究必須遵循科學嚴謹的研究設計，從不同的角度，可將心理學研究設計分成若干種類，從對被試的研究深度和廣度上看，可以分成縱向研

究、橫向研究和聚合交叉研究。從研究所要操縱的心理狀態是否已經發生來看，可以分成回溯研究和時間序列研究。

1. 縱向研究、橫向研究和聚合交叉研究

從對被試的研究深度和廣度上看，可以分成橫向研究、縱向研究和聚合交叉研究。

縱向研究。縱向研究也被稱為「縱向設計」，就是指在較長的時間內，對兒童的心理發展進行有系統的定期研究。它主要用來分析一個或多個個體在一段時間或某幾個時間點的平均變化趨勢。縱向研究通常在選取被試時要保證能夠進行長期的研究，在確定了研究內容和方式後就要在較長的時間段內，以固定的時間間隔進行數次測量。

石振宇等人曾經對在嬰兒期受過虐待的人群進行了縱向研究，他們主要關注了這一人群的反社會人格障礙（石振宇等，2012）。他們採用縱向研究方法，獲得了嬰兒期入組樣本76例，到成年早期有效樣本56例。嬰兒期虐待訊息透過官方兒童保護機構的客觀記錄獲得，家訪1小時進行再確認。3.9%的樣本有1條以上反社會人格障礙症狀，38.0%符合物質濫用診斷，32.4%有憂鬱障礙。分析顯示，男性反社會人格障礙的發生率高於女性。剔除物質濫用和憂鬱障礙的作用後，嬰兒期虐待與反社會人格障礙的產生有較強關聯。嬰兒期虐待會對人格產生長期影響，增加日後反社會人格障礙的發生率，其中的生物學機制值得探索。

縱向研究的優點是能系統地、詳盡地瞭解心理發展的連續過程和量變質變的規律。缺點則在於：一是樣本會逐漸減少，特別是追蹤時間越長，樣本減少得越多；二是反覆測量會影響到數據的可靠性；三是歷時長，使得社會、文化等因素對個體特定心理、行為的影響變大。

橫向研究。橫向研究就是在同一時間內對某一年齡（年級）或某幾個年齡（年級）的被試的心理、行為狀況進行測查，並加以比較。我們接觸到的大多數研究都是橫向研究，因為它們更節省時間和精力。

在張麗等人發表的《類推理的發展序列與年齡特點》研究成果中我們能夠看到較好的橫向研究的範式（張麗等，2009）。研究使用修訂的類包含、替代包含和二元律任務三種任務，以 162 名二至五年級兒童為被試。注意，這裡以年級為主要的分組標準。這也是在學校心理學研究中經常使用的分組方法。探討了兒童類推理發展的年齡特點。結果表明：三、四、五年級兒童已能解決多數類包含任務，其成績顯著優於二年級兒童；四、五年級兒童能解決多數替代包含任務，其成績均顯著優於二年級兒童；二元律任務對二至五年級兒童來講均比較困難。

橫向研究的優點是可以同時研究大量的數據資料，成本低，費時少，研究效率比較高。其缺點則是缺乏系統連續性，難以確定變量之間的因果關係，取樣程序也較複雜。

聚合交叉研究。正是因為橫向研究和縱向研究具有可以相互彌補的地方，因此就有研究者考慮將兩者結合起來，產生一種具有兩者的優點，同時也排除了兩者的缺點的研究方法——聚合交叉研究。聚合交叉研究在同一時間對各年齡段個體的心理特點進行測量，並在隨後一段時間裡繼續進行跟蹤研究，縱向地把握該心理特徵的發展變化規律，且使研究者分析社會歷史因素對其心理發展的影響成為可能。

2. 回溯研究和時間序列研究

從研究所要操縱的心理狀態是否已經發生來看，可以分成回溯研究和時間序列研究。

回溯研究。回溯研究是指對已經發生過的事件進行研究。研究者假設經過該事件個體會產生新的心理活動，從而與其他未經過該事件的人群具有不同的心理特徵。當證實了這種現象之後，去追溯可能存在的原因。

賈建民等人（2008）對汶川地區重災區民眾的風險感知與非重災區的民眾進行比較發現，重災區群眾的風險感知要明顯強於非重災區群眾。2008 年的 8.0 級地震屬於不可複製的自然現象，所造成的心理問題是很難複製的，

因此賈建民等人所進行的研究具有很高的學術和實際價值，雖然可推廣性並不高。

之所以認為回溯研究有價值，是因為它可以對在自然條件下出現的事件或各種學習現象進行時間上的追溯，以瞭解產生這些現象的訊息，即由於什麼原因、在什麼樣的條件下出現這種結果。因此，回溯研究特別適用於研究簡單的存在因果關聯的問題，可為提出研究假設提供充足的論據，這種假設以後可以透過更嚴格的實驗方法來進行檢驗。在某種環境或特殊條件下，回溯研究比其他實驗研究更有用，這是因為其他實驗研究要建立起來的話需要人為的作用引起。由於條件限制，研究者在不可能採用嚴格的實驗研究時可考慮採用該研究方法。但是回溯研究也存在著一些問題，如：在研究中缺乏控制，研究者不能操縱自變量或隨機分配被試。比如，對受過強姦的女性進行的心理研究就很難對被試條件進行操縱，因為被試的量本身並不大。

研究中所追溯的因素可能有多個，在不同的情況下，一個特定的結果可能由不同的原因引起。兩個有關係的因素可能並不存在因果關係，它們可能都是第三個因素的原因或結果。

時間序列研究。這是一種準實驗研究，因針對一組非隨機取樣的被試在實驗操作之前和之後進行一系列的測量而得名。如果沒有進行前期的測量，還能夠透過後續的一系列測量來獲得被試從實驗處理中恢復的情況。可見，這是一種較有價值的準實驗研究。在數據處理方面主要是分析測量數據是否具有非連續性和趨勢性。

時間序列研究的主體流程是這樣的：首先，對被試的初始狀態進行測定，被試在實驗處理前的狀態和心理特點的測量分數稱之為基線（baseline）。接著，進行實驗處理。再接著，進行後續的測量來確定進行實驗處理後被試的心理特點和狀態。為了保證實驗數據的有效性和結論的可靠性，時間序列研究具有很多的變式。

時間序列研究的基本形式有三種：

第一是 A-B 設計,即前測—後測設計。實驗前進行前測 A,實驗後進行後測 B。這是最基本的時間序列設計;二是 A-B-A 設計。第一個 A 是基線水準,B 是實驗處理後的成績,

第二個 A 的作用是去除 B 階段中其他因素影響行為的可能性,不再使用任何自變量,以觀察行為是否返回到原來的基線水準。如果成績恢復到原先的基線水準,就可以得知實驗處理是有效的。這種模式較好地平衡了測試本身對於被試的影響;

第三是 A-B-A-B 設計。在心理諮詢中使用的技術有時能夠在一段時間內造成很好的作用,但是並不能夠說透過一次治療就完全解決了來訪者的問題。那麼就需要這種方法來評價治療效果。在被試的第三次測試再次回到了原先的水準附近時,進行二次治療,然後再進行一次測量,從結果來看這種治療方法的有效性。

時間序列研究在教育領域,特別是與學校心理學相關的領域,有很好的應用,這一點已經為人們的研究所證實。

二、數據收集方法

數據收集方法是解決心理學問題時所採用的各種具體途徑和手段,包括儀器和工具的利用。心理學研究數據的收集方法很多,例如觀察法、訪談法、問卷法、測驗法等。

1. 觀察法

觀察法是指根據一定的程序、規則和提綱,為了特定的研究目的,使用觀察者本人的感官或者特定的儀器設備,對特定對象的行為和特徵進行有目的、有計劃的觀察。

學生在學校環境中所表現出來的特徵和行為能夠被觀察者集中觀察到,只要進行良好的設計和調查,觀察法相對於其他方法是較快捷和方便的數據收集方法。

觀察的類型主要有參與觀察與非參與觀察、自然觀察與實驗觀察、有結構觀察和無結構觀察。

參與觀察與非參與觀察。從觀察者是否直接參與到被觀察者所進行的活動中的角度來分，可以分為參與觀察與非參與觀察。參與觀察就是觀察者加入被觀察者中，並透過與被觀察者的共同活動，從團體內部進行觀察。參與觀察能夠全面深入地收集到第一手的訊息。但是這種方法容易使研究結論帶有主觀成分。非參與性觀察就是觀察者不加入被觀察者的團體，不參與他們的任何活動，從外部進行觀察。為了儘量不影響到被觀察者的行為表現，通常不會讓被觀察者知道自己正處在他人的觀察之下。這種方法比較客觀、公正，能獲得多種不同的觀察結果來消除偏差。

自然觀察與實驗觀察。從觀察的數據是在自然條件下取得的，還是在人為干預條件下獲得的來分，可以分為自然觀察與實驗觀察。自然觀察法是指在完全自然的狀態下，也就是在行為發生的實際場所，對學生的各種心理和行為表現進行觀察。只要能夠觀察得到，那麼它能夠收集到被觀察者在日常生活中的較真實的行為表現。但恰恰是因為需要等待行為的發生，這種方法使觀察者比較被動，對於一些特殊的行為和心理狀態就很難進行觀察。實驗觀察法指透過人為創造和控制一定的條件，有目的地為被觀察者營造出產生所要觀察的心理特徵和行為的環境。這種方法能夠使得觀察在最有利的條件下得以進行。例如對學生助人行為的研究，就可以在下課時間或者活動時間安排一位或幾位學生進入設計好的活動場所，在其中遇到假被試出現身體不適的表現，需要身邊的人提供幫助。而觀察者透過錄影或者在場直接觀察被觀察者的反應。

有結構觀察和無結構觀察。從觀察內容是否有統一設計的規則和程序，以及確定的觀察項目和要求來區分，可以分為有結構觀察和無結構觀察。有結構觀察是指觀察者事先設計好觀察的內容和項目，制定出相關的觀察表，並在實際觀察活動中嚴格按照其進行觀察記錄。這種方法可靠、翔實，所得數據可以進行進一步的定量分析。無結構觀察指觀察者只有一個總的觀察目的和要求，或一個大致的觀察內容和範圍，但沒有詳細的觀察項目和內容，

亦無具體的記錄表格，因而在實際的觀察活動中常常是根據當時的具體情況而有選擇地進行觀察。這種方法靈活、簡便，但所獲得的資料較零散，且不可靠，不便於進行後期的比較和統計。

觀察的設計。通常情況下進行結構觀察法需要提前設計好流程和相關工具等，這樣能夠保證觀察過程統一、有序，同時也能夠在進行觀察之前就明確觀察的目的和內容，從而保證觀察活動的成功和有效。

設計觀察主要遵從以下流程：

一是確定觀察內容。主要包括確定研究目的、選擇觀察對象、確定觀察實際的具體內容；

二是選擇觀察策略。根據第一步選擇觀察的方法，是參與式還是非參與式等；

三是制定觀察記錄表。根據觀察需要設計出不同的觀察記錄表或者等級評定表；

四是訓練觀察人員。按照觀察流程和要求來培訓所有觀察人員，這能夠保證統一性和更少的主試的主觀介入。

觀察法的注意事項：

第一，對要觀察的問題應有清晰的瞭解，觀察目的要明確。

第二，儘量使兒童自然放鬆，處於正常活動狀態之中，不要使他們意識到自己是觀察者的研究對象。

第三，要善於記錄與觀察目的相關的事實，以便事後進行整理分析，並提出進一步研究的意見。

第四，觀察者除了觀察兒童的一般言行之外，還要分析其他與兒童相關的材料，如作文、日記、家庭環境等，這在學校心理學研究中尤為重要。

2. 訪談法

訪談法是研究者透過與學生進行交談或者問答，收集與他們的心理狀態和行為有關的訊息的一種研究方法。透過訪談法能夠很直接地得到所想獲得的一手訊息，並且這些訊息的深度可根據需要不斷地加深，有可能找到令人意想不到的更有價值的訊息。在很多情況下，訪談法需要準備很多的資料和與相關人員進行很多的溝通才能夠進行，但是訪談法依然是應用非常廣泛的社會調查法。

訪談法的分類。訪談本身可以是有嚴格設置的主線的，也可以是隨情景而變化的，因此可以根據是否具有嚴格的規定和預先安排的問題等進行分類。可以分為結構訪談、半結構訪談和非結構訪談。

結構訪談又稱「標準化訪談」，指按照統一的設計要求，依據有一定結構的問卷而進行的比較正式的訪談。結構訪談對選擇訪談對象的標準和方法、訪談中提問的內容、方式和順序、被訪者回答的方式、訪談記錄的方式等都有統一的要求，有時甚至對訪談的時間、地點、周圍的環境等外部條件都有統一的要求。這種方法所獲得的結果便於統計分析，但缺乏彈性。

半結構訪談是指被訪談者和訪談者中的一方受到限制，只能進行結構式的提問或者回答的訪談形式。A型的訪談者提出的問題是有結構的，但被訪者的回答方式是自由的，如我們在研究兒童的親子關係的特徵時，就採用了這種方式。B型的訪談問題無結構，所提問題、提問方式的順序等都比較靈活，但要求被訪者按有結構的方式進行回答。

非結構訪談又稱「非標準化訪談」，指只按照一個粗線條式的訪談提綱而進行的非正式的訪談。這種方法對訪談對象的條件、所要詢問的問題等只有一個粗略的要求，訪談者可以根據訪談時的實際情況而靈活地調整提問的方式、順序等。這種方法有利於發揮訪談者和被訪者的主動性與創造性，有利於加深和拓寬對問題的研究，但難以進行定量分析，對訪談者的要求也較高。

訪談法的設計問題涉及研究問題的確定、訪談程序的制定、訪談對象的選擇以及訪談人員的選取與訓練等許多方面。在其中，研究者應著重考慮以下幾點：

第一，明確訪談的目的，並將其進一步具體化，確定訪談研究的各種具體變量。

第二，要根據上一步確定的訪談要點以及被訪談者的具體情況，考慮訪談問題的具體形式，同時也要注意統計的便利性。比如，對於越小的學生所提的問題越要詳細，訪談時越要具有耐心。碰到敏感問題需要經過鋪墊，不可突然拋出。

第三，按照之前確定的要點和形式編寫出具體的訪談問題。

第四，完成上述準備工作之後，需要進行初試來檢驗提問的措辭是否恰當，提問順序的安排是否合理，能否達到之前所預期的效果和收集到所有要點，還有哪些地方需要修改等。

訪談法的注意事項包括：

第一，訪談前要充分熟悉訪談的內容，盡可能瞭解兒童的背景情況，選擇好訪談的時間和地點，帶齊訪談所需要的材料，如訪談研究的簡要文字說明、記錄紙等。

第二，訪談開始時應提一些非研究性的問題，如「近來學習怎樣？」，以便營造出合作、友好的交談氣氛。

第三，訪談者要掌握交談的藝術，儘量做到輕鬆自如，不要緊張生硬。

第四，訪談成功的關鍵是把握談話的方向。訪談者可以用多種提問方式把握好方向，使談話始終圍繞調查目的進行，避免離題。

第五，訪談的記錄方式很多，為了獲得能反映所研究問題的訊息，要考慮綜合使用多種方法，如同時錄音等。

3. 問卷法

問卷法是研究者用統一的、經過嚴格設計的問卷，來收集兒童心理和行為的數據資料的一種研究方法。其特點是標準化程度比較高，避免了研究的盲目性和主觀性，而且能在較短的時間內收集到大量的資料，也便於定量分析，是學校心理學研究中最主流的一種收集資料的方法。

問卷的設計。學校心理學研究中的問卷一般包括題目、前言和指導語、問題、選擇答案和結束語等幾部分。例如，有一份關於校園暴力的問卷（支愧雲，陳永進，2013）是這樣設計的。

親愛的同學：

您好！非常感謝您在百忙中抽出時間完成這份調查！

回答沒有對錯之分，且不需要寫上自己的名字，敬請您看清題目，根據自己的實際情況和真實想法來回答。您的回答對本研究至關重要，回答時請注意：

①務必完整填寫您的基本情況；

②請逐題作答，不要遺漏；

③不必費時去考慮每個問題，看懂後就回答。

非常感謝您的支持與合作！

請根據自己過去一年內在學校裡的實際情況，選擇最符合自己的一個選項打「√」。

	從沒有	有時	經常	總是
1.我故意推搡、搧耳光、咬、掐、撐過同學	1	2	3	4
2.我被同學故意推搡、搧耳光、咬、掐、撐過	1	2	3	4
3.我故意踢、打過同學	1	2	3	4
4.我故意踢、打過老師	1	2	3	4
5.我受到過老師的體罰或變相體罰	1	2	3	4
6.我參與過打群架	1	2	3	4
7.我用刀、棍等工具傷害過同學	1	2	3	4
8.我用刀、棍等工具傷害過自己	1	2	3	4
9.有人用刀、棍等工具傷害過我	1	2	3	4
10.我曾在上學或放學的路上，或在校園裡遭到過搶劫	1	2	3	4

常見的問卷類型主要有總加量表法、累積量表法等。

總加量表法，又稱「李克特量表」，是由美國心理學家李克特於1932年提出的，被試對問題的反應形式採用3點法、5點法或7點法。較常使用的是5點量表。之所以是奇數的選項數是因為要給不確定自己觀點的被試留有選擇餘地。也有的量表是偶數選項個數的，則是為了儘量避免趨中選擇的選擇傾向。

累積量表法為哥特曼所創，因此又稱為「哥特曼量表」。其基本假定是：任何單一向度的態度特性，可由一套具有連續性的不同陳述加以測量，此套陳述是按「接納難度」順序加以排列的。此量表按階梯性的答案順序排列，每個項目之間的排列有次序性可循，而且每一項目具累進性。該量表是以單向且具有同質內容的題目組成的，因此量表中的題目具有單向性、次序性、內容同構性等特點。該量表按某一特性排列，可由一個人對該量表的總得分得到此人對此全部題目的反應形態及其態度，而且假若有兩個人得分相同則代表這兩個人態度相同，這是一般量表所沒有的特性。

使用問卷法應該注意的是：

第一，問卷中的問題數量不宜過多，必須緊緊圍繞所研究的問題；

第二，問卷的內容和表述應是學生所熟悉的、可以理解的；

第三，問卷的形式應以封閉性的問題為主，開放性的問題為輔；

第四，問卷中問題的表述應儘量能隱蔽研究真實意圖，防止「社會讚許效應」的出現。同時還可以加入一些測謊題目或者反向計分題。

4. 測驗法

測驗法是使用專業的已修訂的心理測驗來研究學生的心理和行為特徵的一種方法。因為是修訂過的進行了標準化的測驗，所得出的結果具有更高的判斷力。這些測驗一般是用一套標準化的題目，按規定的程序，對兒童心理的某一方面進行測量，從而做出關於兒童某方面心理發展水準或特點的評定與診斷。

心理測驗從不同的角度可以分為不同的類型。一般從測驗的功能分，有能力測驗、能力傾向測驗、學績測驗和人格測驗。能力測驗主要用於測查被試的現有活動、思維等基礎能力的水準，智力測驗就是最典型的能力測驗；能力傾向測驗是對被試的就業選擇和自身特長發展等進行測驗的工具，經常被用來幫助人們進行職業選擇和人生規劃；學績測驗主要用來考查學生掌握知識的水準，學期測驗多屬於學績測驗；人格測驗用來對被試所具有的人格特點進行分類，以更好地瞭解他本身所具有的特徵，幫助其今後的發展。

測驗法的實施有以下幾個步驟：

一是測驗者的前期準備，這包括熟悉指導語，準備好測驗所需的材料，熟練地掌握測驗的具體實施程序等。

二是選擇適宜的測驗環境，包括安靜而寬敞的地點，適宜的採光和通風條件，避免他人干擾等。

三是標準化的指導語與標準時限。四是與被試建立起良好的協調關係，設法引起被試對測驗的興趣，取得其合作，使整個測驗過程能嚴格地按測驗程序進行。

中國在心理測驗中常用的測量工具主要有：韋克斯勒智力量表：是一套使用標準分數作為衡量標準的智力測驗，由 11 個分問卷構成，具有三個類別，分別適合於 4～6 歲、6～16 歲和 16～74 歲的人群。

瑞文推理測驗：主要以圖形推理題為主，和韋克斯勒智力量表不同，為了努力做到公平，排除了知識對測驗的影響。

卡特爾 16PF 人格測驗：根據卡特爾人格因素理論所編制的人格問卷，將被試的 16 個人格特徵的數據進行收集從而確定人格特點，適合於 16 歲以上的人群。

艾森克人格問卷：由漢斯·艾森克和 S.B.G. 艾森克設計的一種有關人格維度研究的測定方法。具有四個份量表：內外向、神經質、精神質、隱蔽性。

霍蘭德職業興趣測試：針對被試的興趣和職業傾向所開發的測試工具，具有六種特徵和六種關係類型。雖然較為複雜，但是測驗非常詳細。

三、研究數據的分析與處理

對研究數據的分析可以分為兩類，一類是定性分析，另一類是定量分析。心理定性是為了確定心理現象的性質與特性，屬於差異心理學研究的領域。心理定量是將心理現象的定性評價引向定量分析，用數量來表示心理現象的差異。

1. 研究數據的定性分析

定性分析就是對研究數據所進行的「質」的分析，是運用分析與綜合、比較和分類、歸納和演繹等邏輯分析的方法，對研究所獲得的資料進行整理與加工，從而認識研究對象的本質特徵，揭示其內在規律的過程。通常需要大量的文獻積累和細心分析才能夠得出值得信服的結論。在心理學研究中，文獻綜述是定性分析的內容。文獻綜述是對某一課題進行大量的文獻閱讀，對文獻進行分析和總結，最終提出自己的觀點和疑問的研究方法。訪談法和觀察法也是定性研究的方法。透過蒐集口頭內容和實地觀察描述，對所研究的問題得出結論，是從性質上得出的結論，而非具有數量化的可控制的結論。如覃小瓊等人在他們對免費師範生進行的研究中就是用了訪談法來蒐集資料，他們對45名免費師範生進行了個別訪談，對於免費師範生學習動機的特點、表現和影響因素進行了分析，發現包括就業保障、考研限制、職業認同、學習觀、身分認同等一系列因素是影響免費師範生學習動機的主要原因。

定性資料的整理與編碼。首先，對資料進行審核。在蒐集資料的過程中要首先做到使資料的內容與研究目的相符合，按照年限、重要程度或者相關程度進行排序，這一步驟關係到整個定性研究的基礎。不是所有的數據都是必要的，對於一些過時的、錯誤的內容要捨棄，對於那些一目瞭然、毫無深度的數據要進行更多的發掘和思考。這樣才能夠保證定性分析的結論有深度和啟發性。接著，對資料進行評價。閱讀內容，按照重要程度和相關程度進行評價，為之後的整體描述和分析打好基礎。上面提到的審核數據和文獻資

料價值的工作在這一環節進一步深入，發掘文獻和資料價值的重要步驟需要在這一環節進行。同時，經過思考和推敲，前期所確定的研究目標有些需要進行修改，深層次挖掘的資料和訊息也要在這一環節補充進來。再接著，對資料進行分類、匯總。在進行過評價之後，可以對所有資料進行分類。實際上這樣做對於文獻報告的撰寫很有幫助。透過審核和評價，現有的數據、文獻、資料已經是相當有價值的內容了，在此基礎上進行的分類和匯總是產生結論不可或缺的重要證據支持。

在郎福軍對中小學效能評價的研究中，透過對1985年以來學校效能觀的變化和學校辦學水準或成效評價指標體系或方案的分析，並結合問卷調查的分析結果，制定了教育系統的學校效能評價的指標體系。其在研究中使用了模糊積分方法和問卷法採集和處理數據，體現了很高的研究技巧。研究者不僅在前期做了非常細緻的準備工作，而且在後期的數據分析中也做了大量的處理（郎福軍，2003）。

定性分析的步驟主要有：

①確定定性分析的目標；

②蒐集相關資料；

③整理研究結果；

④尋找關係，摸索規律。

2. 數據結果的定量分析

定量分析是用數量來表示心理現象的差異。心理現象定量的基本方法是心理測驗，如透過智力量表來測定智力商數，透過個性量表來測量某些個性傾向或特徵，均採用分數或等級加以表示。心理學的定量分析有助於對心理現象的數量化、客觀化、公式化，但由於心理現象的複雜性與易變性，並不是所有心理現象都可用數量準確地表示出來，研究者通常主要使用描述統計和推斷統計的數據處理方式。

描述統計是對數據的整理、分類和簡化，藉以描述數據的全貌，以表明研究對象的某些性質。

推斷統計主要是透過樣本統計量來推論總體的情況，包括總體參數的估計和假設檢驗兩方面。

定量分析牽扯到龐大的統計學和研究方法設計以及統計軟體的使用，並不是本書所要著重介紹的方面，可參考張厚粲《現代心理與教育統計學》等著作，以更詳盡地瞭解心理學統計的各種方法。

拓展閱讀

質的研究和定量研究的選擇

我們之前介紹的內容多數可以成為定量研究，而對於一些已經無法量化或者很有價值的文字描述，我們可以進行質的研究。質的研究的一般方法有：民族誌、扎根理論、敘事分析、建構主義、現象學、文化研究。

量的研究適合在宏觀層面大面積地對社會現象進行統計調查；可以透過一定的研究工具和方法對研究者事先設定的理論假設進行檢驗；可以使用實驗干預的手法對控制組和實驗組進行對比研究；透過隨機抽樣可以獲得有代表性的數據和研究結果；適合對事情的因果關係以及相關變量之間的關係進行研究。

質的研究適合在微觀層面對社會現象進行比較深入細緻的描述和分析，對小樣本進行個案調查，研究比較深入，便於瞭解事物的複雜性；注意從當事人的角度找到某一社會現象的問題所在，用開放的方式收集數據，瞭解當事人看問題的方式和觀點；對研究者不熟悉的現象進行探索性研究；注意事件發生的自然情境，在自然情境下研究生活事件；注重瞭解事情發展的動態過程；透過歸納的方式自下而上建立理論，可以對理論有所創新；分析數據時注意保存數據的文本性質，敘事方式接近一般人的生活。（張志杰，2012）

複習鞏固

1. 數據收集方法和數據統計分析方法之間的關係是什麼？

2. 使用測驗法應該注意的地方有哪些？

本章要點小結

1. 學校心理學的研究方法必須遵循一系列基本原則，主要表現為客觀性原則、系統性原則、教育性原則、倫理性原則。

2. 學校心理學家常用的研究設計，從對被試的研究深度和廣度上看，分為橫向研究、縱向研究和聚合交叉研究。從研究所要操縱的心理狀態是否已經發生來看，分為回溯研究和時間序列研究。

3. 研究數據的分析包括定性分析和定量分析。

關鍵術語表

守恆 橫向研究 縱向研究 聚合交叉研究 回溯研究 時間序列研究

觀察法 問卷法 訪談法 測驗法 定性分析 定量分析

本章複習題

1. 學校心理學研究的主要對象是（　）

A.7～12歲小學生的心理 B.13～18歲中學生的心理

C.19～24歲大學生的心理 D. 以上所有

2. 學校心理學研究的特殊性體現在（　）

A. 兒童不聽話 B. 兒童不存在心理問題

C. 兒童具有不確定因素 D. 兒童不能理解研究內容

3. 以下選項中不屬於研究倫理的主要要求的是（　）

A. 尊重學生的自主權利 B. 重視研究的知情同意環節

C. 綜合評價研究的內容設計 D. 相關部門對研究者的管理

4. 縱向研究的特徵有（　）

A. 長時間的系統研究 B. 只對一個對象進行研究

C. 對不同年齡段的不同人群進行調查 D. 涵蓋一個研究對象的一生

5. 縱向研究的缺點不包括（　）

A. 花費時間長 B. 被試容易流失

C. 易受練習效應的影響 D. 花費較大

6. 橫向研究的優點有（　）

A. 得到的數據準確 B. 研究覆蓋更多的人群

C. 研究省時省力 D. 結果可推出因果效應

7. 聚合交叉研究綜合了縱向研究和橫向研究，因此在設計這種研究時需要具有以下哪些特點？（　）

A. 對被試進行多次系統調查 B. 同時收集不同年齡段被試的數據

C. 每次研究內容可以有差別 D. 對被試群體的選定要更加謹慎

8. 半結構訪談是指（　）

A. 提問是結構化的，回答不是結構化的

B. 提問不是結構化的，回答是結構化的

C. A 和 B 都對

D. 以上都錯了

9. 訪談法在獲取研究數據時的特點是（　）

A. 需要進行較多準備，以獲得背景訊息 B. 對研究者的要求較高

C. 訪談的把控是由研究者主導的 D. 可以使用多種記錄方式

10. 問卷法的注意事項有（　）

A. 涵蓋儘量多的方面，設計大量的題目

B. 主要使用較新的形式來提問

C. 以開放式問卷為主，以便獲取大量訊息

D. 儘量隱藏研究的意圖，以避免「社會讚許效應」

11. 測驗法和問卷法的最大不同之處是（　）

A. 是否使用修訂好的量表進行研究　B. 能否對大量被試進行研究

C. 工具是否進行了標準化　D. 施測是否專業

第三章 學校心理學的歷史發展

第三章 學校心理學的歷史發展

　　學校心理學的歷史發展特別有趣，它是先有職業實踐，然後才產生了這門學科。打個通俗的比方就是，在 19 世紀末的美國，有一群「臨時工」，將教育心理學、發展心理學、特殊兒童心理學，特別是臨床心理學等知識加以綜合，運用到學校情境中。這種事以前雖然有思路，但從沒人真正實踐過，他們這樣做了，在當時的社會背景下引起了「相關領導」的重視，「組織」上經過開會討論，最終將這群人「收編」。

　　本章將詳細介紹這一學科的萌芽和產生、發展與繁榮，以及該學科在中國的發展等問題，幫助大家從縱向的、歷史的角度深入地瞭解這一學科。

第一節 學校心理學的產生

　　學校心理學從產生到發展，其理論中心幾乎都在美國，下面談到的學校心理學的發展主要是以美國學校心理學的發展為基礎進行的。

一、學校心理學的萌芽（1896～1920）

　　和其他心理學分支學科相同，學校心理學也有個短暫的學科歷史，但卻有個長長的過去。在西方，有文字記載的針對兒童進行的心理健康教育可追溯到古希臘時代。在斯巴達，兒童 7 歲前接受家庭教育，規定不用襁褓，以讓肢體自由發展。7 歲後由政府負責進行軍事化訓練，孩子們常年赤腳，飲食粗劣，衣衫單薄，在女神廟被鞭打，鼓勵他們偷竊公共食堂的飯菜和果園的果實充饑，但若是被抓到就會遭受非人的毒打。斯巴達式教育是為了讓這些孩子能忍受勞苦、勇敢、服從紀律、機智，甚至於狡詐，以適應任何戰爭環境。而雅典人所崇尚的教育是既能發展人的身體，又能發展人的心靈的教育，他們追求身體美和心靈美的結合，所以他們特別注重對孩子音樂方面的教育，他們認為音樂的旋律可以滋潤兒童的心田，使其心靈純潔，舉止文雅。

　　同時，他們也注重對孩子體魄的訓練，重視體育鍛鍊，但並非斯巴達式的殘酷訓練（吳式穎，2007；單中惠，2002）。文藝復興時期，義大利的維

多利諾（Vittorino）創辦了一所宮廷學校——貢查加宮廷學校，並將之命名為「快樂之家」，以繼承古希臘的「完全教育」傳統，這體現了他作為一名人文主義教育家對學生心理健康問題的關注。法國的蒙田是第一個提出要把培養資產階級紳士作為教育目的的人，他認為，作為一個紳士，應該具有智慧、信心、堅韌而有節制，敏捷，沉著，行動得體而有禮貌。在這裡他提出了一個「理性人」的心理健康標準，具有劃時代的意義。近代的誇美紐斯、洛克、盧梭、維果茨基、列昂節夫、贊可夫等人都對學生的心理健康教育做出了不可磨滅的理論貢獻。

中國歷代學者的著述蘊含著豐富的心理健康教育思想，如孔子的「吾有知乎哉？無知也。有鄙夫問於我，空空如也。」就是強調要虛心、謙虛的性格教育；宋代朱熹要求教師在加強情感教育，引導學生樂學方面發揮作用：「教人未見樂趣，必不樂學。」明清之際的王夫之認為「養蒙之道通於聖功，苟非其本心所樂為，強之而不能以終日。故學者先定其情，而教育導之以順」，強調要順乎學生樂之本心而進行啟蒙教育。但自覺重視心理健康教育卻是從王國維開始的，他認為教育的宗旨在於培養完全之人物，即注重體育和心育，心育包括智育、德育（即意志）、美育（即情育）。蔡元培認為全面發展教育包括軍國民主主義教育（體育）、實利主義教育（智育）、德育、世界觀和美育，並強調透過「心理作用」的世界觀教育與德育、智育、體育、美育並駕齊驅，認為五者不可偏廢。遺憾的是，自王國維、蔡元培後，中國教育對這方面的論述並不多見。

但學校心理學的專業實踐最早產生於美國。產生的原因也是由於當時特定的社會背景：19世紀末，大量移民湧入美國，當時的中小學無法容納所有適齡兒童，而美國當時的童工法又限制任何單位或個人僱傭兒童，於是大量青少年湧上街頭，帶來了嚴重的社會問題。為緩和這些矛盾，政府擴大了公立學校。於是，很多有學習和行為問題的兒童進入學校，為特殊兒童提供特殊教育的需要被擴大，由此導致了兒童研究運動的興起。

1896年，美國臨床心理學家賴特納·韋特默（Lightner Witmer）在賓夕法尼亞大學開設了第一家心理診所，這是世界上第一個兒童指導診所，向

有學習困難的兒童提供服務,開創了美國心理學為教育服務的先河。他認為心理學家應當與醫生、社會工作者、教師和家長等群體相互配合來教育兒童。他的做法和看法在當時產生了轟動性的影響,對學校心理學這門學科的產生做出了奠基性的貢獻,韋特默因此被稱為「美國學校心理學之父」。韋特默於 1867 年 6 月 28 日出生於美國賓夕法尼亞州的費城。1888 年從費城大學本科畢業,1891 年到德國萊比錫大學向馮特學習心理學。從 1892 年起他又回到費城大學攻讀法律,後轉讀哲學,並兼做心理學實驗室的研究助理。1896 年起,他在拜因穆爾學院建立了實驗心理學實驗室,並積極參與了賓州低能兒童培訓學校的工作。就在這一年裡,韋特默創建了第一個心理診所,成為臨床心理學產生的標誌,因此他又被稱為「臨床心理學之父」(孫菊霞,2008)。

1899 年,斯坦利·霍爾(G.Stanley Hall),美國心理學會的創始人暨第一任會長。他一生專注於研究兒童的成長、發展,試圖找出這一群體的規律性特點。後來,韋特默和霍爾的學生將他的研究方式和成果進行了綜合,奠定了今天美國學校心理學的基礎,尤其為後來的心理測試運動做好了鋪墊。因此,他也被稱為「兒童研究運動之父」(陳虹,2008)。

1905 年,法國心理學家比納(A.Binet)與醫生西蒙(T.Simon)受法國教育部委託編制智力測量量表。心理測驗的興起為心理輔導人員提供了可靠且有效的評估工具,為美國教育工作者提供了鑑別智力等級的手段,從而出現了按能力分班的嘗試,刺激了學校心理服務的發展,開創了心理測驗實用化的新紀元。隨後,又陸續有很多心理測驗的方法被運用於學校情境,如主題投射測驗、羅夏克墨跡測驗、房樹人測驗等。

1909 年,美國心理衛生協會成立,發起人是比爾斯(Byers),他曾患過精神疾病,並且痊癒後自己寫成《發現自己的心靈》一書。他一生致力於宣傳心理健康知識和預防心理疾病的重要性,使心理健康和心理衛生觀念廣為流傳。這一運動使人們相信,透過學校心理諮詢,能夠較好地預防學生心理疾病的發生。

1910 年，德國的斯特恩（L.Stern）提出需要培養大批的學校心理諮詢專業人員，並首次提出「學校心理學家」（school psychologist）這一術語（Gutking T.B，1990）。

1915 年美國耶魯大學兒童發展心理諮詢所所長格塞爾（Gesell）被康涅狄格州聘為學校心理學家，在全州對兒童進行智力測驗，以對有特殊需要的兒童進行分班。他還正式在學術雜誌上確定了「學校心理學家」這一稱謂。他被看作第一個獲得「學校心理學家」頭銜的人（Fagan T.K.，1994）。

西方學者把 19 世紀末至 20 世紀 20 年代稱為學校心理學的孕育期。這時它不過是社會大背景下的一種實踐活動，這時期內能看到的研究學校心理學的理論書籍少之又少，能稱為學校心理學家的人鳳毛麟角。但這一時期的存在具有非常重要的積極作用，有那麼一群人正在幹著後來被稱為「學校心理學」學科的實事，而且成果越來越豐富，所產生的社會影響也日益擴大，只等時間給他們一個「名分」。

二、學校心理學的產生（1920-1946）

在學校心理學產生的過程中，四種運動造成了有力的推動作用：一是心理測驗運動。19 世紀末，法國的特殊教育專家比納和西蒙編制了第一個針對兒童的智力測驗表，開創了心理測驗實用化的新紀元。二是特殊教育運動。19 世紀，人們不再把智力落後的兒童當作無法教育的對象，而是對他們的能力進行科學的、客觀的評估，並努力制定一套行之有效的方法來幫助這些兒童。其中一個重要的問題就是要用可靠的測驗方法來鑑別那些智力落後的孩子，以便將他們分到特殊班級進行特殊的教育，這就要借助心理測驗工具，這種需要有力地促進了心理測驗在學校中的應用。三是心理健康和心理衛生運動。心理衛生運動的發展在某種意義上對學校心理學的產生起著催化作用，這一運動使人們相信，透過學校心理諮詢能夠有力地預防心理疾病的發生。四是學習理論的進展。新行為主義心理學家研究人的行為的形成與改變，其研究焦點指向有機體與環境的交互作用。這種觀點影響到了學校心理學的研究，使人們把注意的焦點放在兒童與環境的交互作用上。

學校心理學成為一門學科並不是一蹴而就的事,它在前期的充分孕育下,在眾多心理學家、教育學家大量的實踐、研究的鋪墊下,以相關專業培訓項目的推出和成立專業學會為標誌。1925 年,美國第一個學校心理學培訓項目在紐約大學成立,包括本科項目和碩士項目。1930 年,出現了第一個學校心理學的博士項目,並且美國政府首期在紐約州和賓夕法尼亞州批准了學校心理學家證書。1940 年,美國至少有兩個州透過州教育局給學校心理學工作者頒發了資格證書。

　　1946 年,美國心理學會(American Psychological Association,APA)第 54 屆年會決定成立「APA 學校心理學分會」。學校心理學從此有了自己的全國性組織機構,作為一門學科或一種職業在組織上得到了認可。由此可以看出,學校心理學是先有一些心理學、教育學工作者在學校對學生進行測評、諮詢工作,然後才得到認可,進而發展為一門學科的。所以,職業實踐是學校心理學的基本特色,也是推動其發展、壯大和被社會接受的重要動力。從這一點來看,學校心理學和臨床心理學的發展最為接近(劉翔平,2009)。

　　第二次世界大戰爆發後,新的心理學理論和心理治療與干預方式陸續被推出和運用。因此,心理學在美國慢慢發展起來,並且被政府和整個社會所認可,受到了多方面的支持。這也是學校心理學發展的重要歷史背景。

　　當然,學校心理學這門學科的萌芽和產生的兩個階段並不是完全分裂的兩個部分,它們是相互聯繫,相互影響的。正是因為有了差不多半個世紀的準備,到了 20 世紀 50 年代才有了組織上的認可,才聚集了一批為著同樣的目標奮進的人們。也正是因為有了自己的學科地位,所有的努力和準備才有了實質性的意義,學科的前途也將更光明。

生活中的心理學

陶行知的四塊糖果

　　陶行知先生在擔任一所小學的校長時,看到一個男生用泥塊砸班上的同學,當即制止並讓他放學後到校長室去。

放學後，男生已經等在校長室準備挨訓了，陶行知卻掏出一塊糖果送給他，並說：「這是獎給你的，因為你按時來到這裡，而我卻遲到了。」男生驚異地接過糖果。隨後，陶行知又掏出一塊糖果放到他的手裡，說：「這塊糖也是獎給你的，因為當我不讓你再打人時，你立即就住手了，這說明你很尊重我。」男生更驚異了，眼睛睜得大大的。陶行知又掏出第三塊糖果塞到男生手裡，說：「我調查過了，你用泥塊砸那些男生，是因為他們不守遊戲規則，欺負女生。你砸他們，說明你很正直善良，有跟壞人作鬥爭的勇氣！」男生感動極了，他流著淚後悔地說道：「陶校長，你……你打我兩下吧！我錯了，我砸的不是壞人，而是自己的同學呀！」陶行知滿意地笑了，說：「你能正確地認識錯誤，我再獎給你一塊糖果，可惜我只有這一塊糖果了，我的糖完了，我看我們的談話也該結束了吧！」

複習鞏固

1. 「美國學校心理學之父」是誰？為什麼？

2. 學校心理學產生的標誌性事件是什麼？

3. 第一個獲得「學校心理學家」頭銜的是誰？

第二節 學校心理學的發展

第二次世界大戰後，美國的人口大增，教育服務的需求突然變大，使得學校心理服務也變得緊迫起來。因此，學校心理學得以快速地發展。我們習慣將20世紀50年代中期至70年代末認為是學校心理學的童年期，即發展期，而將20世紀70年代至今的發展看作其青年期，即繁榮期。

一、學校心理學的發展（1946～1969）

發展階段最為廣大學者所熟知的是：一個會議、一個法案、一支團隊和兩本雜誌。

塞耶會議。1954年8月，在紐約西點軍校塞耶飯店召開了一次會議，史稱「塞耶會議」。本次會議研究和確定了學校心理學家的作用、資格和培

訓標準。會議認為學校心理學家應充當學校課程和教學法的顧問，並且去要求教師及其他人員幫助學生處理學習和適應困難問題（孫菊霞，徐光興，2008）。為此，會議提出學校心理學家應發揮以下五個方面的作用：

(1) 評定和解釋兒童智力、社會和情緒發展狀況；

(2) 鑑別特殊兒童，與其他專家協作開發個性化教程；

(3) 開發和促進學生的學習能力，提出有利於全體學生學習和適應的方法；

(4) 鼓勵和發起科學研究，解釋、解決學校實際問題；

(5) 測量學生的人格、接受教育水準等問題，且提出補救方案。

會議對學校心理學家的學歷做出了明確規定：只有獲得博士學位的人才有資格做「學校心理學家」（研習四年的博士課程，取得博士學位，或者讀完兩年的博士班課程）。

塞耶會議是學校心理學發展的一塊里程碑，它使學校心理學家第一次有了關於自身作用與培訓方式的統一文件，極大地提高了學校心理學家的地位。

「94-142 公法」。美國國會 1975 年頒布的「公共法案 94-142」，也被稱為《學習障礙兒童教育法案》，對學校心理學的發展產生了重大影響。這是美國第一次頒布針對學習障礙學生提供免費和合適的公共教育的聯邦統一法律。「94-142 公法」是學校心理學發展的又一塊里程碑，它的頒布使得學校心理學的服務領域從前期的單純的心理測評向綜合的干預方案制定、心理行為干預、心理測驗等服務領域擴展，並且由於這部法律要求對學習障礙學生進行特殊教育服務的鑑別評價，使得學校心理學工作者的數量也大為增加。（官群，2009）

專業人員協會。1969 年，美國「全美學校心理學家協會」（National Association of School Psychologists，簡稱「NASP」）正式成立。它是一個獨立於美國心理學會的全國性專業機構，它不再侷限於擁有博士學位，這大大調動了從事學校心理學工作的非博士人員的積極性，在短短 15 年時

間裡會員數量就從剛成立時的 400 多人增加了 20 多倍。在組織功能上，美國心理學會負責認證學校心理學博士項目，而全美學校心理學家協會負責頒發學校心理學家的執照。（孫菊霞，徐光興，2008；陳永勝，1989）

專業雜誌。20 世經 60 年代上半葉，學校心理學分會創辦了兩本專業雜誌——《學校心理學雜誌》和《學校中的心理學》。美國心理學會開始認可學校心理學博士教程，學校心理學被認為是一門適於持照開業的學科。（孫菊霞，徐光興，2008）至此，美國學校心理學在組織上、服務方式上和內容上都已趨於正規化，其存在和作用得到了心理學界和公眾的普遍認同。

二、學校心理學的繁榮（1970-現在）

20 世紀 70 年代以來，學校心理學得到了迅速發展，組織日趨完善，團隊日漸壯大，學科發展逐漸走向繁榮。表現為以下幾個方面。

1. 組織更完善，服務更廣泛

除美國心理學會學校心理學分會和全美學校心理學家協會之外，這一時期還出現了其他重要的學校心理健康教育組織。如，美國學校心理學委員會（American Board of School Psychology，ABSP）、美國學校心理學研究院（American Academy of School Psychology，AASP）、學校心理學研究協會（Society for the Study of School Psychology，SSSP）、學校心理學項目主任委員會（Council of Directors of School Psychology Program，CDSPP）等，形成較為完備的學校心理學服務組織機構。同時，學校心理學家也開始走進高校。總之，經過近一個世紀的發展，美國學校心理學已形成較為完整的理論體系和完善的服務體系。學校心理學更是成為四大諮詢職業心理學之一（其餘三個是臨床心理學、諮詢心理學、工業和組織心理學）。

不僅如此，成立於 20 世紀 70 年代初的「國際學校心理學聯合會」（The International School Psychology Association，ISPA），卓有成效地推進著這門學科在世界範圍內的發展。如 1985 年加拿大成立了「加拿大學校心理學家協會」（CASP），對加拿大學校心理學的發展做出了不可磨滅的重

大貢獻；20世紀80年代末期澳大利亞成立了「澳大利亞指導和諮詢協會」（AGCA），該協會的成員中有60%左右的人是學校心理學家。此外，該協會於1995年開始與「國際學校心理學聯合會」聯合，組織全國性年會，並在1997年聯合舉辦了第20屆ISPA學校心理學大會。此外，歐洲的英國、法國、奧地利、瑞典、丹麥，亞洲的以色列，非洲的南非，南美的巴西都是學校心理學比較先進的國家。

世界各國學校心理學服務的範圍非常廣泛，最常見的是：職業與學業指導、人格與學業諮詢、教育課程干預。但由於受到心理學發展基礎、心理學家的數量與質量、各國經濟與文化歷史傳統等因素的制約，不同國家的心理服務在內容、形式、範圍上又呈現出不同的差異。大體來講，呈現兩種趨勢：先進國家的心理服務呈現出多樣性和綜合性等特點，而非先進國家則呈現出服務內容相對單一，範圍相對窄小，形式相對簡單等特點。

另外，1989年托馬斯·奧克蘭（Thomas Okland）等人對30個國家和地區學校心理學發展狀況的考察結果顯示，絕大多數國家把服務重點放在中小學階段，但有些國家已有向兩端延伸的趨勢，即一端是向幼兒園延伸，甚至擴展到新生兒；另一端是向高中延伸，甚至擴展到大學畢業。服務對象從早期以特殊學生為主轉向全體學生、教師、家長乃至學校管理者在內的廣泛群體。

2. 專業工作者的團隊日益壯大

20世紀80年代的美國共有2.5萬餘名專業學校心理學工作者，每年還有2000餘名畢業生陸續加入學校心理學工作團隊。1956年魏爾（W.D.Wall）在給聯合國教科文組織的報告《學校心理服務》中，曾提出每6000到7500名中小學生中至少應配備一名學校心理學工作者。到1987年，美國、英國、丹麥、以色列、西德等均已達到這個標準。一些發展中國家，如南非、約旦、智利、土耳其等國的學校心理學工作者人數發展也相當迅猛。（孫菊霞，徐光興，2008）

3. 服務工作制度化、正規化

學校心理學家的專業技術和技能水準直接關係到兒童的身心健康與和諧發展。為提高並保證服務質量，各國均採取了一系列措施，其中之一便是制定頒布法律、法規，規範心理服務。在美國，一個合格的學校心理學家要有開業憑證才能啟動工作，必須遵循的職業規定多達上千項，對學歷要求、實習時限、職業道德、量表限制、收費標準及服務效果等都做了詳盡的規定。在法國，法律規定凡冠以「心理學家」稱謂者必須擁有心理學的五年制本科學歷，或有相當的專業技術水準。濫用「心理學家」稱號者會受到法律的制裁。

4. 對從業人員執行高標準

作為一種職業，學校心理學對從業人員的要求非常高：高學歷，受過正規的專業培訓和具備一定的實踐經驗。在早期，只有獲得博士學位的人才能被稱為「學校心理學家」，APA 學校心理學分會也只有博士才有資格加入。即便一般的學校心理學服務人員也必須接受兩年研究生訓練，並達到臨床心理學家標準。對從業人員執行嚴格高標準使學校心理服務有較高的起點，很好地體現了學校心理服務的高度嚴肅性。在今天，學校心理學家仍是學校心理服務系統中最重要的領導者和協調者。

1958 年，臺灣成立了學校心理健康輔導學會，這成為其輔導運動的重要起點。從 1962 年起，輔導學會與地方教育管理部門合作開展了中等學校輔導工作試驗。此後，教育管理部門又制定了一系列政策，為在中等學校全面開展輔導工作做了充分的前期準備。此後，臺灣的學校心理輔導工作的制度化和普遍化得到進一步推進，由重點試驗到全面實施，其發展路線遵循初中—高中—大學—小學，逐步拓展。臺灣的學校教育中，輔導與教學、訓導結合，已成為相輔相成、三位一體的教育機制。經過多年的努力，加之積極引進西方的研究成果，臺灣的學校心理健康教育工作已取得全面的進步，積累了相當豐富的經驗。

迄今為止，學校心理健康教育已經取得了可喜的成績，中小學校，特別是大型城市的許多中小學校已經建立或正在著手建立自己的心理健康服務機構。有心理學專業的高校，透過開展中小學心理工作者培訓工作，培養了一

大批能從事心理健康教育的教師，進一步促進了中小學心理健康教育的發展。心理學專家們積極開展相關科學研究活動，編寫示範教材，為中小學教師提供了理論指導。

學校心理健康教育雖然取得了較為可喜的成績。但是，從總體上來看，在理論發展、專業實踐、從業人員團隊建設方面與先進國家相比明顯存在不足，尚有可開拓之處，具體如下。

1. 理論發展不成熟

學校心理學的研究主要是借鑑甚至照搬先進國家的模式。由於各國文化歷史等諸多因素影響，對學校心理學的理解與側重難免存在差異，因此就存在水土不服的問題。譬如目前除了使用心理健康教育的概念以外，還有心理教育、心理衛生教育、心理輔導、心理素質教育、心理諮詢等，術語的混亂本身就說明了這一行業發展的嚴重不足，一方面連該類型工作的性質、內容、目標、方法等都還不明確，另一方面對從業人員的職責、服務內容、方式等沒有統一的標準。

譬如服務對象，有的學者認為是教育教學中的各類人群，包括學生、教師、家長和學校管理人員，也有人認為僅限於兒童和青少年學生。

所以要推進學校心理學，我們應該根據文化的特點和學校教育的現狀，來建構學校心理學的基本理論及其理論框架；應該根據兒童、青少年的特點，建構符合兒童、青少年實際情況的心理健康標準；應該修訂或編制心理量表，提高量表的信度、效度。

2. 實踐經驗不足

現有的條件決定了學校心理學工作者大多是由原來的德育教師擔任，或由學生處的人員兼職。而心理學工作者和德育工作者的工作目標、方式、原則等是不同的，這樣就容易造成心理學工作者的角色衝突。從實際情況來看，目前絕大多數學校心理學工作者的主要角色仍是德育教師或輔導員，心理學工作者只是附屬的角色。而中國需要提供心理學服務的中小學生數量龐大，

大量從德育職位過來兼職的教師要克服簡單化思想工作的方式，真正理解和掌握心理學技術和原理，用發展心理學的眼光看待學生的問題。

從長遠來看，學校心理學工作職業化和專業化是非常必要的。學校心理學工作者不能總是重複「先德育，後心理」的路數。開設學校心理學專業的高等院校應以培養本科生為主，使他們畢業後能充實到中小學戰線上去；在課程設置上應注重理論與實踐相結合，加大小組討論、操作示範、模擬練習等教學活動的比重，讓教學過程盡可能模擬實際的學校心理學服務的過程，使他們所學的理論真正能夠應用到中小學服務的實踐中去。

3. 專業團隊缺乏建設，從業人員的素質參差不齊

一個奇怪的現象是，心理學工作者已遠遠不能滿足現實需要，但是心理學專業的畢業生卻面臨尷尬的就業局面，或者難就業，或者即使就業了，工作性質與專業也不吻合，不能學有所用。

美國學校心理學的發展，其學科體系和專業團隊的組建深受美國自身及其他西方國家重大社會歷史事件和社會動態的影響。學校心理學之所以在美國的發展相對比較完善，主要是根據社會變遷與人們的需求，經過不斷專業化和科學化的發展而取得的成就。由此可見將學校心理學本土化的重要性和必要性。面對歷史和文化背景的不同，我們需要借鑑西方的經驗，使中國的心理健康教育有個更好的基礎，促進和發展適合中國國情的專業化學校心理健康教育事業。

拓展閱讀

格賽爾和他的雙生子實驗

在兒童發展心理學的遺傳與環境問題上，存在兩種對立的觀點，一種是「遺傳決定論」，另一種是「環境決定論」。遺傳決定論認為兒童是受先天不變的遺傳所決定的，心理發展只不過是這些先天東西的自然展開。格塞爾也是遺傳決定論的代表，他提出了「成熟勢力說」。

格塞爾找了一對未滿週歲的孿生兄弟作為被試，採用爬梯訓練來進行實驗。他準備了一架小梯子，梯子寬 30 公分，每格之間的間距為 5 公分，梯子兩邊有扶手，並且在每格樓梯上都包著厚厚的絨布。兩兄弟看到梯子，立刻產生了興趣，圍著它爬，並試圖爬上去，但是沒能成功。格塞爾選擇弟弟在 48 周大的時候先進行爬梯訓練，每天花 10 分鐘的時間訓練，教他如何把小手抓在梯子上，如何把小腳緊跟著抬起來。看上去動作靈巧、敏捷的弟弟在爬梯時卻顯得十分笨拙，常常是一隻手擱在梯子上後就不知道怎麼做了。訓練一個月後，他才能勉強地獨自爬上小梯子，速度非常緩慢，動作也不協調。弟弟接受訓練的 5 周後，格塞爾對哥哥也進行了同樣的訓練，每天 10 分鐘，弟弟則繼續練習鞏固。實驗結論：哥哥訓練 2 周後就很快能靈活地爬梯子了，與經過了 5 周訓練和 2 周鞏固練習後的弟弟達到了相同的爬梯水準。

　　因此，格塞爾認為，成熟是推動兒童的主要動力。沒有足夠的成熟，就不會發生真正的變化。如果脫離了成熟的條件，學習本身並不能促進發展。

複習鞏固

　　1. 學校心理學發展的童年期有哪些重大事件？

　　2. 20 世紀 70 年代學校心理學發展繁榮時期的幾大表現是什麼？

　　3. 學校心理學發展的現狀是怎麼樣的？其不足體現在哪些方面？

本章要點小結

　　1. 學校心理學專業實踐最早產生於 19 世紀末的美國。1896 年，美國特殊教育專家賴特納·韋特默在賓夕法尼亞大學開設了第一家心理診所，他被稱為「美國學校心理學之父」。

　　2. 學校心理學發展塞耶會議的召開；1969 年，美國全國學校心理學家協會（National Association of School Psychologists，NASP）正式成立。20 世紀 70 年代以來，學校心理學得到了迅速發展，組織日趨完善，團隊日漸壯大，學科發展逐漸走向繁榮。

第三章 學校心理學的歷史發展

關鍵術語表

美國學校心理學之父 兒童研究運動之父 學校心理學家 塞耶會議

94-142公法 APA NASP

本章複習題

1. 創辦貢查加宮廷學校，並將之命名為「快樂之家」，以繼承古希臘的「完全教育」傳統的是（ ）

A. 維多利諾 B. 誇美紐斯 C. 洛克 D. 維果茨基

2. 提出「最近發展區」的心理學家是（ ）

A. 洛克 B. 維果茨基 C. 列昂節夫 D. 贊可夫

3. 被稱為「美國學校心理學之父」和「臨床心理學之父」的分別是（ ）

A. 韋特默、韋特默 B. 韋特默、霍爾

C. 霍爾、比納 D. 比爾斯、格塞爾

4. 歷史上第一個被看作獲得「學校心理學家」頭銜的人是（ ）

A. 斯特恩 B. 韋特默 C. 霍爾 D. 格賽爾

5. 在兒童發展心理學的問題上存在兩種對立的觀點，它們是（ ）

A. 遺傳決定論 B. 環境決定論

C. 成熟勢力說 D. 模仿學習說

6. 學校心理學有了自己的全國性組織機構，作為一門學科或一種職業在組織上得到認可的標誌性事件是（ ）

A. 塞耶會議

B. 94-142公法

C. 成立APA學校心理學分會

D.《學校心理學雜誌》和《學校中的心理學》雜誌的創辦

7. 世界各國學校心理學服務的範圍非常廣泛，最常見的是（ ）

A. 職業與學業指導 B. 人格

C. 學業 D. 諮詢、教育課程干預

8. 日本把以中小學生、教師、家長為對象開展心理教育服務工作的專家稱為（ ）

A. 學校心理專家 B. 學校心理師

C. 學校心理士 D. 學校心理輔導老師

9. 認為全面發展教育包括軍國民主主義教育（體育）、實利主義教育（智育）、德育、世界觀和美育，並強調透過「心理作用」的世界觀教育與德育、智育、體育、美育並駕齊驅，認為五者不可偏廢的教育家是（ ）

A. 王國維 B. 朱熹 C. 王夫之 D. 蔡元培

10. 在學校心理學的發展階段發生的重大事件有（ ）

A. 塞耶會議

B. 94-142 公法

C.《學校心理學雜誌》和《學校中的心理學》雜誌的創辦

D. NASP 的成立

11. 20 世紀 70 年代學校心理學發展繁榮時期的幾大表現是（ ）

A. 組織更完善，服務更廣泛 B. 專業工作者的團隊日益壯大

C. 服務工作制度化、正規化 D. 對從業人員執行高標準

12. 以下哪些學科的發展是以職業實踐為特色的？（ ）

A. 臨床心理學 B. 學校心理學 C. 基礎心理學 D. 實驗心理學

13. 我們習慣上將20世紀50年代中期至70年代末認為是學校心理學的（　）

A. 孕育期 B. 產生期 C. 發展期 D. 繁榮期

第四章 認知發展問題

為什麼家長鼓勵孩子使用左手？為什麼中學生關注自己的形象？為什麼有的人學習快，有的人學習慢，有的人甚至學習起來很吃力？這些都與個體的認知發展有關。認知是個體最基本的心理過程。人的一生會不斷地思考各種問題，學習很多不同的知識、技能。但是在不同的年齡階段，個體思考問題的方式有明顯的差異，並且同樣的知識對不同年齡階段的人來說，學習的難易程度也不同。本章將介紹各年齡階段學生的認知特點，以及在不同年齡階段的個體可能會遇到的認知發展問題，並重點介紹個體在小學階段至大學階段容易出現的認知問題及相關的診斷與矯正方法。

第一節 認知發展問題的表現

從兒童發展研究的先驅皮亞傑到現代兒童發展的研究者們，認知發展變化一直是兒童發展心理學研究的中心課題（佟秀麗，莫雷，ZheChen，2006）。認知發展主要關注智慧，包括語言、學習、記憶及問題解決等。

一、認知發展

隨著個體生理的發展，個體的認知也在不斷發展。不同年齡階段的個體的認知呈現出不同的特點。要認識個體的認知發展，我們首先需要瞭解認知是什麼。

1. 認知

認知（cognition）是心理活動的一種，是個體認識和理解事物的心理過程，涉及知識的獲取、使用和操作等過程，包括知覺、注意、表象、學習和記憶、思維和言語等（林崇德，楊治良，黃希庭等，2003）。人腦接受外界輸入的訊息，經過頭腦的加工處理，轉換成內在的心理活動，進而支配人的行為，這個過程就是訊息加工的過程，也就是認知過程。

認知心理學將認知過程看成一個由訊息的獲得、編碼、貯存、提取和使用等一系列連續的認知操作階段組成的，按一定程序進行訊息加工的系統。

人們獲得或應用知識的過程就是感覺和知覺。感覺（sensation）是個體借助感覺器官直接反映作用於它的客觀事物的個別屬性的過程（林崇德等，2003），是個體對事物個別屬性和特性的認識，例如覺察到不同的聲音、顏色、氣味等。

知覺是個體對客觀事物直接作用於感官而在頭腦中產生的對事物整體的認識（彭聃齡，2004）。譬如，個體面前有一朵花，他並非孤立地反映它的顏色、香味及其多刺的枝幹，而是透過腦的分析與綜合活動，從整體上同時反映出這是一朵玫瑰花。

人們透過感覺和知覺所獲得的只是經驗，這些經驗在刺激物停止作用後，不會馬上消失，而是保留在人們的頭腦中，並可以再現出來。這種積累和保存個體經驗的心理過程就是記憶。記憶是對過去經歷過的事物透過識記、保持、回憶或再認的方式在人腦中的反映。記憶包括識記、保持、回憶或再認三個基本環節。從訊息加工的觀點來看，記憶是對輸入訊息的編碼、儲存和提取的過程，是對人過去的經驗的心理反映形式。它表現為人對感知過、體驗過、想像過的東西的識記、保持和再現。比如我們遊覽過黃山以後，現在想起來，那時的奇松、怪石、雲海仍歷歷在目。

人們不僅可以感知具體的事物，認識事物之間的聯繫與關係，還可以運用頭腦中已有的知識和經驗去間接、概括地認識事物，揭露事物的本質及其內在聯繫，形成概念，進行推理和判斷，解決問題，這就是思維。思維是借助語言、表象或動作實現的、對客觀事物概括的和間接的認識，是認識的高級形式（彭聃齡，2004）。思維反映的是事物的本質和事物間規律性的聯繫，是一類事物共同的、本質的屬性和事物間內在的、必然的聯繫，屬於理性認識。例如，我們經常見到颱風、下雨，這還只是對這些自然現象的感知覺，即僅僅是對直接作用於感官的自然現象的認識；但如果我們研究了為什麼會颱風、下雨，並把這些現象跟吹氣、扇扇子、玻璃窗上結水珠、水管子「冒汗」、壺蓋上滴下水珠等現象關聯在一起，發現它們都是「空氣對流」的表現或「水蒸氣遇冷後液化」的結果，這就是深入事物的內裡與把握因果關係的思維了。

人的大腦還有想像活動，它是憑藉在大腦中保存的具體形象進行的。想像是人的大腦對已儲存的表象進行加工改造，形成新形象的心理過程，它是一種特殊的思維形式。例如，畫家畫畫，工程師發明新的機器，作家創造一個人物，都包含著複雜的想像活動。想像與思維有著密切的聯繫，屬於高級的認知過程，它們都產生於問題情境，由個體的需要所推動，並對未來有一定的預見性。

　　綜上所述，人的認知主要包括個體的高級的、屬於智力性質的心理過程，諸如思維、想像、創造、智力、推理、概念化、符號化、計劃和策略的制定、問題解決等。廣義地講，認知還包括注意、記憶、學習、知覺及有組織的運動，以及個體在社會交往和認知活動中所使用的語言。這些方面在人的實際活動中相互交織，構成一個統一的有機整體。

　　2. 認知發展

　　認知發展是指認知隨個體的年齡成長而表現為先後、連續的階段，從一個階段過渡到下一階段。個體認知發展大致可以分為以下幾個年齡階段：產前時期（受精到出生），嬰兒期（出生至 3 歲），學前期（3～6 歲），兒童中期（6～12 歲），青春期（12～20 歲），成年早期（20～40 歲），成年中期（40～65）歲，成年晚期（65 歲至死亡）（費爾德曼，2011）。在本書中，主要根據中國教育階段的劃定來介紹個體的認知發展特點。

　　首先，我們來介紹小學生的認知發展特點。小學生的認知能力不斷得到擴展，他們逐漸能夠理解和掌握各種複雜的技能，但是他們的思維還沒有完全成熟。他們大多能夠「去中心化」，對於守恆和轉變的理解開始出現。小學生已能夠使用邏輯運算來解決問題，記憶的編碼、存儲和提取能力有所提高，控制策略（元記憶）有所發展，語言的語用能力（社會習俗）和元語言意識（自我監控）有所提高。

　　第一，智力發展特點。這個階段的兒童的思維處於具體運算階段（皮亞傑，1981）。學齡前兒童的思維發展處於前運算階段，他們大多是自我中心的，並且缺乏運算能力。在整個小學階段，兒童的思維發生了變化，他們已能逐漸超出知覺的限制，形成守恆概念和可逆性，並能進行具體運算。如有

3個容量相同的杯子，分別是標準杯 A、狹長杯 B 和矮寬杯 C。我們先將同量的水從 A 倒入 B 或 C，然後問兒童水量有無變化。學齡前的兒童看到水面高或低了，就認為水是多了或少了，他們的反應還侷限於當前所直覺到的某一方面；而小學階段的兒童卻會說水量沒有變，水準面之所以更高或更低，是由於杯子變窄或變寬了。這說明這個階段的兒童已有水量不變的守恆概念，也說明他們已掌握了可逆關係，明白了同量的水在窄杯中水面高一點，倒入寬杯中水面低一點。在這個階段兒童還先後掌握了重量守恆、長度守恆、體積守恆、分類、序列等。

但是，由於在這個階段兒童的運算還僅僅限於具體的、他們所能觀察到的事物，所以叫做「具體運算階段」。

具體運算圖式的出現使得兒童以不同於學前時的途徑思考問題。由於自我中心的程度降低，他們能夠思考到一個情境中的多個方面，這樣的過程就是「去中心化」（費爾德曼，2011）。在學前期，兒童缺乏完整的操作圖式，完全是以他們自己的身體和動作為中心，從自己的角度看待世界。他們不會想到從另一個角度去觀察事物。如某個小男孩認為外部世界全部圍繞他而轉動，連月亮也是跟著他在走；他不考慮別人的意見，他只知道自己有個哥哥，而不知道他自己就是他哥哥的弟弟。「去中心化」是思維引入多樣性的過程，此後兒童能認識到他人的觀點，並調和自己與他人的觀點。

兒童一旦能夠穩定地使用具體運算思維，他們的認知發展便會突飛猛進。這時，兒童的思維表現出可逆性，即思想上還原某些物質或心理的變形的能力。思維的可逆性表現為轉變成某一種刺激的過程是可以逆轉的。兒童掌握了思維的可逆性之後就能理解如果 2+7=9，那麼 7+2 也等於 9，以後他們還會明白 9-2=7。

處於具體運算思維階段的兒童的思維雖然取得了長足進步，但是其思維的侷限性還是很明顯的，他們無法脫離具體的事物來進行運算。並且，他們不能真正理解抽象的問題或者是假設性問題。

第二，語言發展特點。五六歲的兒童基本掌握了第一語言的基本語法和發音，但是這個年齡階段的兒童想要達到成人的流利水準還有段距離。到了

兒童中期，兒童掌握和學習語言更有技巧。在中國，三年級的兒童基本能夠認識 2500 個漢字，能夠順利地閱讀青少年讀物。處於兒童中期的兒童具備了初步的閱讀能力，能夠把握故事、童話或常識性讀物的基本內容，能粗略地分段和概括大意，並能結合上下文理解字詞的意思。他們能夠運用漢字和拼音寫日記和短小的應用文（伊廣文，王中林，1993）。

隨著兒童語言能力的發展，他們能夠更好地與他人交流，並在交流中使用一定的規則，交談技能也在不斷發展。在學前期，儘管他們能夠意識到交談中輪流說話的原則，但是對於規則的使用還是有一定困難的。看看下面兩個 6 歲的孩子之間的對話。

媛媛：我爸爸是出租車司機。

小斌：我姐姐叫陽陽。

媛媛：他早上很早就起床了。

小斌：昨天，她打碎了一個杯子。

之後，兒童逐漸學會使用規則，在交談中出現更多的是觀點的交換，兒童之間會相互回應對方的觀點。例如下面一對 11 歲兒童間的對話。

小剛：我不知道在教師節送老師什麼禮物？

小芳：我會送卡片。

小剛：可是那天他會收到很多的卡片。

小芳：我會自己親手做一張獨特的卡片。

逐漸嫻熟的語言技能能夠幫助學齡兒童控制和調節他們的行為。在一個實驗中，實驗者告知兒童，如果他們選擇立刻吃掉一顆糖，他們就只能得到這一顆糖。但是如果他們選擇等一會兒再吃，就能得到兩顆糖。結果大多數 4～8 歲的兒童都選擇了等待，但是他們等待時使用的策略卻不同。

4 歲的兒童在等待時經常會看著這顆糖，但是實際上這種策略並不是非常有效。而 6～8 歲的兒童會使用語言來幫助自己克服誘惑，但方式卻有所

差別。6歲的兒童透過與自己說話或者唱歌來提醒自己多等待一會兒就能得到更多的糖。8歲的兒童卻關注與糖無關的事物，這有助於他們等待下去。簡而言之，兒童會透過「自言自語」的策略來調節自己的行為。他們的自我控制隨其語言能力的提高而不斷增強。

接著，我們來介紹中學生的認知發展特點。中學生的認知體系已基本形成。他們的認知結構的各種要素迅速發展，認知能力不斷提高，思維能力更加成熟，基本上完成了向理論思維的轉變，抽象邏輯思維占優勢地位，辯證思維和創造思維得到了很大的發展。

第一，青春期思維發展。皮亞傑指出，一種新的思維方式非常迅速地出現在青春期早期，這種新的思維方式讓青少年的思維變得有邏輯性，皮亞傑將這一階段的思維方式稱為「形式運算階段」。在這一階段中青少年所發展的運算策略使他們能夠對抽象概念進行邏輯推理。他們的思維具有以下特點。

假設—演繹思維的發展。假設—演繹思維指不僅從邏輯上考慮現實的情境，而且考慮可能的情境（假設的情境）來進行思維。例如，「如果這是第九教室，那麼它就是四年級。這不是第九教室，這是四年級嗎？」回答這樣的問題需要假設—演繹思維。有人請小學生以「是」「不是」或「線索不充分」來回答這個問題。多數小學生回答「不是」。但正確答案應是「線索不充分」。

抽象思維的發展。抽象思維指運用符號的思維，也稱「命題思維」。例如，學習中學代數就需要抽象邏輯思維。中學生已具有抽象邏輯思維能力，他們能借此解決代數問題。

系統思維的發展。系統思維指兒童在解決問題時，能分離出所有有關的變量和這些變量的組合，一個典型的例子是讓兒童解決鐘擺問題。問兒童：決定鐘擺的擺動速度的因素是什麼？這裡涉及擺的長度、擺錘的重量、推動擺錘的外力和擺錘離中心線升起的高度。前運算階段的兒童不能系統操縱某一變量，同時控制其他變量去解決問題，只有形式運算階段的兒童能從系統探索，解決這個問題。

德國的一則關於「魚牛」的童話可以幫助我們更好地理解這個問題。這個童話說的是在一個小池塘裡住著魚和青蛙，牠們是一對好朋友。牠們聽說外面的世界好精彩，都想出去看看。魚由於自己不能離開水而生活，只好讓青蛙一個人走了。這天，青蛙回來了，魚迫不及待地向牠詢問外面的情況。青蛙告訴魚，外面有很多新奇有趣的東西。「比如說牛吧，」青蛙說，「這真是一種奇怪的動物，牠的身體很大，頭上長著兩個犄角，吃青草為生，身上有著黑白相間的斑點，長著四條粗壯的腿，還有大大的乳房。」魚驚叫道：「哇，好怪喲！」同時腦海裡即刻勾畫出牠心目中的「牛」的形象：一個大大的魚身子，頭上長著兩個犄角，嘴裡吃著青草。

魚腦中的牛形象（我們姑且稱之為「魚牛」）在客觀上當然是錯誤的，但對於魚來說卻是合理的，因為它根據從青蛙那裡得到的關於牛的部分訊息，從本體出發，將新訊息與自己頭腦中已有的知識相結合，構建出了「魚牛」形象。這體現了建構主義的一個重要結論：理解依賴於個人經驗，即由於人們對於世界的經驗各不相同，人們對於世界的看法也必然會各不相同。知識是個體與外部環境交互作用的結果，人們對事物的理解與個體的先前經驗有關，因而對知識正誤的判斷只能是相對的；知識不是透過教師傳授得到的，而是學習者在與情景的交互作用過程中自行建構的，因而學生應該處於中心地位，教師是學習的幫助者。因而，建構主義的學習理論強調「知識建構」。

第二，青少年日常生活中的形式運算思維的發展。青少年在完全適應現實世界之前，仍然需要不斷地練習他們所學到的推理技能。青少年最近發展起來的複雜認知，使得他們能夠想像別人正在思考著自己，並且還能想像別人思考的細節。這是青少年思維中自我中心的來源。青少年自我中心是一種自我的專注狀態，他們會認為全世界都關注著自己。自我中心主義的青少年對權威充滿批判精神，不願接受批評，並且很容易指出別人行為中的錯誤。青少年自我中心的一個重要組成部分就是個人神話，即認為一個人的意念可以控制他的生活事件。青少年會認為他們自己的經歷是獨一無二的，別人都不會經歷。例如，失戀的青少年可能覺得別人都不會經歷這種痛苦，別人都不像自己遭到如此糟糕的待遇，沒人能夠理解他的痛苦。個人神話可能使得

青少年對生活中的風險毫無畏懼，他們可能酒後駕車，因為個人神話使得他們認為自己是小心的司機，總是能控制所有情況。

青少年還可能發展出假想觀眾。假想觀眾實際上源於青少年同伴團體中的一種內在行為標準，青少年可能根據假想觀眾變換自己的態度、行為甚至是穿著。例如一個女生上學經常遲到是因為她在出門前通常會換兩三次衣服，每次換上不同的搭配，她都會想像同學們會有什麼反應。如果這個女孩認為假想觀眾不喜歡這套衣服，那麼她會換上另一套，直到覺得滿意為止。但不幸的是，這僅僅是她的自我中心思維所產生的虛構的場景。

最後，讓我們介紹一下大學生的認知發展特點。這一時期的個體逐漸走向成熟，開始獨立思考和處理問題，與社會的接觸更加廣泛和深刻，他們的認知發展呈現以下特點。

第一，辯證邏輯思維的發展。在成年早期，一方面個體的形式邏輯思維仍處於發展狀態，另一方面，辯證邏輯思維逐漸發展成為主要的思維形態。

總的來說，大學生之前的思維發展主要表現在知識的獲得上，而之後的成人思維主要表現在知識的應用上，辯證的、相對的、實用性的思維形式逐漸成為重要的思維形式。

美國心理學家帕瑞認為，進入青年期後，個體思維中邏輯的絕對成分逐漸減少，辯證成分逐漸增多，其原因之一是由於個體逐漸意識到，對同一個問題存在多種觀點和多種解決方法（郭念鋒，2005）。

帕瑞對青年期的思維進行了研究，發現青年期的思維發展可以分為三個階段。

第一階段：二元論階段。青年初期的個體對問題的看法非此即彼，要麼對，要麼錯，沒有「灰色區」，易將知識視為固定不變的真理。

第二階段：相對性階段。處於這一階段的個體不再毫無區分地把知識當作不變的真理，而是透過比較不同的理論、方法，進而找到有效的理論和方法。

第三階段：約定性階段。個體在分析問題時已有自己的立場和觀點。能結合個人的實際情況具體問題具體分析，認識到兩個相反的觀點都可能是正確的，因為每個觀點的出發點不同。

第二，創造性思維的發展。創造性思維是指一種具有獨創性、新穎性及其社會價值的思維形式，這種思維的結果不是簡單地繼承人類已經積累和總結出來的知識和經驗，而是去解決人類尚未解決和認識的問題。因此，創造性思維的成果具有首創性、發現性和突破性。

成年早期的後期階段是創造性思維表現得十分突出的一個時期，處於一生中創造性思維表現的最佳年齡區間。

二、常見的認知問題表現

學生的認知問題困擾著很多家長和老師，瞭解常見的認知問題對於家庭和學校都具有重要意義。

1. 小學生常見的認知問題

小學生常見的認知問題主要表現為智力障礙、學習困難和注意力缺陷多動障礙。下面將詳細介紹這三種認知問題。

智力障礙。梅小婷（化名），12歲，女，身體矮小，臉上有雀斑，斜著眼睛看人，智商為45。在媽媽生了弟弟以後，她主要隨奶奶生活。小婷有自閉症傾向，敏感多疑，心理脆弱，喜歡自言自語，一個人玩，常在校園中獨自遊逛或獨坐樓梯。上課注意力集中時間短，經常緊抱書包或獨自發呆。自控能力差，經常撕自己的衣服、課本和作業本等，經常長時間盯著某個人或是某樣東西發呆、傻笑，表情貧乏、呆板，或是有時候莫名其妙地緊皺眉頭。語言能力差，表達邏輯混亂，常詞不達意。缺少自我防備意識與性意識，出現過被男同學帶進男生浴室，被男同學唆使在教室裡脫褲子的情況。道德判斷能力差，總是去「拿」別人的東西，還要歸罪於年齡小的同學。喜歡惹是生非，打人。梅小婷的父親也是智力障礙者，因此其智力障礙是先天性的。

由於出生後母親對她照料較少，多數時間由奶奶照料陪伴。奶奶是文盲，故該同學嬰幼兒時期缺少較系統的早期教育。父母的感情不和，經常吵架，缺少家庭的溫暖。同時，她從小被同伴們冷落，缺乏自信心。根據該生的情況，她應屬於多動自閉敏感類學生。注意力集中時間短或只能集中於學習情景的某一方面，卻忽視其他附帶內容或興趣不強的內容；只滿足於現有的學習內容，而對所學習的一些新的知識熱情度不高；同時，她的自我控制能力和分辨是非的能力薄弱。經醫生診斷，梅小婷屬於中重度智力障礙。（劉秋波，2013）。

智力障礙這一概念來自美國智力障礙協會（AAMR）1983年提出的智力障礙定義。這個概念明確提出了「智力」和「社會適應」兩個要點。該概念指出，智力障礙患者的智力商數低於70或者75分，同時在日常生活中表現出明顯的適應障礙。

美國智力障礙協會於1992年修改了對智力障礙的定義。新的定義認為：「所謂智力障礙是指現有功能上的重大限制。其特徵是顯著低於一般的智力功能，同時影響以下互為相關的至少兩個或更多的適應技能領域，如：溝通、自我照顧、居家生活、社交技能、社區使用、自我引導、健康與安全、功能學科、休閒與工作。智力障礙發生於18週歲以前。」該定義包含了四個基本維度：智力功能和適應技能；心理、情緒方面；健康和身體方面；環境方面。這個概念是對1983年的概念的重要拓展，它將「智力」「社會適應」納入其中，產生了三個新的維度，構成一個系統。這個系統概念對近十年來的國際智力障礙研究產生了積極廣泛的影響。

2001年美國智力障礙協會的技術核心組對1992年系統做了新的修訂和調整。

該協會主要從智慧，適應技能（概念的、實踐的、社會的技能），參與、互動和社會角色，身體健康、心理健康和病因學，相關背景（環境、文化和機會）5個方面對智力障礙進行了表述。

中國於2006年4月1日開始了第二次全國殘疾人抽樣調查，此次調查修訂了1987年首次全國殘疾人抽樣調查所採用的智力殘疾的定義，將智力

殘疾界定為：智力殘疾，是指智力顯著低於一般人水準，並伴有適應行為的障礙。此類殘疾是由於神經系統結構、功能障礙，使個體活動和參與行為受到限制，需要環境提供全面、廣泛、有限和間歇的支持。智力殘疾包括：在智力發育期間（18歲之前），由於各種有害因素導致的精神發育不全或智力遲滯；在智力發育成熟以後，由於各種有害因素導致智力損害或智力明顯衰退。

智力低下不但是嚴重危害兒童身心健康的一類世界性疾患，更是一個嚴重的社會問題。據估計，全世界約有1.5億智力低下患者。隨著社會的飛速發展和人才競爭的日趨激烈，各國對智力問題已倍加關注。有關研究者們對導致兒童智力低下的因素的探討也日益深入。

智力障礙兒童與其他正常兒童相比，其突出的特點就是心理發展遲緩，主要表現為：

第一，發展起點遲。智力障礙兒童的心理特徵一般比正常兒童出現得更晚。正常兒童在一至兩歲的時候就能叫「爸爸媽媽」，而智力障礙兒童可能到四五歲都還不會叫「爸爸媽媽」。

第二，發展速度慢。正常兒童到兩歲時基本上能說上百個詞，而智力障礙兒童到三四歲可能也只能說上幾個詞。

第三，發展達到的水準低。正常兒童在七八歲時言語水準就很高了，詞彙量達到上千個詞，而且能連貫地表達自己的想法，說出完整的句子。但是智力障礙的兒童到七八歲時可能只會說出幾十個詞。

學習困難。「學習困難」（learning difficulties）一詞，由美國學者柯克於20世紀60年代首先提出。他認為「學習困難」表現為一種在說話、語言、閱讀、寫作、算術，或者其他與學習有關的內容方面的延遲、障礙或遲緩發展，這種遲緩發展或發展障礙是由腦功能不良或情緒和行為障礙所引起的心理障礙。

美國教育部在20世紀60年代後期對「學習困難」做出界定，認為學習困難表現為一種或多種基本心理過程的障礙，包括理解語言或使用口頭語言

和書面語言的障礙。這些障礙可能表現為聽、想、說、讀、寫、拼或計算能力的障礙，即知覺障礙、腦損傷、輕微腦功能失調、誦讀困難、發育性失語症等，但不包括由於視覺、聽力或神經障礙，以及智力落後、情緒干擾或環境不利而引起的學習問題。

1988年，美國學習困難全國聯合委員會又對「學習困難」的定義進行了修訂，指出：學習困難這一普通術語指一個異質群體在聽、說、讀、寫、推理和數學能力的獲得和運用上有明顯的困難或障礙。這些障礙可能是由中樞神經系統失能（即功能障礙）造成的，並且可能貫穿人的一生。與學習不良共同存在的可能有自我調節行為、社會知覺和社會交往方面的問題，但這些問題本身並不構成學習不良。

英國教育部認為，學習困難是一種重要的理解新的或複雜的訊息能力的缺失（智力的削弱），這種能力是用來學習新技能的；是一種獨立處理問題能力的缺失（社會功能的削弱）；從成年前開始，在人的發展過程中具有持久的作用（趙晶、陳傳鋒，2010）。

教育工作者大多是在「差生」「雙差生」「後進生」「學業不良」等的名義下對學習困難進行研究，很少對其進行界定。20世紀80年代以來，出現了「學習困難」「學習無能」「學習障礙」等詞語，以「學習困難」的出現頻率為最高，這幾個概念一直在混用。

一些研究者對學習障礙的界定時常簡化為「差生」或「學習成績低下」。例如，把智商在正常水準、學習的主要科目成績不及格或低於平均成績一個標準差以上的兒童認定為學習困難；或把因學習差而留級、被教師評定為學習能力差的兒童認定為學習困難。到目前為止，學術界對學習困難還沒有一個統一明確的界定。林崇德等認為學習困難是指無顯著智力缺陷的學齡期兒童在行為與心理上表現出一種或多種異常狀態，致使在學校中靠通常的教育方法不能進行有效學習的綜合症。學習困難兒童特徵如下：

（1）在感知、思維和語言方面存在明顯障礙。如視覺記憶受損、辨別空間對象有困難、聽覺辨別力差、訊息加工過程有障礙及缺乏應變能力等。

(2) 在行為、情緒和社會性方面存在問題。如注意力渙散、活動過度、情緒不穩、具有衝動性、自我概念較差、自我評價較低、人際關係較差等。

(3) 其他方面。如發育遲緩、品行問題等。（林崇德等，2003）

劉在花（2008）曾採用問卷法對學習困難學生的社會智力發展情況進行調查研究，結果指出：學習困難兒童與一般兒童社會智力的差異極其顯著。周永壘、韓玉昌和張侃（2005）對學習困難的學生與優秀生的認知策略特點與加工水準進行了實驗研究，結果表明：學習困難生在認知的過程中不能自覺使用組織加工和精細加工策略，即學習困難生的深加工能力比優秀生差。

生活中的心理學

學習困難

豆豆上學了，豆豆的老師卻發現這個孩子與班裡其他的孩子有些不一樣。不論在何種場合，豆豆總是處於不停活動的狀態中，上課不斷地走來走去，推桌子，將手伸進桌子裡弄出響聲，咬鉛筆、摳手指。豆豆走路時喜歡跑，從來不會坐下來休息，他的精力非常充沛。豆豆的注意力集中時間很短，上課時只要教室外面有動靜，他會立刻朝向外面，有時還會跑到外面去。他上課不認真聽講，老師安排的作業也不能完成。但是豆豆在上操作類的課時，他的表現相對較好。上新課時他的注意力相對集中些，上複習課時注意力就集中不起來，他會走動、搗亂、大笑，以引起教師與同學們對他的注意。豆豆的老師認為他患有注意力缺陷多動障礙。（季秋霞，2012）

注意力缺陷多動障礙（attention deficit hyperactivity disorder，ADHD）俗稱「兒童多動症」，臨床主要表現為與年齡不相稱的注意力不集中和不分場合的過度活動、情緒衝動，並可伴有認知障礙和學習困難。兒童 ADHD 的患病率為 3.0%～5.0%，男孩多於女孩，男女比例為 4：1～9：1；ADHD 兒童，其症狀在幼兒園階段就已明顯地表現出來；有 70.0% 的患者症狀持續到青春期，30.0% 的患者症狀持續到成人期，是一種影響終身的慢性神經精神疾病（馬士薇，2013）。超過 2/3 的 ADHD 患者有其

他的併發症,如對立違抗性障礙、品行障礙、內部紊亂等(Jensen et al.,2001;Takeda.T,2012)。注意力缺陷障礙最主要的表現有下面三種:

(1) 注意力缺陷。患者注意力特別不集中,在課堂上坐不住,注意力集中時間短,外面有一點動靜就走神;在家做作業拖拖拉拉,做一會兒玩一會兒。

(2) 多動。患者動作多,手不停,喜歡上躥下跳,動手動腳。比如搶同學的鉛筆,拿同桌的橡皮,不能安靜下來,管不住自己的手。

(3) 易衝動。患者做事過度興奮,比如考試時做題特別匆忙,做完題也不檢查。並且一旦其衝動,後果可能會很嚴重,會傷害自己或他人。

2. 中學生的認知發展問題

困擾中學生的認知發展問題主要是「學業不振」的問題,許多研究者也對中學生在各學科上的學習做了大量研究,比如葛明貴等(2005)對中學生英語學習策略水準及英語學業成績的相關研究,程黎等(2013)對11歲和15歲的兒童學習動機和數學素養的關係的研究,宮豔霞(2011)對中學生物理學習困難的研究,王后雄等(2013)對中學生化學學習的研究。

日本心理學界將「學業不振」定義為:學生具有在該年級平均的學習能力和發展水準,但在某個階段的學習活動中出現遲滯、落後狀態,學習成績較差。學業不振,一般是指學生有學業慾望,但是由於學習方法不當導致學習成績不高,常常處於受挫狀態,並喪失了學習的自信心。

一個中學男生向諮詢師這樣說道:「近日來,除了感興趣的科目,我在語文、數學、外語的課堂上總是感到精力不集中,學習效率非常低,學習成績下降。總是覺得有什麼事沒做好,但是又不知道是什麼事。腦子裡亂糟糟的,上課時經常走神。晚上又經常睡不著。白天腦子裡又是亂糟糟的。老師總批評我:『你整天在想些什麼?幹部不像幹部樣兒,學生不像學生樣兒。心思跑哪裡去了?』我越是辯解,老師就越生氣。我真是不知該怎樣好。現在形成惡性循環,休息不好,學習精力不集中。最近進入了複習階段,我想為自己的複習制定計劃,但又不知從哪兒抓起。有時都不想上課了,真鬧心!

很久以來真不知該怎麼辦。」（馬榮，2004）諮詢師認為該生是學業不振的表現，應及時地給予輔導。

3. 大學生的認知發展問題

劉元興、張帆等人認為影響大學生心理健康的重要因素是大學生獨特的認知（劉元興，范向陽，2007；張帆，2011）。認知是否合理，直接影響一個人的心理健康。美國心理學家埃利斯總結了11類不合理信念，分述如下：

（1）每個人絕對要獲得周圍環境——尤其是生活中每一個重要人物的喜愛和讚許。

（2）個人是否有價值，完全在於他是否是個全能的人，即能在人生中的每個環節和方面都能有所成就。

（3）世界上有些人很邪惡、很可憎，所以應該對他們給予嚴厲的譴責和懲罰。

（4）如果事情情非得已，那將是一件可怕的事情。

（5）不愉快的事總是由於外在環境的因素所致，不是自己所能控制和支配的，因此，人對自身的痛苦和困擾也無法控制和改變。

（6）面對現實中的困難和自我所承擔的責任是件不容易的事，倒不如逃避它們。

（7）人們要隨時隨地對危險和可怕的事加以警惕，應該非常關心並不斷注意其發生的可能性。

（8）人必須依賴別人，特別是那些與自己相比強而有力的人。只有這樣，才能生活得更好。

（9）一個人以往的經歷和事件往往決定了他目前的行為，而且這種影響是永遠難以改變的。

（10）一個人應該關心他人的問題，並為他人的問題而悲傷、難過。

（11）對人生中的每個問題，都應有一個唯一正確的答案。如果人找不到這個答案，就會痛苦一生。

複習鞏固

1. 認知是什麼？認知包含哪些內容？

2. 簡述處於青春期的學生的形式思維的表現。

3. 簡述注意力缺陷障礙的最主要的表現。

第二節 認知發展問題的診斷

第一節中我們分別介紹了小學生、中學生和大學生的認知發展問題及其表現，本節主要介紹小學生認知發展問題的診斷。

一、智力障礙的診斷及矯正

1. 智力障礙的診斷

目前，由於世界上各國、各學派對智力障礙這個概念尚無統一定義，因而對智力障礙兒童的診斷標準也不盡相同。主要有 DSM 鑑別標準、臺灣和中國的鑑別標準等。

第一，DSM 鑑別標準。根據美國智力遲滯協會和美國精神病學會在 1987 年 5 月出版的《精神障礙診斷統計手冊（第三版修訂本）》（DSM-Ⅲ-R），智力障礙的診斷標準為：

①一般智慧明顯低於平均水準，即個體智商（IQ）值小於或等於 70。（嬰幼兒可根據臨床判斷其智慧明顯低於平均水準，因為現在有的智力測驗不適合用於嬰幼兒。）

②存在適應功能的缺陷或損害，即存在與其年齡和群體文化標準相應的個體功能的缺損，如社交技能、社會責任、交談、日常生活料理、獨立和自給能力的缺損。

③18 歲以前發病。

第二，臺灣的鑑別標準。根據 2012 年臺灣提出的《身心障礙及資賦優異學生鑑定辦法》修正條文第三條，智力障礙的鑑定標準如下：

①心智功能明顯低下或個別智力測驗結果未達平均數，負兩個標準差。

②學生在生活自理、動作與行動能力、語言與溝通、社會人際與情緒行為等任一向度或學科（領域）學習等表現上較同年齡者有顯著困難情形。

第三，中國的鑑別標準。對智力障礙兒童的鑑別，目前大陸一般採取以下三條標準：

①智力功能顯著低下，在個別施測的標準化智力測驗中，其測量智商（IQ）在 70 分以下。

②在適應行為方面存在缺損或障礙，即在下列十項技能中至少有兩項存在缺損或障礙：溝通、生活自理、居家生活、社會技能、使用社區、自我管理、功能性學科技能、工作、休閒活動、健康與安全。

③ 18 歲之前發病。

根據以上的診斷標準，對於智力障礙兒童的評估應該綜合進行生理診斷、智力診斷和社會適應能力診斷。

生理診斷包括對於兒童的身體外表、視力、聽力、神經系統的檢查等。

對於智力診斷，可以採用兒童智力篩選量表、中國比內智力測驗、瑞文標準推理測驗、韋氏兒童智力測驗等。

社會適應能力的診斷可採用適應行為量表、兒童適應行為量表、社會適應能力評定量表等。

除此之外，還應該瞭解個體的身體、智力發展史、病史及治療過程等。

2. 智力障礙的矯正

學術界對智力障礙的訓練和矯正方法做了大量的研究，下面介紹幾種常見的訓練方法。

後果操控法。該方法透過對行為結果的強化來提高社會技能水準，廣泛應用於智障兒童的各類社會技能訓練中。主要訓練策略包括隨因強化、代幣法、原始強化、團體激勵、家庭激勵、低率行為的差別強化和其他行為的差別強化、中止以及忽視。

　　社會學習法。它也被稱為「模仿塑造法」，包括真實示範和象徵示範。前者指兒童在班級、活動場所等自然情境下向真實榜樣學習社會行為。真實示範被許多研究者用於智力障礙和行為障礙兒童的干預訓練中；後者指借助電影、影片等媒介進行觀察學習。

　　認知─行為法。這種方法包括輔導策略和自我控制策略。前者包括行為規則與標準的確定，與輔導者或同伴進行技能演練，輔導者就兒童行為表現進行評價反饋並提出意見或建議等。後者指教授兒童透過自我評估、自我管理等方式調控自身的行為表現，包括自我強化、自我評價、自我指導等做法。

　　遊戲治療法。遊戲治療源於精神分析學派，弗洛伊德在心理分析中發現了遊戲對兒童精神分析的意義。兒童在遊戲中能夠滿足願望，克服創傷事件和使受壓抑的敵意衝動得到發洩。遊戲是兒童的主體性活動，於是他將遊戲作為精神分析的內容。隨後，安娜（Anna Freud）和克萊因（Melanie Klein）在兒童精神分析中將遊戲治療系統化和理論化，承認遊戲是兒童自由表達願望的方式（毛穎梅，2006）。在近一個世紀對遊戲治療的研究和實踐中逐漸發展出了一系列的遊戲治療技巧，主要有：象徵性的遊戲技巧，主要是洋娃娃、布偶、面具、電話和積木等玩具的應用；自然媒介的遊戲技巧，對沙、水、泥土、食物等物品的應用；藝術的遊戲技巧，包括亂畫遊戲、指畫等遊戲的應用；必須借助言語完成的遊戲技巧，包括說故事、角色扮演、放鬆想像等遊戲技巧；規則遊戲如各種棋類遊戲等。

二、學習困難診斷與矯正

　　1. 學習困難的診斷

V.Kovess-Masféty（2012）認為學習困難可能會導致學生的情緒和行為障礙。因此，鑑別學習障礙有著重要的意義。對於學習困難的鑒定，主要有兩種方法：以學業成績為標準和以量表為標準。

（1）以學業成績為標準

學業成績標準是一種簡單易操作的診斷方法，它根據學生平時的學習成績及其在班級中的排名情況，同時參考任課教師的評價，來判斷學生是否有學習困難。這是中國目前在研究學習困難時採用最多的診斷標準，尤其以教育界的研究者採用居多。但是這種診斷標準卻有很大的不足和缺陷，會受到各校教學水準、教學要求以及每次考試的信度和效度的制約。這種界定標準的依據不夠標準化、科學化，對同一研究被試的鑑別可能會有不一樣的結論。因此，在使用這種標準時需要慎重，以免對學生造成不必要的傷害。

（2）以量表診斷為標準

量表診斷標準主要是指以從國外引進並修訂的各種量表的測試結果作為診斷學習困難的標準。常見的診斷學習困難的國外量表有：《國際疾病分類》第 10 版（ICD-10）中的學習困難診斷量表；美國缺陷兒童教育諮詢委員會制定的學習困難診斷量表；學習能力障礙兒童篩選量表；學習適應性測試。

以上量表都是從國外引進過來後進行了修訂，提高了診斷的客觀性、嚴格性和科學性，但是這些量表可能不完全適合於被試者。為了彌補這一缺陷，邵志芳、陳國鵬和單陽在 2000 年制定了「學習困難檢查表」。他們用這個量表在施測了 1067 名被試，透過對所獲數據進行初步分析後得到：①各變量原始數據的均數和標準差。②各變量原始數據有顯著年齡差異和性別差異。③信效度檢驗結果基本符合心理測量學要求。（邵志芳等，2000）

為了提高診斷的準確性，在對診斷結果做出解釋前，最好再輔以其他的診斷方法。例如醫學診斷和行為觀察法。

醫學診斷指對兒童的生長發育史、病史、家族史進行瞭解，並對其進行神經科、眼科和耳科檢查，以診斷可能導致學習障礙的原因。

行動檢查法把學習障礙兒童容易表現的行動特性分為 8 個大項目和 30 個小項目。根據每個項目對照孩子的行為，並對行為依下面情形進行評價：一個項目經常出現得 2 分；有時出現為 1 分；幾乎不出現為 0 分。判定時，將小項目得分按每個大項目進行合計，8 個大項目中，2 分以上的大項目在 6 個以上，或 2 分以上的大項目即使是 4 個或 5 個，而總分在 20 分以上，可以判斷為可疑學習障礙兒童。

2. 學習困難的治療與矯正

這幾年專家和學者們對學習困難的兒童的干預進行了較多的研究，表現為個體干預、學校干預和家庭干預幾種措施。

首先是個體干預。對於學習困難兒童的個體干預主要集中於學習策略訓練、歸因訓練和感覺統合訓練。

（1）學習策略訓練

學習策略方面的研究主要集中在對學習困難兒童的自我管理訓練、基於 PASS 理論的學習策略研究和合作性問題—解決團隊訓練研究。這些研究主要透過實驗法來證明其實驗的有效性。

有研究表明，學習困難兒童的潛能與實際表現之間的差距，主要是他們不會使用有效的學習策略（馮彩玲，樊立三，時勘，2007），因此，對於學習困難兒童來講，學會應用學習策略就變得很重要了。De La Paz（2005）運用實驗法將學生分為學習困難組和正常組，教師對學習困難組進行歷史性推理指導和書寫指導，對正常組不進行指導。

在指導過程中，教師和學生開始合作完成兩種指導，後來教師的作用淡化。結果學習困難學生能夠對資料做筆記，甚至能針對所看的資料寫感想，自我管理能力較之以前發生很大變化，而正常組的學生自我管理能力沒有發生變化。這說明，自我管理訓練對學習困難兒童的學習策略提高是有幫助的。

PASS 理論認為，計劃、注意、同時性加工和繼時性加工是認知過程的四個環節（馮彩玲等，2007）。這四個環節既相互獨立又相互聯繫，注意是同時性加工和繼時性加工的定向與維持，同時性加工和繼時性加工是訊息編碼

的執行過程，計劃對認知過程起著監控、評價與調節的作用。Kroesbergen（2003）等運用基於 PASS 理論的干預方法對數學學習計劃方面有欠缺的學習困難生進行特殊干預，取得了較好的效果。

合作性問題—解決團隊是指採用合作性的、集體討論式的干預方法，討論可能的解決方案，以幫助學習困難兒童解決學習方面的問題。合作性問題—解決團隊實施過程包括 9 個步驟：設定目標、分析任務要求、集體討論、選擇策略、設計數據收集方法、實施策略、監控過程、評價結果、修改策略。

（2）歸因訓練

研究表明，學習困難學生往往把學習成功歸因於外部的、不可控的、不穩定的因素。針對這種不良的歸因方法，戴斌榮等提出了對學習困難的學生進行歸因訓練的 3 種方法：團體訓練法、強化矯正法和觀察學習法。團體訓練法就是以團體講座的方式進行歸因訓練，其基本要求是：由 3～5 名學習困難兒童組成一個小組，1 名教師或學習優秀的學生幹部負責具體指導，在全面瞭解和掌握學習困難兒童學習情況的基礎上，組織他們分析和討論學習問題，進而引導他們對學習做出正確的歸因。強化矯正法是讓學習困難兒童在規定時間內完成不同難度的任務，繼而要求他們在事先預備的歸因因素中做出選擇，並對完成任務的情況進行歸因。當他們做出積極的歸因時，及時地給予肯定和獎勵；當他們做出消極的歸因或較少做出積極的歸因時，適當地給予暗示和引導，促使其形成正性的歸因傾向。觀察學習法是透過組織學習困難兒童觀看歸因訓練的影片，引導他們把完成學習任務的成功或失敗歸因於自身的努力。透過這幾種方法的訓練，可以增強學習困難兒童的自信心，從而提高其學習動機水準。

（3）感覺統合訓練

感覺統合治療方法主要是根據兒童所存在的生理心理問題，給予相應的刺激，特別是大量前庭刺激的輸入，使前庭功能得以改善，這在一定程度上造成了對應治療的作用。劉弘白透過循序漸進地訓練方向感、韻律感、平衡感、速度感和輕重力量的作用能力、協調能力、放鬆能力，訓練聽語能力、視知覺能力，提高了學習困難兒童的基本學習能力（馮彩玲等，2007）。高

華、祝英祿和孫夢月等人（2005）對學習困難兒童進行了為期20周的認知訓練、行為干預和感覺統合訓練，結果表明，它們對兒童的認知、行為和身體運動協調性以及學習成績的改善均有較好的療效。

其次是學校干預。表現為策略教學、認知─行為訓練等。

（1）策略教學

教師所運用的教學策略應該符合學習困難學生的要求。佟月華（2001）認為運用策略教學的具體步驟為：

①由教師根據學生的需要選擇相應的學習策略。

②教師對學習困難生進行簡短集中的課程傳授，並向學生講解有關的策略步驟。

③讓學生練習使用。

④回到正常學習中學習並運用這些策略。多媒體技術的發展也為學習困難兒童的學習發展提供了條件。胡來林（2006）指出多種技術可用於學習困難兒童的學習干預，其中關鍵技術有CAI程序、文語轉換、語音識別和概念地圖等。

（2）認知─行為訓練

王嵐（1999）運用心理指導技術，借鑑「認知─行為」訓練的干預模式，編制了《學生學習指導手冊》，以計劃、執行、檢查、補救、總結和反饋為訓練內容指導學生改進學習方法，也取得了一定的教育效果。陳學鋒等（2001）提出訓練內容包括認知能力訓練、運動能力訓練和個人與社會能力訓練，訓練步驟分為小集體訓練、編教案、實施訓練、評價與反饋四步。

除了上述的方法外，章小雷（2005）等提出利用短程結構式遊戲對學習困難兒童進行干預。他對83例學習困難兒童的研究表明，經過短程結構式遊戲干預後的學習困難兒童，在家庭生活、同伴交往、學校生活、自我認識和憂鬱體驗等方面都得到了改善。

再次是家庭干預。學習困難兒童一般存在較多的行為問題、情緒問題和注意力問題，家庭環境和父母的教養方式等因素對兒童的行為、情緒、注意力等有明顯的影響，而家庭功能（家庭情感、交往模式、家庭成員的行為特點和適應能力等家庭資源）則對未來學業和社會成就有很強的預測效應。

三、注意力缺陷多動障礙的診斷與矯正

注意力缺陷多動障礙對兒童的認知、情感及社會功能都有很大的負面影響，嚴重的甚至會影響患者的學業、職業、家庭和社會生活。注意力缺陷多動障礙已成為當前一個重要的公共衛生問題，早期發現、早期治療可以改善多數患者的受教育狀況和社會心理發展情況。

1. 注意力缺陷多動障礙的診斷

注意力缺陷多動障礙的診斷主要依據病史和對特殊行為症狀的觀察和描述。為便於臨床醫師規範診斷，國內外許多專業機構或專家組推出了相應的診斷標準或指南。其中，最具影響的診斷標準主要採用以下兩種診斷系統：①美國精神病學會的《精神障礙診斷和統計手冊》第 4 版（DSM-IV）。②世界衛生組織制定的《國際疾病分類》第 10 版（ICD-10）。DSM-IV 主要流行於北美地區，目前中國大多數專家也採用這一系統。

DSM-IV 有關注意力缺陷多動障礙的診斷標準見表 4-1，需同時符合 A～E 的診斷條件。

世界衛生組織制定的《國際疾病分類》第 10 版（ICD-10），分為「臨床描述和診斷指南」及「研究用診斷標準」兩個部分，歐洲國家採用較多。ICD-10 確定診斷的 18 項症狀條目描述與 DSM-IV 完全一致。不同之處在於，ICD-10 要求注意力缺陷和多動／衝動症狀兩大主要症狀要同時存在，即兩大主要症狀均要符合 6 項以上方可診斷，相當於注意力缺陷多動障礙混合型，而 DSM-IV 僅需任意一組症狀明顯滿足診斷條件即可。因此，ICD-10 對本病的診斷要求更嚴格，採用該標準進行流行病學調查發現，本病患病率相對較低，學齡兒童約為 1%。

2. 注意力缺陷多動障礙的矯正

對於注意力缺陷多動障礙的治療一直存在很大的爭議。有專家認為中樞興奮劑，例如利他林（Ritalin）、專注達（Concerta）等，對治療注意力缺陷多動障礙是很有效的。

其主要作用機制是阻斷單胺類神經遞質，如去甲腎上腺素和多巴胺再攝取進入突觸前神經元，並促進單胺類遞質的釋放。但是其副作用也很明顯，可能會出現食慾下降、惡心、易激惹、頭痛、睡眠障礙等症狀。

還有一些非中樞興奮劑，例如阿托西汀（Atomoxetin），主要用於治療中樞興奮劑無效或者不能耐受的注意力缺陷多動障礙病例。其可能的作用機制在於能與神經突觸前膜上的去甲腎上腺素（NE）再攝取轉運體高選擇性地結合，透過抑制 NE 再攝取，從而改善注意力缺陷多動障礙症狀，與其他神經遞質轉運體或受體的親和力極低。

對於注意力缺陷多動障礙的診治除了藥物之外，還需要輔之以必要的心理社會干預。主要有以下六種方式。

一是感覺統合訓練。在感覺統合失調的兒童中，大約 11.0% 的兒童伴有注意力缺陷、多動及學習困難，而在注意力缺陷多動障礙兒童中，高達 84.3% 伴有感覺統合失調，執行功能損害是兒童注意力缺陷多動障礙的核心症狀。陳宴和沈軼君（2008）曾對確診的 30 例注意力缺陷兒童進行了為期 3 個療程的感覺統合訓練。其訓練內容主要針對協調前庭覺、本體感、觸覺、視覺的各種訓練活動。訓練時間為每次 60～90 分鐘，每週 3～5 次，20 次為一個療程。主要的訓練活動有滑板、爬滑梯、趴地推球、平衡臺、獨腳椅、羊角球、蹦蹦床、平衡木、圓木搖擺、插棍等。

結果顯示，被試在接受訓練後的腦電異常率都有明顯下降，根據 α 波水準檢驗的有效率達到 67%，根據 θ 波水準檢驗的有效率達到 70%；根據家長對被試的主觀評定檢驗的有效率達到 93%，訓練前後的兩次評定達到顯著水準。徐春秀等對 51 例患兒進行感覺統合訓練治療，療程至少一個月，比較訓練前後兒童的注意力，感覺統合訓練對多動症兒童的注意力改善有顯著意義。吳振霞和韓豔賓（2012）對 48 例注意力缺陷多動障礙兒童進行系統的感覺統合訓練 60 次，每次 90～120 分鐘。治療前、後分別採用感覺統合

評定量表、瑞文推理能力測試、劃消測驗進行療效評定。治療結果顯示，學習能力發展不足測試、注意力測試在治療前後差顯著，瑞文推理能力、空間知覺、前庭平衡、觸覺防禦、本體感覺在治療前後也有顯著差異。感覺統合訓練對注意力缺陷多動障礙兒童的治療有一定療效。

表4-1 注意力缺陷多動障礙的診斷標準(DSM-IV)

診斷標準

A. 症狀標準

1.注意力缺陷症狀：符合以下至少6項，持續至少6個月，並影響患者的適應性，且與發育水平不相稱

a)經常不注意細節或在作業、工作或其他活動中粗心大意
b)完成任務或玩耍時常常難以維持注意力
c)與人交流時常常難以傾聽，心不在焉，似聽非聽
d)常常無法按照指令行事，無法完成作業、家務或工作中的任務（並非因對抗性行為或無法理解指令）
e)常常難以組織任務或活動
f)常常逃避，不喜歡或不願從事需要長時間集中精神才能完成的事情(如學校或家庭作業)
g)常常在完成任務或活動時丟三落四(如玩具、學校作業、鉛筆、書籍或工具)
h)常常很容易被外來刺激分散精力
i)日常活動中常常健忘

2. 多動—衝動症狀：符合以下至少6項，持續至少6個月，並影響到患者的適應性，且與發育水準不相稱

(1)多動症狀

a)在座位上常常手腳多動
b)在課堂或其他要求保持坐姿的場合常常離開座位
c)常常在不適當的場合四處跑動或攀爬(青少年或成人患者可能僅出現想動的主觀願望)
d)常常難以安靜地玩耍或從事安靜的娛樂活動
e)常常非常忙碌，像「裝了馬達一樣」忙碌不停
f)常常言語過多

(2)衝動症狀

g)常常問話未完即搶先做出未經思考的回答
h)常常難以等待按順序做事情
i)常常干擾或強迫他人(如強行加入談話或遊戲)

B.病程標準：7歲之前即產生上述影響適應功能的多動—衝動或注意力缺陷症狀
C.某些症狀至少在兩種環境中出現(如學校，工作場所或家中
D.有可以證明對社會、學校或職業功能產生損害的明確證據
E.排除標準：要排除廣泛性發育障礙、精神分裂症或其他精神疾病的多動或注意缺陷症狀，且不能用情緒障礙，焦慮症、分離性人格障礙等精神疾病解釋

二是沙盤遊戲療法。沙盤遊戲又稱「箱庭遊戲」，是目前國際上很流行的心理治療方法。張雯、張日昇和徐潔（2007）對一名11歲的注意力缺陷多動障礙男孩進行了19次個人箱庭，5次家庭箱庭，歷時10個月。治療結果顯示，該患者的學習成績得到了提高，與父母的溝通狀況得到了改善，自我意識得到了較大提高，過動、多動的問題有所改進。王巧敏（2010）等利用沙盤遊戲對30例注意力缺陷多動障礙兒童進行了對比治療，結果顯示，沙盤遊戲療法能夠有效改善他們的核心症狀及其伴隨的學習問題，可作為兒童注意力缺陷多動障礙的安全有效的治療手段。

三是心理行為治療。行為矯正主要方法包括正強化、消退、負強化、示範法和反應代價法，不僅可改善兒童的視聽覺注意水準，增加注意的穩定性和持久性，而且可減少多動行為，提高學習成績。張建娜、李梅和王賀茹等人（2004）對69例注意力缺陷多動障礙患兒採用不同治療方法的對比分析發現行為矯正的有效率為42%。行為治療也需要專業人士的耐心、堅持和奉獻。金星明（2010）在《注意缺陷多動障礙的行為治療》中描述了行為治療目標和實踐過程：

（1）注意力缺陷多動障礙兒童與父母或撫養人的親子關係逐步改善；

（2）改變了父母的教育方式，更好地理解兒童，承擔治療的責任；

（3）建立賞罰分明的家庭規則，強化了兒童良好的行為，減少其不良行為；

（4）促進注意力缺陷多動障礙兒童學習正確的交流技能，他們逐漸被同伴所接納，恢復其自尊和自信。

四是教育干預。教育干預在處理注意力缺陷多動障礙兒童的問題上，其重點是為了幫助家庭和學校發展應付機制，發展各種策略以降低兒童的違抗、挑釁和不服從行為，應付兒童所經歷的社會排斥、學業失敗和情緒問題。對於父母的培訓項目包括：幫助父母認識注意力缺陷多動障礙這一疾病；社會學習理論和行為管理技巧；教會父母如何給予獎勵、如何強化兒童的恰當行為、如何透過忽視來減少甚至消除不良行為的技巧；培訓父母建立和強化行

為規範以及實施隔離的方法；幫助父母創建一套獎懲結合的體系以應對兒童的突發行為；教會父母解決問題的技巧；幫助父母明確如何維持良好的行為並防止問題行為再發生。

Salbach·H 等（2005）讓 16 名服用利他林並會診的注意力缺陷多動障礙兒童的父母參加了為期 10 周的父母管理群體訓練，17 名注意力缺陷多動障礙兒童只服利他林並會診，結果顯示父母參加了訓練的兒童顯著地減少了注意力缺陷多動障礙的核心問題、家庭作業問題和家庭問題，兩組中多動指數顯著不同。除此之外，學校也應該積極參與注意力缺陷多動障礙的治療。學校干預主要包括：課堂行為干預、學習技能輔導、同伴互助及學校家庭定期溝通等。教師可以利用行為治療的方法規範和鞏固兒童在學校的行為。佩勒姆（Pelham W E）等（2005）在一個夏令營項目中，透過對 27 名 6～12 歲的注意力缺陷多動障礙兒童實施一系列課堂獎懲干預（如代幣強化、實物獎勵、反應代價法及每日報告卡等）後發現，這些兒童的注意力缺陷多動障礙症狀有顯著下降，課堂上的干預行為與父母培訓一樣，是治療注意力缺陷多動障礙的有效方式。

五是腦電生物反饋訓練。腦電生物反饋治療是運用操作性條件反射原理，以腦電生物反饋儀為手段，透過訓練，強化 16～20 的感覺運動節律波，抑制 5～8 的 H 波。李全梅（2011）對 60 例注意力缺陷多動障礙患兒進行腦電生物反饋治療，於治療前後都利用視聽連續執行測試（IVA-CPT）和 Achenbach 測試對腦電生物反饋治療的療效進行評定，治療結果發現注意力缺陷多動障礙兒童的綜合尺度注意力商數、聽覺警醒商數、視覺警醒商數、視覺速度商數、視覺注意力集中商數、聽覺和視覺注意力商數、聽覺速度商數均有所改善；Achenbach 測試的行為問題明顯改善。郭海燕、劉淑華（2012）等採用腦電生物反饋治療 92 例注意力缺陷多動障礙患兒，每週 5～7 次，每次 20 分鐘。經過 40 次的治療，92 例注意力缺陷多動障礙患兒 IVA-CPT 測試均有不同程度的改善，治療前後綜合反應控制商數和綜合注意力商數差異有顯著性，腦電生物反饋治療作為一種非藥物干預，對注意力缺陷多動障礙患兒療效顯著。

六是綜合治療。綜合治療就是綜合多種方法對注意力缺陷多動障礙患者進行治療。2005年6月報導的一項美國—加拿大多中心大樣本注意力缺陷多動障礙治療研究報告指出,多種注意力缺陷多動障礙治療方案相比較,單獨進行藥物治療有效;單獨進行行為矯正治療效果有限;將藥物治療與行為矯正治療結合可以減少藥物的用量;藥物治療結合父母教育、兒童教育、兒童行為管理與監控可以取得最為滿意的療效(趙志強,2007)。吳舒華等(2012)對135名注意力缺陷多動障礙的小學生進行研究後發現,擇思達(Strattera)聯合心理行為治療注意力缺陷多動障礙患兒能更有效地提高兒童的學習能力,改善兒童行為的異常,從而有利於兒童身心的發育,更減輕了家長的負擔。歐陽華(2009)針對63例注意力缺陷多動障礙兒童的研究結果也表明,心理行為干預聯合藥物治療注意力缺陷多動障礙患兒比單純運用一種方法的治療,療效更為顯著。

拓展閱讀

在家上學

漢尼拔一家很擔心他們的兒子邁克。儘管邁克在一年級時學習很費力,但最終他還是達到了升入二年級所需的最低要求。而現在,他卻遠遠落後於同班的其他同學。邁克的老師們提出建議:或許邁克可以從特殊教育中獲得利益。漢尼拔一家卻選擇了讓孩子在家學習,並保證孩子不會漏掉那些通常在學校裡學習的社會技能。調查發現,選擇讓孩子在家學習的父母相信在教育孩子上他們會比公共或私人學校做得更好。大約有8%的選擇在家接受教育的孩子有殘疾。與接受當地學校特殊教育服務相比較,他們還是更傾向於選擇在家教育孩子。

少量的研究顯示,在家庭接受教育的孩子在社會能力和情緒適應性方面發展良好並且在標準化成績測驗上的得分高於平均分。他們在進一步討論了在家庭教育的兒童比上學的兒童有和父母更多親近的機會。在家教育的普及導致出現了很多專為在家教育的兒童設立的課外組織,比如音樂團體和運動社團。這樣,像上學的兒童一樣,現在在家接受教育的兒童也有了很多與同齡人互動的機會。然而,在家教育的反對者們聲稱,把在家教育和學校教育

相比較是一個誤導。他們指出，研究者們的研究只是基於那些願意做這個調查的志願者們。相反，許多公共學校的成就測驗數據是基於有代表性的樣本或整個學校的全體學生。（丹尼斯·博伊德，海倫·比，2011）

複習鞏固

　　1.簡述智力障礙的診斷標準。

　　2.簡述學習困難的診斷工具。

　　3.比較注意力缺陷多動障礙的診斷工具。

本章要點小結

　　1.認知是個體最基本的心理過程，是人們獲得知識、應用知識或訊息加工的過程。認知包括感覺、知覺、記憶、想像、思維和語言等。

　　2.認知發展隨個體的年齡成長而表現為先後、連續的階段，從一個階段過渡到下一階段。

　　3.智力障礙患者智力商數低於70或者75分，同時在日常生活中表現出明顯的適應障礙。

　　4.學習困難表現為一種在說話、語言、閱讀、寫作、算術，或者其他與學習有關的內容方面的延遲、障礙或遲緩發展，這種遲緩發展或發展障礙是由腦功能不良或情緒和行為障礙所引起的心理障礙。學習困難的鑒定主要有兩種方法，一是以學業成績為標準，二是以量表為標準。

　　5.注意力缺陷多動障礙的診斷主要用以下兩種診斷系統：①美國精神病學會的《精神障礙診斷和統計手冊》第4版（DSM-Ⅳ）。②世界衛生組織制定的《國際疾病分類》第10版（ICD-10）。

關鍵術語表

　　認知 認知發展 去中心化 自我中心 假想觀眾 創造性思維 智力障礙

　　學習困難 注意力缺陷多動障礙

本章複習題

1. 腦對直接作用於感受器的客觀事物的個別屬性的反映叫做（ ）

    A. 反應 B. 知覺 C. 直覺 D. 感覺

2. 人腦中對過去經驗的反映叫做（ ）

    A. 思維 B. 感覺 C. 記憶 D. 過去

3. 記憶過程包括以下哪幾個基本環節？（ ）

    A. 再認和回憶 B. 保持和遺忘

    C. 識記、保持和遺忘 D. 識記、保持、回憶或再認

4. 下面屬於認知的是（ ）

    A. 思維 B. 想像 C. 記憶 D. 知覺

5. （ ）指兒童在解決問題時，能分離出所有有關的變量和這些變量的組合。

    A. 抽象思維 B. 假設—演繹思維 C. 系統思維 D. 形式思維

6. 帕瑞對青年期的思維進行了研究，發現青年期的思維發展可以分為（ ）

    A. 二元論階段 B. 相對論階段 C. 約定性階段 D. 具體運算階段

7. 「智力障礙」這一概念來自美國智力障礙協會（AAMR）1983年提出的智力障礙定義。這個概念明確提出了哪些要點？（ ）

    A. 智力 B. 社會適應 C. 情緒 D. 行為問題

8. 象徵性遊戲技巧，主要是（ ）的應用。

    A. 放鬆想像 B. 洋娃娃 C. 電話 D. 積木

9. PASS 理論認為，（ ）是認知過程的環節。

    A. 計劃 B. 注意 C. 同時性加工 D. 繼時性加工

10. 智力障礙的診斷標準是（ ）

A. 智商在 70 分以下 B. 適應行為方面存在缺損

C.18 歲之前發病 D. 智商在 60 分以下

第五章 人格動力問題

　　每一個孩子的生命空間，都是各自不同的，到底哪些因素在影響一個孩子的價值呢？有學校的因素，有老師的因素，更重要的，恐怕在於學生對自己生命的認識。現在的孩子快樂嗎？他們在成長中習得的知識很充分，但對生命的認識清晰麼？什麼才是教育的根本？

　　一個人能否成才，首先取決於他是否具有足夠的辨別真善美的能力，是否有良好的道德行為習慣及性格。每個人作為一個獨特而唯一的個體，與他人的根本區別就在於其人格。不同人格類型的人在思維方式和行為方式上都有著各自的特點。那麼，什麼是人格與人格動力呢？不同學齡階段的學生出現的主要人格動力問題及其表現是什麼呢？又如何診斷呢？本章我們將對這些問題進行分析。

第一節 人格動力問題的表現

　　到底什麼是人格？哪些人格類型需要教育工作者們多加關注？如何有效地進行健康人格教育？這些是本章將要探討的問題。

一、什麼是人格

　　心理學家艾賓浩斯（1885）說過，心理學有一段漫長的過去，卻僅有一段短暫的歷史，其實，對人格的研究也是如此。從普羅泰戈拉、蘇格拉底及亞里士多德到近代的四大心理學派，從中國古代告子、孟子、荀子等人的人性論到近代的學者們的大量研究，我們對人格的認識也越來越清晰。

　　1. 人格

　　人格（personality）一詞，最初來自於古希臘語 persona，指希臘戲劇中演員戴的面具，面具隨人物角色的不同而轉換，體現了角色的特點和人物性格。之後，不同的心理學家對人格提出了各自的定義。心理學家阿爾波特（1937）認為「人格是個體的心理物理系統的動力組織，這個動力組織決定人對環境順應的獨特性」；吉爾福特（1959）認為「人格是人的特質的獨特

模式」;行為主義學者斯金納認為,人格是一個人的獨特的習慣化的行為系統(Pervin,1990)。

不同學派的心理學家們的研究取向不同。本書認為,人格是構成一個人的思想、情感及行為的特有模式,這個獨特的模式包含了一個人區別於他人的穩定而統一的心理品質(彭聃齡,2004)。

人格具有複雜的結構系統。由於對人格的理解不同,對人格結構的看法也有廣義和狹義之分。廣義的人格結構觀認為,人格包括人格傾向性和人格心理特徵兩個方面。前者指的是推動人從事各種活動的動力系統,如人的需要、動機、興趣、想像、信念、價值觀等。後者指的是一個人在進行各種心理活動時所表現出來的個人特點,如能力、性格、氣質特點等。狹義的人格結構觀認為,人格結構由氣質、性格、認知風格和自我調控等心理現象構成。

作為一個人穩定的心理特點,人格呈現出以下四個特點:

(1) 整體性。每個個體都有多種心理成分和特質,如情緒、動機、價值觀、認知風格等,但它們不是孤立存在的,而是緊密聯繫、相互作用的一個有機整體。現實中人的行為表現也不是某個特定部分的表現結果,而是與其他部分相互協調、一致活動的結果。

(2) 穩定性。人格的穩定性表現在跨時間的持續性和跨情境的一致性上。不同時期,人的自我具有比較高的一致性。同時,經常表現出來的穩定的心理和行為特徵才是人格特徵。「江山易改,本性難移」說的就是人格的穩定性。

(3) 獨特性。人與人之間的心理和行為是有差異的。由於人格結構組合的多樣性,使現實中的每個人都有異於他人的特點。在教育中,每個學生的行為都不是完全一致的,每個人都各有其需要、愛好、認知方式、情緒、思維方式、價值觀。

(4) 社會性。現實中的個體是社會的人,社會化把人從動物變成社會的成員,人格是社會人所特有的。

2. 人格動力

人格動力（personality dynamic）是指驅使個體進行特徵性行為活動的內在原因（林崇德等，2003）。人格理論家對此解釋不一，早期人格理論家推崇人格動力的驅力降減說。後來有人格理論家運用能力動機理論來解釋，認為在生理需要獲得滿足的情況下，還有尋求刺激、追求好奇的需要。也有人格理論家用理想、信念、價值觀、世界觀等來解釋。

人格動力學（personality dynamics），狹義上指弗洛伊德創立的精神分析理論的人格動力研究（林崇德等，2003）。該研究以強調人格動力著稱。驅力的、緊張降低的、享樂的理論，認為所有能量源於身體內尋求發洩和緊張降低的興奮狀態，即本能和驅力。本能獲得滿足的方式是人格發展的關鍵。個體的差異很大程度上表現為個體驅力的強度、驅力表現的方式、衝突和焦慮的程度及個體防禦焦慮的方式等。廣義上指一切關於動機、情緒和行為等的複雜的、交互作用的人格動力研究。包括：

（1）強調驅力、緊張降低的理論，亦稱「推理論」「草耙理論」。如刺激—反應理論、默里的需要—壓力模型和費斯廷格的認知失調理論。

（2）動機的誘因理論，亦稱「拉理論」「胡蘿蔔理論」。以享樂為基礎，強調有機體預期的目的的動機性吸引力，如麥獨孤的目的理論以及托爾曼的目標理論。

（3）動機的認知理論。強調認知的重要性，或注重認知的需要，如G.A.凱利，或注重認知對情感和動機的影響，如維納對歸因的強調和德韋克對存在和增長信念的重視。

（4）強調成長和自我實現的動機，如馬斯洛和羅杰斯的理論。

二、學生常見人格動力問題的表現

無論是小學生、中學生，還是大學生，都在某種程度上存在心理問題，其中人格問題是主要的問題之一。在不同的年齡階段學生的發展任務不同，出現的問題也各有特點，所以學校工作者和家長們要區別對待。

1. 小學階段時期的人格動力問題

根據埃里克森的人格發展八階段理論，小學階段的兒童主要的發展目標是獲得勤奮感，克服自卑感，體驗著能力的實現（林崇德，1995）。如果他們能順利地完成學習課程，他們就會獲得勤奮感，這使他們在今後的獨立生活和工作任務中充滿信心。反之，就會產生自卑感。另外，如果兒童養成了過分看重自己的工作的態度，而對其他方面木然處之，就會出現考試焦慮和社交恐懼的問題。

考試焦慮是學生因擔心考試達不到目標或不能克服障礙的威脅，致使自尊心與自信心受挫，或使失敗感和內疚感增加，形成一種緊張不安、帶有恐懼的情緒狀態。生理上表現為情緒情感亢奮，難以調節與抑制，易出現失眠、惡心、手心出汗、心跳加快、呼吸不均、臉色發白或異常紅暈等生理反應。心理上表現為在考場上容易發生視聽模糊、思維混亂、反應遲鈍、注意力不能集中、回憶困難等。

臨近期末考試，超過兩成學生患上了考試焦慮症。調查結果顯示，76.74%的學生為鎮定和輕度焦慮，他們思維活躍，面對考試時大腦興奮，屬於正常心態；23.26%的學生則患有中重度考試焦慮，他們主要表現為考前頭痛失眠、考場上越簡單的題目越容易做錯等，如果不及時進行引導，將對孩子們的學習造成很大影響（劉德祥，2013）。

生活中的心理學

習得性無助

「習得性無助」是美國心理學家塞利格曼1967年在研究動物時提出的。他用狗做了一項經典實驗，起初把狗關在籠子裡，只要蜂音器一響，就給狗以難受的電擊。狗關在籠子裡逃避不了電擊，多次實驗後，蜂音器一響，在進行電擊前，先把籠門打開，此時狗不但不逃，反而是不等電擊出現就先倒在地上開始呻吟和顫抖。本來可以主動地逃避卻絕望地等待痛苦的來臨，這就是習得性無助。

在現實生活中，那些長期經歷失敗的兒童，久病纏身的患者，無依無靠的老人，他們身上都常常會出現「習得性無助」的特徵。當一個人發現無論

他如何努力，無論他幹什麼，都以失敗而告終時，他就會覺得自己控制不了整個局面，於是，他的精神支柱就會瓦解，最終陷入絕望。現實中很多逃學、厭學的學生其實是對學習產生了習得性無助，而導致「破罐子破摔」。

為了預防習得性無助的發生，首先要創設一個寬鬆自由的環境，讓學生可以在放鬆的環境下來工作，拋開曾經的失敗經歷或挫折來面對新的工作和挑戰。其次，要時常鼓勵、表揚學生，讓他們學會告訴自己「我可以！」這樣無形中也增強了自信心。再次，為學生設定恰當的目標，透過目標的實現體驗成功的喜悅，避免挫折的體驗，增強自我效能感。最後，要正確認識到失敗是因為自己不夠努力而不是缺乏能力，要相信只要努力就能成功。（劉豔梅，2013）

社交恐懼

有一個小女孩，在課堂上偶爾一次發言不順利，可能是因為結巴或者停頓，她遭到了身邊同學們的激烈嘲笑，這個痛苦一下子就被釘入心中，以後每每發言都和這次一樣糟糕，而且愈演愈烈。後來的情況是：在課堂上不能回答任何問題，因為無法出聲；出門後不能去商店買東西，因為無法與營業員交流。但是私底下與家人或朋友之間卻不存在這樣的障礙（張雷，2012）。小女孩的表現是典型的社交恐懼。社交恐懼是與人交往時出現的一種兼具不安和恐懼色彩的情緒反應，表現為在與人交往時舉手投足總是畏畏縮縮、顧慮重重。由於長期不與人交往，使他們逐漸變得孤立起來，偶爾參加交往時，也會表現出嚴重的情緒反應，會不由自主地恐慌，甚至伴有一系列生理反應，如心跳加快、呼吸短促、身體抖動等。

一般而言，社交恐懼不僅僅出現在成年人身上，在一些內向和膽小的孩子身上也經常發生，很多人誤以為這是孩子老實、聽話，如果家長沒留意，很容易導致「社交恐懼症」，嚴重影響孩子的心理和性格發展。

2. 中學階段的人格動力問題

中學階段是個體從童年到成年的過渡期，這是一個極為特殊的年齡階段，生理和心理發展迅速，但是心理發展速度卻相對緩慢，這種發展的不平衡極易導致心理行為偏差的發生。

第二反抗期。這個時期的特徵一般是指 12 至 15 歲這一年齡階段孩子的心理特徵（林崇德，1995）。這段時期的孩子處於生理和心理發展急劇變化的時期，他們對父母的管教深為反感，甚至在行為上發生反抗，也稱為「心理斷乳期」。這一時期孩子已進入青春發育期，突出的表現是具有逐漸增長的成熟意識，而社會經驗又不足，使得這一時期的孩子易出現各種問題。具體表現為以下五個方面（林崇德，1995）。

一是社會地位欲求不滿。由於「成人感」的形成，自以為已經是成人，要求具有和成年人相當的社會地位和決策權，反對從屬地位，更反對權威式的干涉。

二是觀念上的「碰撞」。初中學生開始對自然世界、社會生活、人際交往等問題進行思考，並且形成著自己的看法。這個時期是價值觀的形成階段。由於他們發展水準的侷限，其觀念具有幼稚性，表現出主觀、片面和絕對性。他們不理解為什麼父母的想法與他們格格不入，更反對父母強加給他們的觀念。

三是不能自控的情緒波動。由於隨著生理的加速發展，心理也迅速發展，造成對身心發展現狀的不適應和不平衡，使他們在缺乏準備的條件下面對許多矛盾和困惑，這些不斷出現的「麻煩」，常常讓他們處在焦慮的情緒背景中。在這種背景下遇到不滿和不平之事，容易出現突發式的情緒失控，尤其是在父母面前更易情緒發作。雖然平靜下來也會感到後悔，但又常會復發。此外，在獲得成功時會有狂喜的表現，在遇到挫折時又會出現較大的情緒低落。這些情緒上的波動，他們自己比較難以自覺地加以控制。

四是青春期煩躁。隨著第二性特徵和性功能的發展，出現性好奇和接近異性的慾望，又由於環境和輿論的限制，這種朦朧的好奇心和慾望感不得不被壓抑，使之往往處於莫名的煩躁與不安之中。

五是反抗,主要指向父母。反抗期反抗的對象以父母為主,有時也會轉移到教師及有關成人身上。他們反抗的中心課題是依賴和控制,其人際關係傾向是脫離父母的羈絆,密切朋友關係的紐帶,而且與父母之間發生衝突的機會顯著多於與其他人。

中學階段的人格動力問題有兩個特別值得注意的方面,即自我效能感危機與自我同一性危機。

自我效能感危機。自我效能感,是個體對自身圓滿完成特定情境的能力的主觀估價,它在影響人的行為方面扮演著關鍵的角色,決定了人們的行為選擇和將要花多少精力,以及應對壓力情境時能堅持多久。自我效能感的高低來源於個體已有的成敗經驗,透過觀察他人而獲得的替代性經驗,他人特別是權威人士有效的言語勸導,以及個體本身的焦慮、疲勞、疾病和情緒喚醒等。

中學階段的學生生理上的成人感與心理上的不成熟往往會導致學生的自我評價過高,所以出現自我效能感缺失的情況也就比較多,低自我效能感的學生主要表現為:在學習任務選擇和學習目標制定上,他們更傾向於選擇容易完成的任務和制定較為容易實現的學習目標,迴避困難的、不易實現的學習任務和目標。在學習動機上,表現為懷疑自己的學習能力,自暴自棄,對自己的前途沒有信心。在情感體驗上,他們常常體驗到自卑、焦慮等負性情感。

當個體不能回答「我是誰」時,就出現了同一性危機,主要在青年時期。而自我同一性是一種因認為自己與自己的過去有連續性並和他人的知覺保持一致而自然增長起來的自信心。

同一性危機。同一性是指個體關於自己的態度、價值、信仰及興趣的連續一貫的組織系統,是個體關於自己「過去的我」「現在的我」和「將來的我」的發展是否一致與和諧的一種狀態,即「我是誰」的角色認同問題。中學生是自我角色認同的邊緣時期,他們處在由兒童向成人過渡的中間狀態,因此往往會產生身分和角色認同的危機。這種危機主要表現在兩個方面:一是同一性混亂,即中學生在尋找自我的歷程中,對職業選擇、學業傾向、理

想和信仰等方面的問題還沒有找到自己的目標和方向，沒有形成一種強烈的、清晰的自我同一感；二是同一性排斥，即個人在自我探索中缺乏主體意識，對個人的現實和理想問題往往依賴他人而不是自主選擇，他們對成人尤其是父母的依從性太強，因而變得刻板、教條和順從。即使有些需要他們獨立做決定的事件或行為，由於自己缺乏價值判斷的標準而感到茫然無措。

此外，中學生的自我同一性危機還表現在其「現實自我」和「理想自我」的分化上。有一部分中學生，一方面對「現實自我」感到不滿，自我形象不良，出現自我懷疑和角色認同混亂；另一方面又因為「現實自我」和「理想自我」差距過大直接導致了自我同一性的分裂，從而出現了情緒失調、人格不健全、行為越軌，甚至走上違法犯罪的道路。

3. 大學階段的人格動力問題

大學階段的學生，其生理發育和心理發育都已經接近成人，人格發展也接近成熟。這一年齡階段的學生，其人格問題根據嚴重程度可以分為人格缺陷和人格障礙兩類。

大學生的人格缺陷主要表現為不良情緒、不良意志品質、社交障礙和個性缺陷等。

一是不良情緒。大學生面臨著來自學業、家庭、愛情、就業等各方面的壓力。此外，理想與現實的差距也往往會導致大學生們產生不良的情緒，比如自卑、焦慮、憂鬱、煩躁等等。自卑主要表現為對自己的能力、學識、品質等自身因素的評價過低，心理承受能力脆弱，經不起較強的刺激，謹小慎微，多愁善感，常常產生猜疑心理，行為畏縮，瞻前顧後。焦慮是個體主觀上預料將會有某種不良後果產生或模糊的威脅出現的一種不安全感，並伴有憂慮、煩惱、害怕、緊張等情緒體驗。憂鬱是一種感到無力應付外界壓力而產生的消極情緒，常伴有厭惡、痛苦、羞愧、自卑等情緒體驗。

二是不良意志品質。不良意志品質指意志發展的不良傾向，主要表現為：生活缺乏目標，隨波逐流，無所事事，懶散倦怠，渾渾噩噩，醉生夢死；還有的意志發展不成熟，曲解意志品質，把剛愎自用、輕率當作果斷，把猶豫、

徬徨當作沉著冷靜，把固執己見當作意志堅強等。這些學生常常感到無聊、空虛，感覺不到自我存在的意義和人生價值；在困難面前表現出怯懦與恐懼，選擇逃避與後退；缺乏勇氣和信心，不敢冒險，迴避困難，逃避責任。

三是社交障礙。社交障礙是一個人自我防禦心理過強的結果，他們常常過於擔心、被動，謹小慎微，過於關注自己，自信心不足。有研究調查顯示，高校心理諮詢中的首位問題是人際關係問題。大學生的社交障礙主要表現為社交焦慮、手機成癮等。

四是個性缺陷。大學生的個性缺陷或者說不良個性習慣主要表現為懶惰、狹隘、自我中心、虛榮等。懶惰是一種慵懶、閒散、拖拉、疲沓、鬆垮的生存狀態，不少大學生為之感到苦惱又難以克服，是意志活動無力的表現，主要表現為活力不足，沒有計劃，隨波逐流，無法將精力集中於學業上，做事猶豫不決，顧此失彼。大學生中的「狹隘」主要表現為凡事斤斤計較、耿耿於懷、好嫉妒、好挑剔、心胸狹窄等。自我中心是指考慮問題、處理事情都以自我為中心，將自我作為思考問題的出發點和歸宿，目中無人，甚至自私自利，遇到衝突時，往往認為自己是對的。虛榮是指大學生過分看重榮譽和他人的讚美，自以為是，虛榮心往往與自尊心、自卑感相聯。

大學生的人格障礙。人格障礙指人格特徵明顯偏離正常，使病人形成一貫的反映個人生活風格和人際關係的異常行為模式。這種模式顯著偏離特定的文化背景和一般認知方式（尤其在待人接物方面），明顯影響其社會功能與職業功能，造成對社會環境的適應不良，病人為此感到痛苦，並已具有臨床意義。大學生人格障礙主要有表演型、強迫型、邊緣型、自戀型、分裂型人格障礙等。

表演型人格障礙。一種過分的情緒性和追求他人注意的普遍模式，主要表現為：在自己不能成為人們注意力中心的場合感到不舒服；與別人交往時常有不適當的性誘惑或挑逗行為；情緒表達變換迅速和膚淺；總是利用身體外表來引起別人注意；言語風格過分地為了給人造成印象而缺乏具體細節；自我情緒表達傾向於戲劇化、舞臺化的誇張表現；易受暗示，即容易受他人和環境影響；認為與他人的關係比實際上更為密切。

第五章 人格動力問題

強迫型人格障礙。主要表現為：高標準、嚴要求，做事按部就班，一絲不苟，反覆檢驗，苛求細節，如不完美就會焦慮、緊張和苦惱，自我克制，謹小慎微，過分的道德感，給人以刻板、迂腐之感。生活中這類人做事要求完美無缺，以致影響了任務的完成；過分的獻身於工作和追求成效，以致顧不上業餘活動和與朋友來往；不願將任務委託給別人或與別人共同工作，除非他們精確地按照自己的方式行事。有這種人格障礙不一定影響婚姻和工作，但別人與其交往往往感到困難，因而缺少摯友。

邊緣型人格障礙。這是以情感、人際關係、自我形象的不穩定及衝動行為為臨床特徵的一種複雜又嚴重的精神障礙。主要表現為：發狂似地努力避免真正的或想像的被拋棄；人際關係不穩定和緊張，交替地變動於極端理想化和極端貶低之間；身分障礙；自我意象或自我感覺持久地和顯著地不穩定；衝動性表現在至少兩個方面，可能造成自我損害（例如，消費、性慾、物質濫用、魯莽開車、暴食）；由於心境的反應性過強而致情感不穩定；長期感到空虛；不適當的強烈憤怒或對憤怒難以控制；短暫的、與應激有關的偏執觀念或嚴重的分離症狀。

自戀型人格障礙。表現為一種誇大（幻想或行為），需要別人讚揚，並缺乏感情移入的普遍模式，主要表現為：有自命不凡的誇大感；一心幻想無限的成功、權力、才華、美貌或理想的愛情；認為自己是「特殊的」和獨特的，只有其他特殊的或地位高的人（或機構）才能理解自己並與自己交往；需要過分的讚揚；有一種權利感，即不合理地期望得到特殊的優待或別人自動順從他或她的期望；人際關係上利用別人，即為了自己的目的可以損害別人；缺乏感情移入，不願認識或認同別人的感受和需要；常常嫉妒他人或認為他人嫉妒自己；表現驕傲、目中無人的行為或態度。

分裂型人格障礙。分裂型人格障礙是根據一種基本的反常行為來定義的，即對孤單的偏好。根據流行的看法：分裂型人格障礙缺乏體驗社會溫情及任何深刻情感的能力，患者的觀念、外貌和行為奇特，情感冷漠，缺乏親切感，不能表達對他人的體貼關懷與溫情，在與他人形成親密關係的方面普遍無能力。他們在兒童、少年時期缺乏同伴，

怕見人，社交焦慮，有奇特古怪的想法，長期沉溺於幻想。成年後表現為孤獨退縮，與親人和社會疏遠，行為怪癖，獨來獨往，婚戀受阻。當遇到嚴重生活事件時，他們可能出現短時間精神病式障礙，有些人會發展成分裂症，他們中半數以上的人一生中會出現一次。他們似乎不在乎別人的批評和讚揚。由於自我專注使他們經常顯得心不在焉，如同置身局外一樣。

複習鞏固

1. 什麼是人格？
2. 人格的特點有哪些？
3. 舉例說明大學生常見的人格障礙。

第二節 人格動力問題的診斷

在上一節中，我們認識瞭解了什麼是人格，以及不同學齡階段的學生出現的主要人格問題。其實，僅有對人格問題的認識是不夠的，學校心理工作者們要想能夠有效地發現人格問題，解決人格問題，更為重要的是對人格問題的診斷，本節將對這一問題進行詳細探討。

一、人格動力的理論基礎

怎樣的人格才是健康、健全的？完美的人格包含哪些要素？是和諧的人際關係、良好的社會適應能力，還是正確的自我意識，抑或是樂觀向上的生活態度？心理學家們對此也各自提出了對人格結構的理解。

1. 精神分析學派的人格觀

弗洛伊德（1923）認為，人格分為本我、自我和超我，三個成分中的本我遵循享樂原則，不間斷地要求滿足自己的需要，不顧現實世界的遊戲規則。為了保護個體不被損害，自我就要努力調節本我和現實的關係，力求使本我的需要以社會所能接受的方式獲得滿足。如果自我能夠建設性地解決問題，就不會產生情緒困擾。但是，如果問題難度較大，自我找不到解決問題的方

式，自我就會產生焦慮情緒，為了避免緊張、自責與不愉快等焦慮反應，自我便調動出一套防禦機制，以降低焦慮，保護自己。

人人都有自我防禦機制。我們每個人在遇到挫折時如果用理性的方式不能降低焦慮，便會在無意識中調動起自我防禦機制。防禦機制偶爾被啟動的確能緩解緊張情緒，但過多地被調動時，則會使人因過分消耗心理能量以及脫離現實而陷入更大的困境，嚴重的就可能是心理不正常的表現了。

榮格（1933）認為，個體化是人格的進化和整合過程，是人尋求意義時的探索。個體化進程的目標是成為一個獨立、整合和實現自身的個體。有健康人格的人是實現了個體化的人。個體化的具體標誌是：具有高度的自我認識，自我認可，自我整合；認可並容忍他人，有共情能力；有認可未知事物的特點，能反思自己等（榮格，1933）。

埃里克森（1950）認為，有健康人格的人，是具備積極自我同一性的人。自我同一性是指一種具有連續性和一致性的個人自我行為能力，並按這個能力適當地行動。

2. 特質學派的人格觀

特質學派的學者阿爾波特認為，精神分析法有可能只注重挖掘潛意識而忽略了意識，像弗洛伊德那樣的心理學家只知道關注對人深度心理的挖掘是不夠的，因為有時候人的行為並沒有那麼多深度的原因。而且，對病人的瞭解不一定適宜於正常人（阿爾波特，1960）。

阿爾波特是第一個公認的特質理論家。他認為，各種特質並不是散亂地堆積在一起的，而是有機地組織在一起。他假定存在一個人格組織者，叫「統我」（Preprium）。統我不是生來就有的，而是逐漸發展起來的，先後經歷了8個發展階段：1.軀體「我」的感覺（1歲）；2.自我同一性感覺（2歲）；3.自尊的感覺（3歲）；4.自我擴張的感覺（4歲）；5.自我意象的感覺（4～6歲）；6.作為理性應付者的自我感覺（6～9歲）；7.自我統一的追求（12歲～青年期）；8.作為認識者的自我（成人期）。

他認為如果一個人的統我發展得很好，這個人就能獲得心理上的成熟，他就是心理健康的人。一個成熟的人具有下面七種性格特點：

一是具有持續的擴展自我的能力。成熟者將自己投入到多種愛好、活動以及與人的交往中。把自我延伸到各種活動中，使這些活動成為自我擴展的機會。

二是具有愛與同情的能力。指能以一些健康的方式，如真誠、共情和寬容等，與他人建立溫暖、親密、融洽而又深刻的關係。

三是具備安全感並能自我接納。成熟的人因為能夠自我接納而具有情緒上的安全感，這使他們擁有挫折耐受性，當出現問題時，他們能忍受挫折感和擔憂等負性情緒，並能採取建設性方式去積極處理。

四是具有客觀感知現實的能力。能按世界的本來面目去認識世界，準確、客觀地感知現實，並坦然地接受現實。

五是有客觀認識自我的能力。成熟的人懂得真實自我與理想自我之間以及自我評價和別人對自己的評價之間存在的差異。他們對自己的行為有明確的洞察力，這使得他們不會把個人的消極品質投射到他人身上。他們在客觀認識自己的同時也能準確評價他人，並能被他人友好接納。

六是以問題為中心並發展出問題解決技術。一個成熟的人不僅能全身心地投入到自己的生活與工作中，而且在遇到問題時能夠排除情緒的干擾而把注意力集中在問題解決的技術上。

七是具備統一的人生哲學。成熟的人有明確的價值觀，他們的未來是定向的，他們有目的感和完成目的的使命感、責任感，他們為富有意義的人生目標所牽引。

3. 行為主義學派的人格觀

縱觀斯金納的研究，他並沒有提出一個系統的人格理論。因為他只關注人的行為，而且他只關注怎麼做。在他看來，人格不是別的，只是一組帶有

個人特色的行為模式,而個體行為又只是以往強化的結果而已,人所做的只是他曾經被強化了的事。

儘管斯金納不是從內在線索入手研究人格,但是他有關環境對人格影響的觀察與研究卻為人們全面認識人格的發展和完善提供了新的視角。斯金納在其名著《瓦爾登第二》中設計了一個烏托邦式的完美社會,在這個公社制的理想社會中,人們注重合作、共享、創造,提倡愛與關懷,提倡豐富的心靈生活,熱愛勞動,生活簡樸,注重培養責任感和挫折耐受力等。可以看出,他對健康人格的看法與其他心理學家基本一致,其中最大的區別就是他對學習能力和自我控制能力的強調。

他特別強調學習能力在健康人格中的地位,他的理論是建立在「人格是環境的產物」這個假設之上的,至於為什麼在完全同樣的環境中有的人具備了一種健康的人格,有的人卻沒有,他認為這主要取決於人的學習能力。善於學習的人就容易具備健康人格,不善於學習的人就難以具備健康人格,有的還會產生問題甚至病態。

4. 存在—人本主義學派的人格觀

羅杰斯認為,健康人格不是人的固定狀態,而是一種過程。健康的人格應該具有如下一些特點:對一切經驗持開放的態度。它指的是充分起作用的人面對自己和世界不膽怯、不防禦,他們開放、坦然而又準確地體驗一切情緒和經驗。他們不僅能夠接受各種經驗,而且能將其運用到自己的生活與工作中。

存在主義式地生活,即每時每刻充分體驗當前的生活,並對當前的生活負責。

信任自己的機體,即信任自己的感覺、直覺和經驗,不受約束地按照瞬間的直覺並且不受外界的影響自發地行動。

具有自由感。由於充分起作用的人對經驗持開放態度,注重體驗生活的每一瞬間,生活充實並信任自己的直覺和經驗,因而他們都有很大的選擇與

行動的自由。他們不受別人願望的約束，自己駕馭和控制自己的生活，體驗著充分的自由感。

具有創造力。充分起作用的人具有很高的創造力，對世界敏感開放，在生活中常常主動追求新的挑戰、刺激，所以，他們總能以創造性產品和創造性生活表現自己，使其產品和生活具有鮮明的個人特色。

馬斯洛（1954）用「自我實現者」來描述健康人格，自我實現者（self-actualizingpeople）是指完全使用並且開發了自身的天賦、能力和潛能的人，而且這些人做著他們能夠做的最好的事。

5. 認知學派的人格觀

凱利認為，一個人的人格就是他的構念系統，一個構念系統就是一套用來解釋並預測世界的特定的認知方式。一個人的構念有效與否，不僅表現在其構念本身是否能夠準確、客觀、成功地解釋並預測事件上，而且表現在其建立構念系統的過程是否有建設性上。

凱利認為，具備心理健康的人是具有有效人格構念的人，表現為：

有廣闊的視野，對經驗持開放態度。有健康人格構念者的最大特點是：其構念具有高度的可滲透性，也就是開放並且富有彈性，允許新的構念進入既有構念系統。具體說就是，能較為靈活地順應新事件，能接納許多新觀點，能按客觀情況與實際需要對自己的構念加以擴展和調節。

注重變化，不斷尋求對世界新的理解。有健康人格的人如同優秀的科學家一樣，對生活持有一種清醒而又理性的態度。他們不滿足於現有的構念系統，他們知道生活是在不斷變化的，生活中不存在始終解決不了的問題，因此，對自己的構念系統也應持續不斷地加以充實和調整。

對自身的構念進行建設性選擇和調節。健康人格者的構念系統中並不都是有效的構念，因此，健康的人又往往表現在能夠在必要時對自己的構念做出建設性選擇。健康的人會留下有效的，摒棄無效的，補充所需要的；還會對有的構念做出擴展，對有的構念做些緊縮。正因為如此，有健康人格的人才能靈活而富有創造性地應付生活事件並保持心理健康。

二、人格動力問題診斷

不同年齡階段的學生有著不同的人格問題，無論是問題的類型、嚴重程度還是影響因素上，都有著鮮明的年齡特徵，作為學校工作者們，要有針對性地去辨別、判斷。

1. 小學階段

前面介紹過，小學階段主要的人格問題表現為考試焦慮和社交恐懼，所以，這裡主要介紹針對以上兩種問題的診斷。

首先是考試焦慮。例如，丁丁是一名小學四年級男生，在班級擔任英語科代表，學習成績處於班級中上游水準，有完美主義情結，凡事都要求自己做到最好。每到考試前後他都很焦慮，甚至一聽到「考試」兩個字，就變得很緊張。考前會出現胃口不好、失眠等症狀。考試中間，還會突然發呆，甚至腦子裡一片空白。丁丁一直有咬手指的習慣，一到考試感到緊張時，咬手指頭的頻率會變得更高，嚴重時甚至流血。奇怪的是，一到放假，這個壞習慣就自動消失了（錢鈺，2013）。其實，丁丁咬手指頭是一種舒緩情緒的方法，這是由考試焦慮引起的不良習慣。遇到考試焦慮如何診斷呢？讓我們先看看兒童廣泛焦慮症的診斷標準。

兒童與少年廣泛性焦慮的主訴及植物神經症狀均較成人少，診斷需要參照以下四個標準：

【症狀標準】

(1) 以煩躁不安、整日緊張、無法放鬆為特徵，並至少有下列兩項：①易激惹，常發脾氣，好哭鬧；②注意力難於集中，自覺腦子裡一片空白；③擔心學業失敗或交友受到拒絕；④感到易疲倦、精疲力竭；⑤肌肉緊張感；⑥食慾不振，惡心或其他軀體不適；⑦睡眠紊亂（失眠、易醒、思睡卻又睡不深等）；

(2) 焦慮與擔心出現在兩種以上的場合、活動或環境中；

(3) 明知焦慮不好，但無法自控。【嚴重標準】社會功能明顯受損。【病程標準】起病於 18 歲前，符合症狀標準和嚴重標準至少已 6 個月。【排除標準】不是由於藥物、軀體疾病（如甲狀腺功能亢進）及其他精神疾病或發育障礙所致。

考試焦慮對考試的影響具有雙重性，適度的焦慮反映了學生認真、主動、投入的態度，有利於喚起個體的注意，這也正是高效的智力活動的前提；若焦慮的程度過高，引起的緊張與恐懼難以控制時，個體的注意力反而容易渙散，會干擾記憶與思維過程。

隨著對考試焦慮研究的深入，人們不斷探索考試焦慮的診斷方法，如：自陳量表法、行為評定法、生理測量法、歸因分析法、投射測驗法和臨床方法。在此介紹一種考試焦慮自評量表。

Sarason 考試焦慮量表（Test Anxiety Scale，TAS），由美國華盛頓大學心理系的著名臨床心理學家 IrwinG.Sarason 教授於 1978 年編制完成，是目前國際上廣泛使用的最著名的考試焦慮量表之一。TAS 量表共 37 個項目，涉及個體對於考試的態度及個體在考試前後的種種感受及身體緊張等。各項目均為 0～1 評分。對於每個項目，被試根據自己的實際情況答是或否。量表只統計總量表分，把所有 37 個項目的得分加起來即為總量表分。Newman（1996）提出，TAS 得分 12 分以下考試焦慮屬於較低水準，12 分至 20 分屬於中等水準，20 分以上屬於較高水準。15 分或以上表明該被試的確感受到了因參加考試而帶來的相當程度的不適感。

其次是社交恐懼症，是指兒童對新環境或陌生人產生恐懼、焦慮情緒和迴避行為。

診斷需要參照以下四個標準：【症狀標準】

(1) 與陌生人（包括同齡人）交往時，存在持久的焦慮，有社交迴避行為；

(2) 與陌生人交往時，患者對其行為有自我意識，表現出尷尬或過分關注；

(3) 對新環境感到痛苦、不適、哭鬧、不語或退出；

(4) 患者與家人或熟悉的人在一起時，社交關係良好。

【嚴重標準】顯著影響社交（包括與同齡人）功能，導致交往受限。【病程標準】符合症狀標準和嚴重標準至少已1個月。【排除標準】不是由於精神分裂症、心境障礙、癲癇所致精神障礙、廣泛性焦慮障礙等所致。

社交焦慮量表（Liebowitz Social Anxiety Scale，LSAS），是目前國際上廣泛採用的用於評定社交焦慮障礙嚴重程度和治療有效性的工具，可用於自評。LSAS 總分 38 分為分界值，其診斷社交焦慮障礙的靈敏度為 83%，特異度為 81.3%，共有 24 個問題，每個問題又分「害怕」和「迴避」2 個份量，採用 0～3 的四級評分法，總分在 0～144 分，包括四個因子：社會交往因子（10 項）、公共場所講話因子（6 項）、被他人觀察因子（6 項）、公共場所吃飲因子（2 項）。

2. 中學階段

青春期的中學生出現的主要問題是低自我效能感和同一性混亂，在這個敏感的年齡階段，他們也許會表現出喜怒無常、情緒不穩，也許會容易自我失控、心理承受力低，也許會意志薄弱、缺乏自信，甚至自暴自棄走上犯罪道路。對於處於「疾風驟雨」期的中學生，如何發現並有效地辨別他們的行為是否在正常範圍之內，除了需要教育工作者們日常的觀察與瞭解之外，也需要研究者們對該問題進行合理的界定與劃分。由於目前相關的臨床標準不是很明確，所以我們在此介紹兩種適用範圍比較廣的問卷以供參考。

一般自我效能感量表（General Self-Efficacy Scale，GSES），最早的德文版由德國柏林自由大學的著名臨床和健康心理學家 Ralf Schwarzer 教授和他的同事於 1981 年編制完成，開始時共有 20 個項目，後來改進為 10 個項目。目前，該量表已被翻譯成至少 25 種語言，在國際上被廣泛使用。中文版的 GSES 最早由張建新和 Schwarzer 於 1995 年在香港的一年級大學生中使用。王才康等人（2001）曾對其進行翻譯修訂，對其信效度進行分析後發現，GSES 具有良好的信效度。

GSES問卷只有一個維度，共10個項目，涉及個體遇到挫折或困難時的自信心。比如「遇到困難時，我總是能找到解決問題的辦法」。問卷各項目均為1～4評分。對每個項目，被試根據自己的實際情況回答「完全不正確」「有點正確」「多數正確」或「完全正確」。

在眾多同一性狀態測量工具中，應用最為廣泛的是Bennion和Adams於1986年編制的自我同一性狀態問卷（OMEIS），這一測量工具適合於測量整個青少年期（11～23歲）個體的自我同一性狀態，具有較高的信效度，是「評定自我同一性狀態的最完善、最有效的問卷工具」。2006年王樹青等對該問捲進行了修訂，修訂後的問卷與原問卷結構一致，均包括同一性獲得、延緩、早閉和擴散四個份量表，共53個項目。

3. 大學階段人格障礙問題的診斷

處於青年初期的大學生們，面臨來自於家庭、學業、社會等各方面的壓力，是心理問題發生率較高的學生群體，主要表現為人格缺陷和人格障礙。對它們的診斷，是非常重要的。學校心理工作者們和社會各界應該給予足夠的重視。

前面介紹了大學階段的人格問題根據嚴重程度可以劃分為人格缺陷和人格障礙兩種，相比於人格障礙問題，人格缺陷問題的嚴重程度較輕，所以針對這一類的問題，心理工作者們往往採用問卷調查的方式進行判斷。下面介紹三個常用的情緒調查問卷以供參考。漢密爾頓憂鬱量表、漢密爾頓焦慮量表和倍克—拉范森躁狂量表。漢密爾頓憂鬱量表（Hamilton Depression Scale，HAMD）是由臨床心理學家漢密爾頓於1960年編制的，是臨床上評定憂鬱狀態應用得最為普遍的量表。該量表共有17項、21項和24項3種版本，量表項目包括憂鬱所涉及的各種症狀，並可以歸納為7類因子結構，分別為焦慮／軀體化、體重、認知障礙、日夜變化、遲緩、睡眠障礙、絕望感。量表適用於具有憂鬱症狀的成年病人，一般採用交談和觀察的方式，由經過訓練的兩名評定員對被評定者進行HAMD聯合檢查，待檢查結束後，兩名評定員獨立評分。

漢密爾頓焦慮量表（Hamilton Anxiety Rating Scale，HAMA）由漢密爾頓於1959年編制，主要用於評定神經症及其他病人的焦慮症狀的嚴重程度，是精神科中應用較為廣泛的應用心理衛生評定量表之一。漢密爾頓焦慮量表共有14個條目，主要對焦慮症狀，包括對認知和軀體症狀的嚴重程度進行測評，如焦慮心境、緊張、害怕、失眠、認知症狀、憂鬱情緒、軀體感覺症狀、心血管症狀、呼吸系統症狀、胃腸道症狀、泌尿生殖系統症狀、自主神經症狀、軀體（肌肉）症狀和在訪談時的行為表現。焦慮量表的評定方法跟憂鬱量表相似，也是經由兩名評定員進行聯合檢查，檢查結束後，由評定員獨立評分。倍克—拉范森躁狂量表（Bech-Rafaelsen Mania Rating Scale，BRMS）是由Bech和Rafaelsen於1978年編制的，是目前應用較廣的躁狂量表。本量表共有11個項目，將量表協作組增添的2個項目包括在內，共有13個項目。量表主要用於評定躁狂狀態的嚴重程度，適用於情感型精神病和分裂情感性精神病躁狂發作的成年患者。量表由經過培訓的專業人員，採用會談與觀察相結合的方式，一般評定時間範圍為最近一週，若再次評定則間隔 2～6 周。

至於人格障礙，一般採用《中國精神障礙分類與診斷標準》第3版（CCMD-3）。其對人格障礙的診斷標準如下：【症狀標準】個人的內心體驗與行為特徵（不限於精神障礙發作期）在整體上與其文化所期望和所接受的範圍明顯偏離，這種偏離是廣泛、穩定和長期的，並至少有下列表現中的一項：

一是認知（感知及解釋人和事物，由此形成對自我及他人的態度和形象的方式）的異常偏離；

二是情感（範圍、強度及適切的情感喚起和反應）的異常偏離；

三是控制衝動及對滿足個人需要的異常偏離；四是人際關係的異常偏離。

【嚴重標準】特殊行為模式的異常偏離，使病人或其他人（如家屬）感到痛苦或社會適應不良。【病程標準】開始於童年、青少年期，現年18歲以上，至少已持續2年。【排除標準】人格特徵的異常偏離並非軀體疾病或精神障礙的表現或後果。

第二節 人格動力問題的診斷

針對不同類型的人格障礙有不同的診斷標準。

表演型人格障礙以過分的感情用事或用誇張言行吸引他人的注意為特點。除了符合人格障礙的診斷標準外，主要表現為過分的感情用事或誇張言行，吸引他人的注意為特點，並至少有下列表現中的三項：富於自我表演性、戲劇性、誇張性地表達情感；膚淺和易變的情感；自我中心、自我放縱和不為他人著想；追求刺激和以自己為注意中心的活動；不斷渴望受到讚賞，情感易受傷害；過分關心軀體的性感，以滿足自己的需要；暗示性高，易受他人影響。其實，在正常人群中就有一部分輕型的表演型人格特徵的人，他們在人群中總是顯得十分活躍，善於社交，容易合群，說起話來富有感染力。這樣的人容易適應社會，容易被人接納和接近。但在表演型人格障礙的人身上，這些特徵擴大得讓人難以接受，而且這類人容易在人際關係中感受到挫折，容易在精神壓力下出現憂鬱、焦慮及各種身體的不適。

強迫性人格障礙的診斷除了要滿足人格障礙的診斷標準外，至少還要有下列表現中的三項：因個人內心深處的不安全感導致優柔寡斷、懷疑及過分謹慎；需在很早以前就對所有的活動做出計劃並不厭其煩；凡事需反覆核對，因對細節的過分注意，以致忽視全局；經常被討厭的思想或衝動所困擾，但尚未達到強迫症的程度；過分謹慎多慮和專注於工作成效而不顧個人消遣及人際關係；刻板和固執，要求別人按其規矩辦事；因循守舊，缺乏表達溫情的能力。強迫型人格障礙可以用下面的事例來說明。

小張，男性，十八歲，農民。他小的時候，父母一直比較嚴厲。因為家境不好，他也非常懂事，對自己要求極為嚴格，不許自己浪費一點兒時間，學習非常刻苦，成績一直列班上前幾位。父母為了獎勵他學習，曾經節約開支給他買了塊表。他一直擔心將表弄丟，結果果真在一次早操中將表弄丟了。他深知父母掙錢不易，內心極度內疚，常常有意識地到寢室和馬路邊努力尋找，希望能夠找回，但終沒找到，也不敢告訴父母，成績也開始下降。後來家裡添置了沙發，他平時喜歡坐在沙發上看書。一次母親說別坐壞了，以後不准坐在沙發上看書。從此，他再也不敢坐沙發，後來發展到看見椅子也害怕了。由於有這種強迫人格，影響了他的學習，初中讀完後就沒能繼續上學，

一直待業在家，成天為看病而四處奔波，而症狀卻越來越嚴重。最苦惱的是，他擔心小便失禁，老想去上廁所，但又自覺不該去，越想控制則想去上廁所的念頭越強烈。尤其是吃飯之後想去，拚命克制不讓自己去，結果吃了飯就吐，按胃病治了很久也未奏效。如今，此症狀已持續三年，什麼事也做不了，真是苦不堪言。

小張表現出的是明顯的強迫性人格特徵，行為死板、刻板，對特定的人、物或場景有按捺不住的恐懼、緊張心理，心裡明知不對卻不能克制。以過分的謹小慎微、嚴格要求與完美主義及內心的不安全感為特徵。

邊緣型人格障礙具有人際關係、自我形象和感情的不穩定以及顯著的衝動性；起自早期成年時，前後過程多種多樣。表現為下列 5 項以上：【診斷標準】

(1) 瘋狂的努力以避免真正的或想像出來的遺棄。註：不包括第 5 項所指的自殺或自傷行為；

(2) 一種不穩定的強烈的人際關係，其特點是從極端理想化到極端的貶低之間變來變去；

(3) 身分障礙：對自我形象或自我感覺的顯著和持久的不穩定變化；

(4) 至少在兩個領域方面出現衝動性，有潛在的自我毀滅可能性，例如，浪費、性、藥物濫用、魯莽的駕駛、狂吞濫飲。註：不包括第 5 項的自殺或自傷行為；

(5) 反覆發生自殺行為、自殺姿態，或威脅，或者有自傷行為；

(6) 由於顯著的心境反應而情緒不穩定（例如，心境惡劣強烈發作，激惹，焦慮持續數小時，很少會超過幾天）；

(7) 長期的空虛感；

(8) 不合適的強烈憤怒，或難以控制的發怒（例如：常發脾氣、發怒、毆鬥）；

(9) 短暫的與應激有關的偏執觀念或嚴重的分離性症狀。

自戀型人格障礙以前兩年風靡網路的紅人「鳳姐」為例，自稱懂詩畫、會彈琴，精通古漢語，「9歲起博覽群書，20歲達到頂峰，智商前300年後300年無人能及」，現主要研讀經濟類和《知音》《故事會》等人文社科類書籍。因其一系列過分自信而又不切實際的言論而引起廣泛關注。曾在廣州上演一場「徵婚秀」，並在「嬉笑辱罵」中「自得其樂」（曹斯，2010）。社會心理學者韋志中教授（2010）認為，鳳姐是典型的病態型自戀人格。一個自我認同有病態的人，可能是兩個極端的表現：一種是過分貶低自己；一種是過分誇大自己，鳳姐屬於第二種。自戀型人格障礙主要表現為誇大（幻想或行為）、需要他人讚揚並缺乏同感，起自早期成年時，前後過程多種多樣，並至少包括下列5項以上：

(1) 具有自我重要的誇大感（例如，過分誇大成就和才能，在沒有相應的成就時卻盼望被認為是上乘）；

(2) 沉湎於無限成功、權力、光輝、美麗或理想愛情的幻想中；

(3) 認為自己是「特殊」的和獨一無二的，只能被其他特殊的或高地位的人們（或單位）所瞭解或共事；

(4) 要求過分的讚揚；

(5) 有一種榮譽感，即：不合理地期望特殊的優厚待遇或自動順從他的期望；

(6) 在人際關係上是剝削（占便宜），即：為了達到自己的目的而占有他人的利益；

(7) 缺乏同感，不願設身處地地認識或認同他人的感情和需求；

(8) 往往妒忌他人，或認為他人都在妒忌自己；

(9) 顯示驕傲、傲慢的行為或態度。

分裂型人格障礙以一位著名數學家為例，他曾在科學研究領域做出過卓越的貢獻，並以他的名字命名了一個數學定理。儘管他在科學研究事業上出類拔萃，然而他卻是一個人格障礙患者。他性格孤僻內向，成天關在小房間

裡看書學習，演算公式，攻克難題，幾乎談不上有社會和人際交往。他為人沉默寡言，興趣索然，生活隨便，給人一種「古怪」的印象。40歲左右才在人催促下結了婚。結婚時不知如何操辦家具布設，婚後不知道上街購買生活用品。由於過分內向離群，對外界反應不敏捷，社會適應性很差。多次發生車禍，造成嚴重的後遺症。他所表現出的這些人格特徵，心理學上稱之為「分裂型人格障礙」。分裂型人格障礙以觀念、行為和外貌裝飾的奇特、情感冷漠及人際關係明顯缺陷為特點，男性略多於女性。它至少要滿足下列3項表現：

（1）性格明顯內向（孤獨、被動、退縮），與家庭和社會疏遠，除生活或工作中必須接觸的人外，基本不與他人主動交往，缺少知心朋友，過分沉湎於幻想和內省；

（2）表情呆板，情感冷淡，甚至不通人情，不能表達對他人的關心、體貼及憤怒等；

（3）對讚揚和批評反應差或無動於衷；

（4）缺乏愉快感；

（5）缺乏親密、信任的人際關係；

（6）在遵循社會規範方面存在困難，導致行為怪異；

（7）對與他人之間的性活動不感興趣（考慮年齡）。

三、良好人格的培養

人格教育是全人教育的重要組成部分，是學校德育工作的核心內容，如何教育學生懂得修煉自己的品性，做一個擁有健康人格、積極向上的人，這值得教育者們深思。

1. 完善人格的培養從早期做起

兒童時期心理的可塑性較大，對人格素質的培養應該儘量從早期做起。根據早期經驗理論，幼兒期（3～6歲）也是個體人格和認知發展的關鍵期。

從這方面講，家庭對兒童人格素質的影響要比學校更大。所以，學校也應該為家長提供一些學習的機會，對家長進行培訓，使他們掌握必要的關於兒童人格形成和發展的知識，改變只重視孩子智力培養的做法，全方位地培養兒童的道德和心理素質，使其成為一個具有健全人格的人。此外，家長們要營造一個和諧融洽的家庭氛圍，只有在和睦的、互相尊重、互相理解和相互支持的家庭氛圍中，孩子才能感到安全、舒適、愉快、自信、樂觀，待人接物才能親切友善，易使個體形成樂觀、積極、善良、謙虛等積極的人格特徵。

2. 健全學校人格教育課程體系

人格教育的本質旨在實現對人的自我成熟、成長、成才具有決定性作用的內在素養和品質的全面改善、提高和發展，是一個涉及諸多教育要素的複雜工程，由此決定了人格教育課程體系是一個包括培養目標及其實現的全教育要素有機結合的人才培養體系。在教育的內容上，不僅包括思想道德發展，而且也涵蓋了學生學習、身心、生活及人格內涵的各個方面，並隨著教育的不同階段而有不同的計劃和內容。在教學的方法上，可以探索學生間、師生間的雙向、多向的交流。在教學的形式上，可以充分地利用現代媒體手段，以學生喜聞樂見的方式，提高學生的參與積極性。此外，發揮影視在學校人格教育中的作用，對當前的「80後」「90後」學生來說，也是一種行之有效的方式。

3. 積極開展社會實踐活動

社會實踐活動是大學生良好人格形成和發展的出發點和歸宿。透過社會實踐活動，可以幫助廣大青年學生瞭解社會，解決理想與現實的矛盾，糾正自己的人格缺陷，培養他們的健康人格。這就要求學校積極引導學生接觸社會，大力開展大學生軍訓、社會調查、社會實踐、就業見習、志願者服務活動，將社會實踐學習和校內知識學習有機結合起來，透過社會實踐使他們增強認知體驗，增強對社會、國家和人民的責任感，強化社會道德意識，培養理性、自主的人格判斷力和追求自我完善的精神，在實踐中不斷完善自己的人格。

4. 加強良好的校園文化塑造

校園文化是指以學生為主體、以課外文化活動為內容、以校園為空間、以大學精神為主要特徵的一種群體文化。在一所崇真、向善、求美的校園裡生活，可以加深學生對自然的愛、對生活的嚮往、對理想的追求。所以，大學要努力建設健康、積極向上、高品質的校園文化，加強優良校風、教風、學風建設，引導大學生圍繞培養健康人格開展豐富多彩的科技、文化、藝術、體育活動，不斷提高自己的心理素質，增強對他人的認同感、對集體的責任感，形成良好的行為方式，進而修正自己的思想觀念和價值取向，完善自己的人格。

5. 重視教師人格的示範作用

學高為師，身正為範。高尚的師德本身就是一部人生教科書，是對青年學生最生動、最具體、最深遠的教育，對培養學生良好的人格起著長期和根本的作用，所謂「善歌者使人繼其聲，善教者使人繼其志」。學生從教師品格行為中所學到的東西也遠比教師所教的東西多得多，教師的精神面貌、治學態度、工作責任心、行為習慣以及處理師生關係的態度等都是學生學習的典範。因此，每一位教師都應該提高自己的人格操守和人格境界，以自身的人格魅力感染學生，從而提高學生的人格境界。

拓展閱讀

教育需要培養審美人格

什麼是審美人格？它是指人的精神面貌具有審美特徵，達到了美的境界。這種人格的基本特徵表現為超越性，即能夠超脫現實的、物質功利的需要。當人格朝著審美化的方向發展時，主體會更多地去追求精神的滿足與愉悅，對於物質慾望、功名利祿則會保持一定的心理距離，這一心理距離就是超越。審美人格的超越特性主要表現在以下幾個方面：超脫功利。審美人格並不貶低人的合理慾望，更不是要賦予人以高不可攀的優秀品質，而使之成為完美無瑕的聖人或超人。我們要培養的具有審美人格的人，雖然有物質利益的需求，但他的追求不只在於此，他汲汲追求的是精神生活的豐富與充實。

富有情趣。具有審美人格的人，其人生是藝術化的人生，其生命是詩化的生命。他既是生活的藝術家，又是生命的詩者。至於他是不是搞藝術創作，是不是寫詩，那倒無所謂。

樂觀豁達。所謂樂觀，是指一種積極的處世心態，表現為以悅納和豁達的心態去對待自己和觀照周圍的現實世界。

心態寬容。具有審美人格的人對此有深刻的認識，在他們看來，斤斤計較會成為生命的負累。所以，具有審美人格的人對別人寬容，對自己的要求雖然嚴格，也絕不苛刻和過分。

生活簡樸。簡單是一種境界，簡單的生活可以使人更好地去沉思和反省，去有條不紊地創造人生和享受人生。人生的意義在於創造，而真正的創造大多源於精神的寧靜和對名利的淡泊。（何齊宗，2012）

複習鞏固

    1. 簡述弗洛伊德的健康人格觀。

    2. 羅杰斯對健康人格的定義是什麼？

    3. 簡述健康人格培養的措施。

本章要點小結

    1. 人格是構成一個人的思想、情感及行為的特有模式，這個獨特的模式包含了一個人區別於他人的穩定而統一的心理品質。

    2. 大學生中常見的人格障礙主要有表演型人格障礙、強迫型人格障礙、邊緣型人格障礙、自戀型人格障礙、分裂型人格障礙等。

    3. 人格障礙的診斷標準：一是認知（感知及解釋人和事物，由此形成對自我及他人的態度和形象的方式）的異常偏離；二是情感（範圍、強度及適切的情感喚起和反應）的異常偏離；三是控制衝動及對滿足個人需要的異常偏離；四是人際關係的異常偏離。

第五章 人格動力問題

關鍵術語表

人格 氣質 性格 需要與動機

人格理論 動機理論 人格問題 人格問題診斷

本章複習題

1. 人格是構成一個人的思想、情感及（ ）的特有模式。

A. 行為 B. 行動 C. 思維 D. 智力

2. 下列選項中屬於人格的特點的是（ ）

A. 整體性 B. 穩定性 C. 獨特性 D. 社會性

3. 廣義的人格動力學包括（ ）

A. 強調驅力、緊張降低的理論 B. 動機的誘因理論

C. 動機的認知理論 D. 強調成長和自我實現的動機

4. 弗洛伊德將人格結構分為（ ）三個層次。

A. 本我 B. 原型 C. 自我 D. 超我

5. 高標準、嚴要求，做事按部就班，一絲不苟，反覆檢驗，苛求細節，如不完美就會焦慮、緊張和苦惱。以上屬於（ ）的表現。

A. 反社會人格障礙 B. 偏執型人格障礙

C. 邊緣型人格障礙 D. 強迫型人格障礙

6. 總是利用身體外表來吸引別人注意；言語風格過分地為了給人印象而缺乏具體細節；顯示自我戲劇化、舞臺化和情緒表達的誇張。以上屬於（ ）的表現。

A. 表演型人格障礙 B. 依賴型人格障礙

C. 分裂型人格障礙 D. 焦慮型人格障礙

7. 邊緣型人格障礙的表現有（ ）

A. 發狂似地努力避免真正的或想像的被拋棄

B. 人際關係不穩定和緊張

C. 身分障礙

D. 自我意象或自我感覺持久地和顯著地不穩定

8. 學習動機的培養和激發措施有（　）

A. 引導學生形成良好的學習動機

B. 恰當地運用競爭與合作

C. 引導學生正確合理地歸因

D. 提升學生的自我效能感

第六章 社會適應問題

第六章 社會適應問題

面對不同的社會環境，每個人都可能會產生各種各樣的反應，有些人能夠收穫自己的幸福生活，而有些人只能在環境中「每況愈下」，成為失敗者，這源於社會適應能力的差別。本章將介紹學生社會適應中會出現的主要問題及診斷，並提出和介紹相應的方法和心理學理論，以幫助他們提高自我適應能力。

第一節 社會適應問題的表現

一支學生團隊耗時兩年之久撰寫的《大中學生學習生活心理交流活動研究——基於大學與中學合作銜接的視角》調研報告指出：「新生綜合症」的根源在於中學和大學間的銜接教育存在明顯的「斷層」。這種「新生綜合症」是確確實實存在的，這種存在也實實在在導致了新生在面對大學這個新環境時多多少少會出現表達障礙、學習焦慮、人際交往障礙、自我同一性危機和憂鬱等心理問題。

一、適應：生物界普遍存在的現象

1. 適應的概念

適應（Adaptation）源自拉丁文中的「Adaptare」，最早出現於生物學領域，被認為是生物界普遍存在的現象。達爾文說過：生物與環境之間的關係，是一種「物競天擇，適者生存」的關係。生物體的進化過程是優勝劣汰，不斷適應環境的過程。生物進化的基本原則是適應，指生物有機體調整自身生存形態以順應已改變了的生存環境的活動形式。

心理學家皮亞傑（J.P.Paget）認為：「兒童的心理（智力、思維）起源於主體的動作，這種動作的本質就是主體對客體的適應。主體透過動作對客體的適應，乃是心理發展的真正原因。」他認為：「個體每一種心理的反映，不管指向於外部的動作，還是內化了的思維動作，都是一種適應。適應的本質在於取得機體與環境的平衡，而達到這種平衡的形式包括同化和順應。如

果機體和環境失去了平衡,就需要改變行為以重建平衡。這種不斷的平衡、不平衡、平衡……的過程,就是適應的過程,也就是心理發展的本質和原因。」在一個典型的實驗中,尚不會數數的孩子說,在一條線上排得很開的六粒扣子比串在一條線上的六粒扣子「多些」。等他學會數數以後,他發現結果其實不然,他的思維處理類似感知情形的方式就發生了變化。孩子會同化數扣子的經驗。憑藉以前的經驗,某東西看上去大些,真的也就大些。可是,透過數扣子得出的新經驗與這個假設不一致。思維為了恢復其平衡,只好儘量適應(認知),以融入新的經驗,從這時起,他就會以更適應現實的方式觀察和解釋事物。

2. 社會適應的含義

《社會學詞典》中將「社會適應」解釋為:個人和群體調整自己的行為使其適應所處社會環境的過程。並將「適應行為」理解為:「個人適應社會環境而產生的行為。個人透過社會化,明確自己的社會權利與義務,形成與社會要求相適應的知識、技能、價值觀和性格,就會在社會交往與社會行動中採取符合社會要求的行動。反之,如果不能很好地適應社會環境,就會陷入困惑之中。人的一生是不斷地適應環境的過程。」

社會適應性在社會心理學中叫「社會適應行為」或「社會適應能力」,一般也統稱為「適應行為」。關於社會適應性目前也沒有統一的定義,主要有以下一些觀點:對社會適應行為較早開展研究的是美國心理學家利蘭(Leland)和科恩(Cone),他們都認為社會適應性是個體在與社會生存環境交互作用中的心理適應,即對社會文化、價值觀念和生活方式的應對。阿瑟·S. 雷認為,社會適應性(Social adaptiveness)是「對促進和諧社會互動的無數技能的統稱」。美國智力落後協會(AAMR)對社會適應性的定義是:「個體達到人們期望與其年齡和所處文化團體相適應的個人獨立和社會責任標準的有效性或程度」,並在2002年對適應行為做了進一步說明:「個體的適應行為是其在日常生活中所習得的社會和實踐技能。」關於社會適應性的界定,學者們都是基於個體與環境交互作用後的心理適應方面進行分析的。

喬斯·B. 阿什福德等人指出，個體、家庭和群體對生物、心理和社會需求做出有效反應的能力被稱為「適應」。楊彥平將「青少年社會適應」定義為：青少年社會適應是指青少年適應社會環境，並具備從這一環境中獲取資源的能力，從而使得自身在社會環境中得以生存和發展。儘管不同的學者所用的概念不盡一致，給「適應」下的定義也不盡相同，但我們從中可以歸納出以下共識：適應是一個過程。也就是說，社會適應是個體在身分、角色、地位、工作方式、生活方式、社會交往、社會心理等方面順應新環境的轉變過程。

不同的角度有不同的解釋，但我們仍可以從中提取出幾個共同的核心概念，即「外界變化」引起積極的「主體變化」，以求得二者之間的「和諧」，進而促進主體的發展。社會適應既可以表現為人與社會環境之間的和諧狀態，又可以表現為實現人與社會環境之間和諧的過程。

二、學生社會適應問題的表現

1. 中小學生的社會適應問題

中小學生的主要生活是在家庭和學校之間進行的，一般而言，家庭生活的變化較小，而學校生活的變化較大一些。初入學校的小學生、來到新學校的轉校生、從小學升到初中的學生都會有著屬於他們自己的適應問題。

小學生剛入學不適應學校生活，常常會出現以下表現：面對陌生的學校、陌生的老師和陌生的同學，感覺渾身不自在，上課時不停地舉手要小便，有時肚子會莫名其妙地疼起來，但一回家又正常了，這一般被稱為「學校適應不良」。

轉校生文雯，7歲，女，是某小學一年級的學生，在家中是爸爸媽媽的掌上明珠，呵護有加，寵愛至極。文雯平常也是活潑可愛，甚至有點小頑皮的孩子，可是自從上了小學一年級，父母發現她的話突然少了很多，而且吃東西食量明顯變小，胃口也大不如從前，而且挑食，無端地愛鬧脾氣。早上起床還嚷嚷著不願去學校。學校老師也反映文雯比較內向，不大愛跟其他孩子說話、玩；上課耷拉著腦袋，注意力不集中，不愛回答問題。父母很是奇怪，這孩子原來不是這樣的啊，怎麼換了個學校就像變了個人似的。媽媽曾經私

下問過文雯，為什麼不願意上課回答問題呢？文雯說，因為害怕答錯老師會批評。

文雯表現出來的問題其實質就是學校適應不良。這種情況一般在一年級及轉校的孩子身上，即外在學習環境發生了變化的孩子身上較為多見。能否適應這種變化帶來的壓力，對其正常健康發展非常重要。

而準備進入初中的預備新生，通常都會面臨以下一些問題：入學不適應新環境，容易產生入學恐懼；由於小學課堂的學習要求與初中有些變化，學生坐40分鐘很難保持長久的注意力或正確的學習姿態，出現注意力不能集中等問題；同時，初中階段科目增多，閱讀訊息量大，要求理解的知識增多，數學也逐步過渡到以抽象思維為主，難度增大。此外，由於升學到了一個新環境，小學認識的好朋友分散到不同學校，新的夥伴短期內難以形成，一些學生出現內向寡言的現象，對老師的適應也需要一個過程。而且進入初中後，孩子與老師、同學交往的範圍擴大，獲取的訊息大大增加，生活的地域範圍也更廣了，如何正確處理人際關係成為學生面臨的新課題。

2. 大學生社會適應問題

大學生的社會適應，指大學生對變化了的學習方式、人際關係、外部環境等做出反應，並在新的環境中不斷地進行心理和行為調整，以便順利完成學業，並為將來走進社會創造最佳的準備狀態。

大學生是一個非常特殊的群體，他們是青年中的佼佼者，是先進知識文化的掌握者，是未來社會的棟梁。過去十二年的寒窗，不僅習慣了父母與老師的關懷備至，也習慣了依靠父母和老師。進入大學校園，走進一個完全陌生的環境，遠離了父母，老師也不會再像保姆那樣事無巨細地呵護，學習和生活完全要靠自己，同學來自五湖四海，語言、習慣、風俗迥異……這些外在環境的變化都必然成為大學生們社會適應的內容。

劉豔萍，女，20歲，某大學一年級學生。來大學半年了，這是什麼學校啊？新校區周圍什麼都沒有，學校的配套設施也不全。還有，居然要求我們上晚自習，就跟高中似的。學習氣氛一點都不好，班上的學生經常逃課、談

戀愛，根本就沒人學習。感覺自己被騙了一樣，那些同學的高考分數比我低那麼多，好像還有一些沒有上線的也都進來了。以前跟自己一起的朋友都去了較好的大專院校。每次聽她們說她們學習有多緊張，大學的生活有多麼的豐富之後就很難過。本來覺得自己一直都是一個不錯的學生，以前成績一直在中上游，應該在一個學習氛圍很好的大學裡，不知道怎麼就來到了這樣一所破學校。以前在高中的時候經常在報紙上發表文章，現在也沒有人關注這些了，也就懶得寫東西了。她覺得自己十分地墮落，於是去找學校心理諮詢師諮詢。

可以看出，劉豔萍的知、情、意三者統一，能主動求醫，自知力完整，屬於心理正常的範圍。不良情緒是由對新環境的適應不良所引起的，間斷性出現不良情緒反應約半年，在偶爾的新刺激下可以自行緩解，未發生泛化。諮詢師依據心理測驗分數，診斷為一般心理問題，帶有憂鬱情緒、心理適應能力較差。

大學生社會適應研究中的兩個主要問題是：大學新生入學適應和大學畢業生社會適應。

經過大考的拚搏，新生滿懷美好願望來到大學。面對新的城市，新的教學風格、學習方式，新的人際關係和生活環境，可能會出現心理不適。對於入學之初的這種水土不服，有的人很快透過調試自我，與周圍打成一片，有的人卻不能很好地融入，甚至引發焦慮、倦怠、煩惱、無聊等心理症狀並伴隨一些行為上的不良症狀，這種現象被稱為「新生適應不良綜合症」。有研究者把大一的這段適應時間稱之為「心理間歇期」。

不少學者從多方面分析了大學新生適應問題的表現。

第一，學習方面不適應。陳建華、黃兆信等撰文指出，部分新生不適應大學學習環境，表現為學習目標不明確，學習動力不充足，學習獨立性和主動性不夠。

第二，生活方面不適應。大學新生生活不適應突出表現在氣候差異、飲食習慣和作息時間等方面。

第三，人際關係方面不適應。

有以下一些表現：部分新生難以融入群體而孤寂，因摩擦衝突而人際關係緊張，與人交往廣而不深，與異性交往困惑、煩惱叢生，過於熱衷網路交往等。第四，心理方面不適應。心理適應通常是指當外部環境發生變化時，人們透過自我調節系統做出能動反應，使自己的心理活動和行為方式更加符合環境變化和自身發展的要求，使主體與環境達到新的平衡的過程。

大學新生心理不適應與其學習、生活和人際交往方面不適應緊密相關，因為心理是主觀對客觀的能動反映，從一定意義上講，心理不適應是其他不適應的原因。

有的研究者認為，大學新生的心理問題主要是焦慮、失落、憂鬱、自卑、危機和迷茫。也有研究者認為大學新生心理問題還有困惑、防範、孤獨和挫折。還有的研究者認為，大學新生主要心理問題是盲目自滿與自我陶醉、失望與失寵、鬆氣與歇腳心理、畏首畏尾。

有人對大學新生心理問題的矛盾進行了概括。如曹向認為，大學新生存在兩方面矛盾心理：物質上的依賴性與精神上的獨立意識之間的矛盾，主觀願望上自主自立與客觀條件上的可能性之間的矛盾。劉德生認為，大學新生的自我意識存在矛盾，表現為自我封閉與渴望友誼的矛盾、滿足感與空虛感的矛盾、獨立性與依賴性的矛盾、理智與情感的矛盾等。

大學新生不適應的原因較為複雜，研究者從多角度進行了分析：一是環境變化。大學學習的特點、教學和考試方式等與中學有著顯著差別；普遍缺乏獨立生活經驗導致很多新生不能合理安排自己的生活；師生關係、同學關係的複雜化以及交往範圍擴大化；大學校園群英薈萃、人才濟濟、競爭激烈給新生帶來壓力。社會大環境就業形勢的不樂觀以及社會大眾對大學生的期望進一步給新生帶來壓力。二是心理矛盾與失衡。理想與現實的矛盾、強烈交往需要與閉鎖心理的矛盾、青年期自我意識過強、中庸文化的影響、中學對異性交往的打擊和壓制、自卑心理和語言障礙導致部分新生人際交往和人際關係不適應。三是家庭教養方式的影響。家庭環境會影響新生在學習、生

活和人際交往方面的適應能力，在民主型、權威型和放任型三種教養方式中，後兩種方式更易導致大學新生出現適應性問題。如下面的案例。

　　李剛猛，男，21歲，國立大學工學院大四學生。由於學習成績一直比較一般，於是放棄了考本專業的研究生，但是想到要面對的工作環境時感到很恐懼，一直硬著頭皮找工作。但是效果很不佳，一說話就緊張，面試的時候基本說不出話來，很難展示出自己的真實水準，不管什麼樣的單位來都不能輕鬆應對。因此經常唉聲嘆氣，呆坐寢室，自述夜晚睡眠品質不好，每天都很擔心第二天的生活應該如何繼續。其他同學跟他聊天時也很難正常溝通，李剛經常會表達出無奈的情緒，不知未來的生活該如何繼續。終於，他選擇了在同學的陪伴下，到學校的心理諮詢中心尋求幫助。諮詢老師看李剛知、情、意三者統一，主動求醫，自知力完整，屬於心理正常的範圍。但他有較明顯的消極情緒，並且影響到了自身的工作和日常生活。這都是因為無法面對可能出現的新環境的壓力，不知道如何處理與學校不同的工作需要和其中的人際關係所導致的。最重要的是，在需要展示自己的實力時，他因為緊張一句話也說不出來，大腦一片空白。這說明他具有壓力適應不良、帶有憂鬱和恐懼情緒、心理適應能力較差等問題。諮詢老師在瞭解了李剛的情況之後，跟李剛猛確定了這樣的諮詢目標：培養自信的心態，練習與陌生人交談的技巧，學會調整自己的不良情緒，最後消除對工作環境的偏見。在諮詢過程中，諮詢老師主要從樹立李剛自身的信心和對自我的正確認識，將過去自卑、膽小的自我慢慢地縮小，把他自己陽光和積極的一面展現出來。在此基礎上，交流對於「工作」這件事的認識，讓他逐漸消除恐懼心理。最後，講授一些面試中的技巧和人際交往的規則，讓他能夠在面試中充分地展現自己優秀的一面。一個月的諮詢結束後，李剛已經能夠積極地準備應聘了。

複習鞏固

　　1. 什麼是適應？

　　2. 什麼是社會適應？

　　3. 舉例說明中小學生社會適應的主要問題。

4. 大學生社會適應的主要問題是什麼？

第二節 社會適應問題的診斷

一、社會適應問題診斷的理論基礎

社會適應問題診斷的理論基礎主要是社會角色理論。社會角色理論的中心概念是角色，「角色」一詞來源於戲劇，原指規定演員行為的腳本。社會心理學家看到這個概念有助於理解人的社會行為和個性，便引入社會心理學中。他們認為，人在社會關係中的地位規定了人的社會行為，類似於腳本規定了演員的行為。人的社會角色是人在一定社會背景中所處的地位或所起的作用。

首先把角色概念引進社會心理學的是 G.H. 米德。但他並沒有給角色下一個明確的定義，只是用作一種比喻以說明不同的人在類似情境中表現出類似行為這種現象。

R. 林頓認為，當個體根據他在社會中所處的地位主張自己的權利和履行自己的義務時，他就扮演著相應的角色。H.H. 凱利和 J.W. 蒂博認為，角色是他人對相互作用中處於一定地位的個體的行為的期望系統，也是占有一定地位的個體對自身行為的期望系統。J.L. 弗裡德曼等人指出，社會角色是關於人們在特定類型的關係中應當如何行動的一套規則。蘇聯社會心理學家 Л. 布耶娃認為，對角色進行社會心理學分析固然要求首先研究角色行為的主觀因素，但是要真正認清這些主觀因素的實質，就不應當把它們抽象化，而應當把角色行為的主觀方面與客觀社會關係密切聯繫起來，因為角色期望無非是社會實踐中存在的客觀社會關係的思想形式、主觀反映。她認為社會角色是社會職能，是在特定社會中形成的一定類型活動和相應行為方式不可分割的統一體，歸根到底決定於個體在社會關係系統中所處的地位。社會給某一社會角色的執行者提出一般的行為方式或標準，每個人具體扮演這個角色時帶有一定的個人色彩。這些說法雖然有所不同，但是綜合起來可以看出角色在社會心理學中的基本含義。

任何一個個體在社會關係中都有一定的角色，周圍人也總要按照社會角色的模式對他的態度、行為提出種種合乎身分的要求並寄予期望，這就是「角色期望」。一個人的行為或態度若是偏離了既定的角色期望，就可能引起周圍人的異議或反對。人們通常會透過觀察或想像把別人對待自己的態度來認識自我，從而形成「自我概念」。人們會按照別人的期望不斷調整自己的選擇，這就是「角色採擇」。每個人都不可避免地處在一定的社會關係中，周圍的這些社會關係和他人會根據人們的職位、個性、家庭等不斷提出一定的「角色期望」，而每個人都會透過「角色採擇」塑造自己的形象。如果「角色採擇」的自我形象和「角色期望」的自我形像一樣，這個人就能和諧地發展；如果不一致，這個人就可能會出現一定的不適應，出現不同程度的心理問題。

學生對自己角色的認知很大程度上影響著其相應的社會角色的扮演。社會角色的扮演是學生社會化的一個重要內容。社會化的根本目的在於培養合格的社會成員。

在社會化的過程中，學生不斷將社會要求轉化為社會角色的心理內容，即透過個人的內心活動或親自體驗，真正相信並接受社會主導價值、行為規範，把它納入個體的價值體系之中；同時，又不斷將調適了的社會角色內容表現為個體的行為。這實際就是社會角色的學習與扮演過程。角色衝突是當一個人扮演一個社會角色或同時扮演幾個不同的角色時發生的內心矛盾與衝突。

同一社會角色的衝突。如老師對學生期望值過高、過低或過多等；社會角色改變時，新舊角色間發生的矛盾與衝突等；一個人身兼幾個社會角色，各方面對他提出不同的行為模式標準，他感到無法滿足各方面的要求而產生的內心矛盾；社會角色規定的人格與真實人格間的矛盾。

學生從小學到中學，從中學到大學，必須及時擺脫前一個角色的思維模式和行為方式的影響，才能滿足學生新的角色期望與要求。

二、社會適應問題診斷標準

社會適應有很多診斷標準，角度不同，標準就不一樣。在《中國精神障礙分類與診斷標準》第 3 版（CCMD-3）中，適應障礙的診斷標準如下：

1. 症狀標準

主要有：

（1）有明顯的生活事件為誘因，尤其是生活環境和社會地位的改變。明顯的生活事件作為誘因是指在時間順序上有先發生的事件作為刺激物，從而產生了後面的情緒變化和不適感。

（2）有理由推斷生活事件和人格基礎對導致精神障礙均起著重要作用。多數人都會在這種時候抱怨自從「那件事」之後精神一直不佳，情緒出現問題；即使自己未能察覺，周圍的親朋也會有所察覺，從而可以推斷該生活事件是重要的誘因。同時，個人的性格特徵和人格特質都是重要的影響因素，因為開朗和粗心的人可能會忽略很多細節問題，而敏感多疑的人會對一些細微的問題抓住不放從而產生較多的心理障礙。

（3）以憂慮、煩惱、憂鬱、焦慮、害怕等情感症狀為主，並至少有下列表現中的一項：

①適應不良的行為障礙，如退縮、不注意衛生、生活無規律等；

②生理功能障礙，如睡眠不好、食慾不振等。

（4）存在見於情感精神障礙（不包括妄想和幻覺）、神經症、應激障礙、軀體形式障礙、品行障礙的各種症狀，但不符合上述障礙的診斷標準。出現嚴重不適的人很可能會幻想自己已經脫離苦海，身處美好的環境中，或者利用一些非法的手段企圖快速擺脫現有的環境。但是症狀的嚴重程度和其他特徵又不足以做出相應的診斷。

2. 嚴重標準

社會功能受損。生活的質量下降，和周圍人的社會交往減少或變得不如以前順暢，工作不能夠正常完成等。

3. 病程標準

精神障礙開始於心理社會刺激（但不是災難的或異乎尋常的）發生後1個月內，符合診斷標準至少1個月。應激因素消除後，症狀持續一般不超過6個月。

4. 排除標準

排除情感精神障礙、其他應激障礙、神經症、軀體形式障礙以及品行障礙。除了以上診斷標準以外，國內外還有不同的問卷可以幫助同學們自測自評。

國外發展較為成型的量表有大學適應量表（The College Adjustment Scales，CAS，1992），明尼蘇達多重個性測試表之大學適應不良份量表（MMPI-2 College Maladjustment Scale，MMPI-2CMS，1989）和大學生適應問卷（The Student Adaptation to College Questionnaire，SACQ）等。

國內目前在文獻和心理應用測量中使用最廣的是大學生心理適應能力測量。該問卷有20個項目，評分從5（很對）到1（很不對）進行5級評分。另外，教育部「大學生心理健康測評系統」課題組的方曉義等人編制的「中國大學生適應量表」（2005）和王鋼編制的「大學生人際適應性量表」（2007）等也有較高的使用價值。

現實生活中，個體在遇到新情境時，一般有三種基本的適應方式：

①問題解決，改變環境使之適合個體自身的需要；

②接受情境，包括個體改變自己的態度、價值觀，接受和遵從新情境的社會規範和準則，主動地做出與社會相符的行為；

③心理防禦，個體採用心理防禦機制掩蓋由新情境的要求和個體需要的矛盾所產生的壓力和焦慮的來源。

心理防禦在一定程度上否定、歪曲、曲解現實，其作用通常是個體沒有意識到的、自動的，主要有壓抑、投射、合理化、反向作用等。

三、提高對社會適應問題的診斷能力

每個新生都會經歷學校的角色轉換和環境適應，這是正常現象，也是一個正常過程。但如果不加以正確引導或疏通，有可能會影響學生正常的學習、生活，嚴重者甚至會出現心理問題。新生適應需要教師和學校管理部門的努力，更需要學生自身提高問題診斷能力，從多方面努力，方可做到事半功倍。

1. 找準角色定位，明確自身責任

角色理論認為，角色和責任是相輔相成的。只有清晰認知並且積極認同自己扮演的角色，才能明確並主動承擔自己應盡的責任。當代學生需要認清自己社會主義事業的合格建設者和可靠接班人的角色定位；領悟社會或他人對學生自身角色的期望；詳細瞭解和掌握該角色的行為規範，並按照角色規範來嚴格要求和完善自己；明確應享有的權利和應盡的義務；努力培養積極的態度和情感，加強自身的修身立德，提高自身素質；自覺完成角色轉換，演好自己被賦予的角色，並承擔角色責任，為日後立足社會打下堅實的基礎，這也是整個社會秩序的和諧與發展的客觀要求。

2. 強化實踐教學，進行角色學習訓練

學校應透過開展實踐活動積極引導學生進行角色學習和角色訓練。首先，學校各部門應進行有效的溝通與協調，積極策劃和組織以弘揚和倡導學生積極向上、努力拚搏為題材的各類活動。其次，基於培養綜合性人才的目標導向，緊密聯繫現實的實踐教學已成為思想政治理論課改革創新的重要內容。

3. 開展心理健康教育，促進角色轉換

良好的心理素質和心理健康的知識能使人緩解角色不適應帶來的種種壓力。學校要特別重視對學生進行心理健康教育，加強和完善心理諮詢公共服務平臺的建設，圍繞學生的學習、擇業、交友、健康、生活等實際問題，建立有效的教育、交流機制，幫助學生減輕心理壓力，提高心理素質。另外，心理素質拓展訓練也有助於幫助新生克服個性中的不良因素，增強耐挫折能力，磨煉意志品質，激發智慧和潛能，進一步完善人格，促進角色的順利轉換。

4. 正確評價自我，規劃人生目標

自我定位能使人明確自身的優勢和不足，透過對自我的分析，旨在深入瞭解自身，找出自己感興趣的領域，確定自己的優勢所在，規劃人生目標，找準奮鬥方向，加快實現角色的轉換與適應。當前，很多新生奮鬥目標缺失，空虛迷茫，學習被動。因此，亟須對學生積極引導，使其盡快明確學習目的，端正學習動機，樹立崇高理想和遠大志向，並為之終生奮鬥、矢志不渝。

拓展閱讀

李開復給大學生的第四封信（摘錄）

大學是人生的關鍵階段。這是因為，進入大學是你一生中第一次放下高考的重擔，開始追逐自己的理想、興趣。這是你第一次離開家庭生活，獨立參與團體和社會生活。這是你第一次不再單純地學習或背誦書本上的理論知識，而是有機會在學習理論的同時親身實踐。這是你第一次不再由父母安排生活和學習中的一切，而是有足夠的自由處置生活和學習中遇到的各類問題，支配所有屬於自己的時間。

大學是人生的關鍵階段。這是因為，這是你一生中最後一次有機會系統性地接受教育。這是你最後一次能夠全心建立你的知識基礎。這可能是你最後一次可以將大段時間用於學習的人生階段，也可能是最後一次可以擁有較高的可塑性、可以不斷修正自我的成長歷程。這也許是你最後一次能在相對寬容的，可以置身其中學習為人處世之道的理想環境。

大學是人生的關鍵階段。在這個階段裡，所有大學生都應當認真把握每一個「第一次」，讓它們成為未來人生道路的基石；在這個階段裡，所有大學生也要珍惜每一個「最後一次」，不要讓自己在不遠的將來追悔莫及。在大學四年裡，大家應該努力編織自己的夢想，明確自己的方向，奠定自己的基礎。

大學是一生中學習能力轉變最大的時候，是把「基礎學習」和「進入社會」這兩個階段銜接起來的重要時期。因此，在大學四年中，要努力培養自己的學習能力，提高自己的學習境界，讓自己成為一個擅長終身學習的人。

第六章 社會適應問題

　　大學四年每個人都只有一次，大學四年應該這麼度過⋯⋯自修之道：從舉一反三到無師自通；基礎知識：數學、英語、訊息技術、專業基礎課；實踐貫通：「做過的才真正明白」；培養興趣：開闊視野，立定志向；積極主動：果斷負責，創造機遇；掌控時間：事分輕重緩急，人應自控自覺；為人處世：培養友情，參與群體。

複習鞏固

　　1. 什麼是社會角色理論？

　　2. 社會適應問題的診斷標準主要有哪些？

　　3. 學生應如何提高對社會適應問題的診斷能力？

本章要點小結

　　社會適應問題的表現

　　1. 適應是生物有機體調整自身的生存形態以順應已改變了的生存環境的活動形式。

　　2. 社會適應是個人和群體調整自己的行為使其適應所處社會環境的過程。

　　3. 中小學生社會適應的主要問題是學校適應不良。

　　4. 大學生社會適應的主要問題是大學新生入學適應和大學畢業生社會適應。

　　社會適應問題的診斷

　　1. 每個人都不可避免地處在一定的社會關係中，周圍的這些社會關係和他人會根據人們的職位、個性、家庭等不斷提出一定的「角色期望」，而每個人都會透過「角色採擇」塑造自己的形象。

　　2. 社會適應問題的診斷標準主要有症狀標準、嚴重標準、病程標準、排除標準等。

3.學生提高社會適應問題診斷能力應從找準角色定位,明確自身責任;強化實踐教學,進行角色學習訓練;開展心理健康教育,促進角色轉換;正確評價自我,規劃人生目標等方面入手。

關鍵術語表

適應 社會適應 角色 社會角色 角色期望 角色採擇 社會適應問題診斷

本章複習題

1.在皮亞傑看來,適應是（ ）

A.心理發展的本質和原因 B.心理發展的內容

C.和周圍人保持一致 D.內化了的思維動作

2.大學新生適應問題的表現有（ ）

A.學習方面不適應

B.生活方面不適應

C.人際關係和人際交往方面不適應

D.心理方面不適應

3.首先把角色概念引進社會心理學的是（ ）

A.G.H.米德 B.R.林頓

C.H.H.凱利 D.J.W.蒂博

4.任何一個個體在社會關係中都有一定的角色,周圍人也總要按照社會角色的模式對他的態度、行為提出種種合乎身分的要求並寄予期望,這指的是（ ）

A.角色展望 B.角色要求

C.角色期望 D.角色信念

5.青少年社會適應是指（ ）

A. 青少年適應社會環境

B. 具備從這一環境中獲取資源的能力

C. 使得自身在社會環境中得以生存和發展

D. 能夠獲得更高的成就

6. 大學生的社會適應是指大學生對變化了的（ ）等做出反應。

A. 學習方式 B. 人際關係

C. 外部環境 D. 社會狀態

7. 社會適應是（ ）

A. 外界先變化，自身再變化

B. 自身為外界的變化做準備

C. 共同變化，同時發生

D. 外界和自身各自發展，毫無關係

8. 大學新生出現適應性問題的原因有（ ）

A. 心理矛盾與失衡

B. 家庭教養方式的影響

C. 環境變化

D. 學習難度加大

9. 現實生活中，個體在遇到新情境時一般有 3 種基本的適應方式，它們是（ ）

A. 問題解決 B. 接受情境

C. 共同生存 D. 心理防禦

10. 角色衝突主要表現出來的是（ ）

A. 個體和自己的衝突 B. 個體和他人的衝突

C. 可以輕易解決 D. 只有少數人會有的

11. 角色扮演是（ ）

A. 社會角色衝突時的解決辦法

B. 社會化的一部分

C. 一種狡猾的行為

D. 個體不樂意進行的行為

12. 社會適應問題屬於（ ）

A. 心理問題 B. 心理障礙

C. 精神疾病 D. 神經病

13. 哪些方法可以用來判斷一個人出現了社會適應問題？（ ）

A. 問卷測試 B. 醫生診斷

C. 親友觀察 D. 自我覺察

14. 在符合診斷標準之後（ ）個月以上才能做出對適應障礙的診斷？

A.1 B.2 C.3 D.4

第七章 心理診斷評估技術

第七章 心理診斷評估技術

　　現代社會的競爭越來越激烈，學生的學業以及生活壓力也越來越大，考試焦慮、就業壓力、情緒調節、情感衝突、人際交往等問題也越來越凸顯，心理診斷與評估的重要性也就不言而喻。那麼，學校心理學工作者是如何對這些形形色色的心理問題進行診斷和評估的呢？是怎樣評定個體的心理狀態，從而幫助我們做出較客觀的判斷的？本章將為大家介紹心理診斷評估以及它的技巧，為您解開心中的疑惑。

第一節 心理診斷評估的含義

　　隨著社會發展和生活品質的提高，人們對健康的要求和理念不斷發生著更新和改變。在預防身體疾病、保持穩定的生理健康之外，心理健康越來越成為現代人關注的焦點，它與生理健康並駕齊驅，成為衡量人類健康水準的關鍵指標之一。心理診斷評估是準確把握心理狀況，進行心理諮詢治療工作的一個非常重要的環節。但目前由於人們缺乏對心理診斷評估的含義、方法、程序、應用等知識的瞭解，容易出現濫用心理測驗評估健康水準、人格特點的現象，或是對心理健康狀況診斷評估的可操作性持否定態度。所以，心理學工作者必須以端正的態度、科學嚴謹的方法，熟練掌握心理診斷評估的技巧，對心理測驗結果能夠做出恰當合理的解釋，依據心理診斷的各種訊息資料，做出科學的診斷。

一、什麼是心理診斷

1. 心理診斷的定義

　　「心理診斷」首次出現是在瑞士精神病學家羅夏（Rorschach）1921年出版的《心理診斷》一書中。當時這一概念專用於精神病領域，後來很快從醫學領域延伸到了臨床心理學領域，把測量成人與兒童的智力水準、人格傾向、情緒狀態、興趣愛好、能力水準，以及測量各種偏離常模行為的工作都納入心理診斷的範疇。（林崇德，2003）

第七章 心理診斷評估技術

一般認為，心理診斷（psychological diagnosis）是指運用心理學的方法和技術評估個體的心理狀態、心理差異及行為表現，判斷其性質和程度的過程。具體表現為以個案法、會談法、觀察法、實驗法和測驗法獲得臨床資料，透過資料的分析與綜合，對當事人的心理過程、心理狀態、智力水準及人格特徵等做出診斷。心理診斷廣義上既涉及臨床心理學中的心理問題與心理障礙的診斷，也涉及臨床精神病學的輔助診斷、療效和預後的評定問題；狹義上專指臨床心理學對各類心理紊亂的定性區分與評估。嚴格地說，後者更為確切。臨床醫生因受生物醫學模式的影響，常忽視患者的情緒問題、心理障礙和疾病的心理因素，致使患者長期延誤診斷，得不到及時的心理治療，故及時正確的心理診斷在臨床工作中十分重要。（林崇德，2003）

對於學校心理學來說，多數成人學生的心理發展已經達到成熟水準，而中小學學生的心理活動水準還停留在較低的水準上，因此心理診斷要充分考慮學生心理發展的這種不平衡性，必須運用系統的方法進行跨學科的全面的比較分析，對處於不同心理發展水準的學生應採用相應的診斷方法以確保診斷結果的客觀性和準確性。

2. 心理診斷的對象與任務

心理診斷主要針對有心理問題的人群，診斷心理問題的症狀、嚴重程度、原因等。首先，心理診斷是透過心理症狀學知識來研究非健康人的心理和行為特點；其次，它研究心理障礙的診斷和發病規律；最後，特別強調診斷方法、技能和病因的討論。對於學校心理學來說，它關注在教育過程中與兒童、青少年、家庭，以及各個年齡階層的學習者有關的心理問題診斷和干預。

一般心理學的研究目標是尋求人類總體或各種群體的共同心理特徵與規律，是尋求某些心理特徵在人群中的分布情況，例如：接受暗示的難易程度在人群中有一個自然分布。心理診斷目標是以個體為目標，探尋個體在群體中的位置，確定個體行為與常模偏離的程度和距離，例如：測定某一個體接受暗示的水準，確定它在自然分布中的位置以及與常模的距離，從而判斷接受暗示的水準是否為致病的原因。心理診斷的主要任務是正確區分正常的和異常的精神活動，尋找心理紊亂的原因並做出分類診斷。

心理診斷的主要任務包括以下三種：

一是正確區分正常的與異常的精神活動。心理諮詢師在診斷中有責任發現精神異常的來訪者，但無權處理這類疾病患者，應立即將患者轉介到精神病院就醫。

根據心理學原理，區分正常的與異常的精神活動應把握兩個原則：首先是一致性原則。由於人的心理活動是客觀現實的反映，因此，人的心理活動與外在客觀現實具有一致性，包括內容、形式和數量等方面的一致性，尤其是對物理性質和幾何性質的感知更是如此。例如，一個硬把冷的說成熱的、把方的說成圓的、把左說成右的人，便是精神異常。這一原則還涉及人的自我認識與評價，以及個性特徵之間的統一與協調性。其次是個性相對穩定原則。人的個性是在先天和後天因素共同作用下不斷發展變化的，但是在一定條件下和一定時間內又具有相對穩定性，不會發生連續變化的間斷（即突變），也就是說，正常人的個性總會保持相對穩定。反之，個性穩定性極差，如經常歇斯底里發作的人便是精神異常。如果以上兩條原則中的任何一條失去作用或遭到破壞，就應視為異常精神活動的徵兆。

二是尋找心理紊亂的原因。造成個體心理紊亂的因素很多，按性質劃分，有社會因素、生物因素、文化因素、審美因素和認知因素等。心理診斷應在綜合原因中找出經常的、起主要作用的因素，並對主要因素之間的關係做出解釋。

三是對心理紊亂狀態做出分類診斷。在心理診斷中，一般把心理紊亂狀態分為心理問題、心理障礙和精神疾病邊緣三大類。心理問題指近期發生的、不可能持久的、尚未泛化的、反應強度不太劇烈的心理紊亂狀態。它主要表現為心境和情緒產生一定波動，但思維保持著邏輯性，人格也較完整，對人的正常生活影響不大。如婚姻問題、人際關係問題、考試焦慮問題等。心理障礙表現為初期反應劇烈、持續時間久、內容充分泛化和自身難以克服的一種沉重心理負擔，行為出現異常，在一定程度上影響了正常生活。心理障礙者不僅在情緒方面波動大，而且會出現各種反邏輯的思維錯誤，人格也有可能出現某些缺陷。如衝動毀物、廣場恐懼等。精神疾病邊緣是心理紊亂的最

嚴重狀態。這類人會出現不甚典型的精神異常現象，如注意力渙散、好幻想、意志力減弱、自我評價過分偏離常態、社會交往和人格方面發生較大改變。

3.心理診斷的原則

心理診斷一般要遵守客觀性、科學性、整體性、發展性、保密性等原則。

客觀性原則指以實事求是的態度去對待診斷對象，避免過分依賴心理測驗結果，單憑心理測驗結果進行診斷。心理測驗結果只能作為一種診斷的輔助，而不是絕對的標準。避免單憑來訪者的主訴對問題做出判斷。一定要充分利用會談、行為觀察以及透過量表所獲得的資料進行綜合分析，用多種方法相互印證。

為了更好地做到客觀診斷，心理診斷工作者應該注意以下幾個方面：在收集資料時，必須如實、詳盡地記錄來訪者的情況；在資料的處理、結果的分析整理過程中應盡可能地用某種客觀的尺度來評定，避免受主觀偏見的影響；在下結論時，要根據客觀的事實作判斷，不要作過分的推論（張仲明，2005）。

科學性原則是態度和診斷方法要科學，對診斷結果的解釋要慎重。在診斷的過程中，要參考可靠的診斷標準，如美國《精神障礙診斷和統計手冊》（DSM-IV）以及《中國精神疾病分類方案與診斷標準》等。世界衛生組織曾在不同社會文化背景下對精神障礙診斷的可靠性進行了研究，發現臨床醫生之間在疾病診斷上存在差異。分析差異的原因包括：所收集的資料來源不同；醫生所使用的術語和對術語含義的理解不同；交談檢查的方法不同；所採用的疾病分類法和診斷標準不同（楊志寅，2000）。所以，為瞭解決這個問題，國內外的精神病學專家制訂了一系列診斷標準，並且編制了標準化的量表，用於臨床診斷和研究。

另外，一定要採用標準化的量表。標準化的測驗保證了診斷的有效性與可靠性，並且保證了診斷結論的科學性。

整體性原則是防止憑主觀臆測或憑片面認識而進行判斷，要用系統論的觀點來全面分析各種訊息，把握對象的整體心理特徵。

發展性原則是說任何問題都不是一成不變的，諮詢者在做出診斷的時候也要充分認識到這一點。人的成長是一個動態的過程，諮詢者的心理也一樣是動態發展、不斷變化的。所以，即使諮詢者已經對來訪者的問題做出了初步的診斷，諮詢者還是應該繼續觀察來訪者的心理變化，觀察在諮詢或治療的過程中來訪者的哪些方面得到了改善，哪些方面沒有變化，而在哪些方面又出現了非諮詢者預期中的問題，等等。這些都有利於諮詢者對個案做出確切的診斷，以調整諮詢者的方案與計劃。

保密性原則是為來訪者保密，尊重他的隱私權。心理診斷的資料是諮詢內容的一部分。在許多國家，職業心理學倫理特別強調對有關個人的資料要絕對保密的原則。為遵從保密性原則和保護人格的原則，許多國家的職業倫理條例還明文規定了心理評估資料如何歸檔和儲存（Kurt Pawlik 等，2002）。

對於心理診斷的結果，應該向來訪者傳達，讓其瞭解情況，鼓勵來訪者進一步驗證或修正我們的診斷結果。但為避免對來訪者造成「標籤效應」，以有利於諮詢或治療的進行，對於診斷結果的告知應有選擇性。（鄭希付，2008）

二、什麼是心理評估

1.心理評估的定義

同疾病診斷一樣，心理診斷不可能一次性完成，而是有一個過程。因此，近年來臨床心理學上又提出了「心理評估」的概念。心理評估（psychological assessment）是指應用多種方法獲得訊息，對個體某一心理現象作全面、系統和深入的客觀描述的過程（林崇德，2003）。學校情境中，心理評估常用觀察法、訪談法、心理測量法等，圍繞解決某一問題對學生心理所做的綜合評價，在心理評估中，理解所擬評估的心理現象的本質是非常重要的。從設計評價程序、選擇測量工具到將評價訊息反饋給學生、家長或教師，並根據評估結果提出解決問題的方案或建議，每個環節都要求評估者有深厚的心理學理論功底、豐富的臨床經驗和嫻熟的技巧。

學校心理學家的重要任務之一就是對學生的心理特點和行為進行評估。當學生出現各種心理問題時，如學習不良、注意缺失、情緒困擾、人格障礙和問題行為等，透過心理評估，學校心理學家可以對問題學生進行診斷，找出問題的癥結，從而制訂干預方案，幫助學生解決問題。在干預方案實施過程中或實施之後，心理評估可以檢驗干預的效果，有助於修正或提出新的干預措施。對一般學生和超常學生的心理評估，可以為因材施教，實施發展性指導提供依據。

2. 心理評估的對象任務

心理評估的對象包括病人和健康的人，故評估的範圍既涉及疾病，又涉及健康，而且更重視對健康的評估。心理評估在心理學、醫學、教育、人力資源、軍事、司法等部門有多種用途，其中為臨床目的所用時，主要作用是單獨或輔助做出心理診斷、指導制訂心理干預措施並常作為效果的指標、科學研究的方法。心理衛生強調生物、心理、社會醫學模式，評估的內容必須涉及這三個方面及相互間的影響。當然，在某項具體臨床工作或研究中常常需有所側重，但在分析結果時應全面考慮其他方面的影響，具體而言，心理衛生評估任務包括如下方面：

（1）描述個體或人群有關疾病的特徵，主要是從疾病的行為表現或精神病理學水準進行評估，協助臨床診斷分類，作為科學研究中病人的分組標準，尋找各類疾病的特徵性表現。

（2）描述個體或人群的健康狀況，全面地從生理、心理、社會等方面對構成健康的諸要素進行評估，為研究增進各種人群的健康機制和方法提供依據。

（3）評估日常健康行為習慣和日常功能有效水準。

（4）評估疾病發展中的心理過程，包括認知、行為、社會、情感等心理過程。

（5）評估心理社會因素在疾病自然癒合過程中的作用。

（6）評估個體對不同應激刺激（指個體為適應環境而產生緊張反應的刺激）的反應，主要指在實驗室控制條件下，觀察個體對各種應激事件的身心反應性質和程度。

（7）評估疾病康復過程中的各種治療方法的效果及其與心理社會影響因素的相互作用。

（8）評估生活方式對防治疾病和增進健康的影響。

（9）評估個體或人群的社會經濟狀況對健康的影響。

（10）評估各種生態學有害因素對健康的影響，既包括噪音、環境汙染、建築風格等自然環境因素，也包括人際關係、群體氣氛、家庭結構和關係、人口流動、城市化等社會環境因素。

（11）評估衛生保健的有效性，主要是指各種衛生保健設施和方法對提高人群健康的作用。

（12）評估醫囑依從性對疾病和健康的影響。

在學校心理學中，學校心理工作者除了要做出以上評估外，還需要依據教育培養目標，充分發揮心理診斷的鑑別、篩選、導向、調節、激勵等功能，為教育活動提供科學的指導服務；對學生的智慧、學習、能力進行鑑別、篩選和指導，為因材施教、實施個別化教學服務；對學生的非智力因素，特別是情緒、人格與品德發展進行評定、鑑別，為他們的人格發展、道德完善和發展服務；對學生的心理健康狀況進行測查和評定，為心理障礙的早期發現與防治，以及提高學生的身心健康水準服務。

3. 心理評估的原則

心理評估的宗旨是幫助學生解決心理問題，促進學生的健康發展，因此心理評估必須是科學的、客觀的。不負責任的評價、錯誤的評價可能會誤導學生，甚至會貽害終生。鑒於心理評估的科學性和嚴肅性，掌握心理測量和評估的知識，接受基本技能的良好訓練是獲取學校心理學家資格必不可少的條件。

第七章 心理診斷評估技術

美國心理學家拉特和加米澤在其《發展心理病理學》一書中提出了發展心理病理學的一般原則，即兒童的情感和行為機能必須在發展的背景下去理解，同時也必須在發展的框架內去評價。在發展的背景下去理解學生的行為，在發展的框架內去評價學生的行為，同樣也應是學校心理學中心理評估的普遍原則。心理評估中與發展有關的理念主要涉及發展常模、發展過程、發展的穩定性（林崇德，2005）。

發展常模。在發展的背景下理解兒童、青少年的心理機能和行為，首先要考慮發展常模。兒童的許多行為是隨年齡而變化的，在某一年齡段很普遍的行為，在其他年齡段可能相對就不普遍。如對黑暗和想像中的生物的恐懼在學前和低年級學齡兒童中相當普遍，但以後隨著年齡增長就減弱了。承認兒童行為的發展變化對於心理評估是非常重要的，因為同樣的行為在某一年齡段屬發展正常範圍內的，而在另一年齡段卻可能是病理的指標。

兒童和青少年的心理具有鮮明的年齡特徵，因而在選擇評估工具時應當考慮評估工具是否提供了適當的、特定的年齡常模。心理的發展是不平衡的，有些心理機能或行為在某些年齡段發展變化較快，而在其他年齡段變化卻相對平穩，年齡常模中年齡組的劃分應能體現這一特點。正確利用發展常模所提供的訊息對評估結果做出合理的解釋，在心理評估中也是非常重要的。

發展過程。為了正確解釋評估結果，評價者還必須瞭解發展過程。發展過程應包括兩個方面，一是兒童與青少年的一般發展過程，一是每個評估對象的個人發展史。

一般發展過程指年齡階段的發展。每個年齡階段的發展都是一些相互聯繫的機能（如認知、情感、言語）或內因、外因相互作用的結果。每個年齡階段都有特定的發展任務或發展需要，這種獨特的發展需要導致了與年齡相關的發展變化。僅把兒童和青少年的行為與年齡常模比較，並不能解釋為什麼一些行為在某些年齡段有明顯的增多，不能確定它們究竟是正常發展過程的變形，或是與正常發展有質的偏離的病理發展過程的指標。

例如，對權威的反叛和質疑是青少年拒絕父母或社會價值的表現，這是青少年發展自我同一性過程中抗爭的一種形式。當青少年第一次出現了這類

行為問題時，最好把它看作正常發展中的變形。然而，在前青少年期兒童表現出這些行為問題時，也許就是比較嚴重的病理徵兆。一些研究表明，有些行為問題發生在青少年期很可能是短暫的，而發生在青春期前則可能是較為嚴重的或長期的。

兒童的個人發展史應包括個人在不同發展階段（如胎兒期、新生兒期、學齡期等）的一般發展狀況、既往病史和家庭史。瞭解個體獨特的發展過程將有助於探明心理問題形成的機制和原因。

發展的穩定性。穩定性指的是行為跨時間、跨情境的一致性。從發展的觀點正確看待兒童和青少年心理特質和行為的穩定性是非常重要的。

穩定性是心理評估中一直有爭議的問題。例如，有人對人格的概念提出質疑，認為人格是指行為跨時間、跨情境的一致性特徵，但實際上許多行為卻並不具有這種一致性。兒童比成人就顯得不穩定，許多行為測驗證明了這一點。兒童期的飛速發展變化決定了兒童行為的穩定性相對低於成人，然而，兒童的一些行為仍是有一定的連續性的。穩定性的程度取決於所評價的心理機能和行為的類型，評價了心理機能和行為的哪些方面，評價的是孤立的行為還是行為不同維度的集合。例如，研究普遍表明，外化行為（如多動、攻擊行為等）比內化行為（如恐懼、憂鬱等）更為穩定；不同維度行為的集合體比孤立的行為更為穩定。另外，在一些行為上的不穩定也許是真實地反映了這樣的事實，即不適應只是一種暫時現象，可能就是個體應對壓力的一種發展性反應。

兒童的行為很大程度上與行為發生的背景有關。有心理學家（Achenbach，McConaughy，Howell，1987）對 119 項研究進行了元分析（meta-analysis），發現在有關兒童情緒和行為機能的報告中，不同評價者之間的相關相當低，僅為 0.28（平均）。然而這種低相關並不是行為跨情境的特異性的很好指標，因為低相關可能反映了不同評價者的偏見，而不是兒童行為跨情境的真實的差異。但是如果兩個以上的觀察者（如父母或兩個教師）在類似的情境中對兒童的評價相關較高（如 0.60 以上），而在不同

情境中的觀察相關較低，這種低相關可能才是兒童行為跨情境的高度變異性的指標。

與跨時間的穩定性類似，跨情境的穩定性也與所評價的行為類型，以及所評價的是行為的集合體或是孤立的行為有關。例如，不同觀察者所報告的外化行為的相關高於內化行為；母親和教師所報告的關於兒童注意缺失的某一症狀的相關遠低於兩者所報告的達到診斷標準的有關注意缺失的一組症狀的相關。

正是由於考慮到發展的穩定性和變異性，對兒童的心理評估必須基於多種背景、多種訊息源，這樣才能做出綜合的客觀的評價。

為了更好地理解兒童行為跨情境的變異性，在評價兒童心理特質與行為本身之外，對許多重要背景（如家庭、學校、同伴）的相關方面也應進行評估，因為許多重要的環境因素都會影響兒童的適應。

共生現象。除了在心理評估中要考慮發展因素外，兒童心理問題的共生現象也是值得注意的。「共生現象」是一個生物學術語，這裡借指同一個體的適應問題或心理障礙總是兩個或更多的問題相繼或同時出現，很少是孤立的單一問題。觀察發現，有許多兒童經常會出現多方面的，如情緒、學習、社交等方面的問題。這種共生現象的高比率也決定了大多數心理評估必須是綜合性的。評估不僅應跨越不同的背景，也應跨越不同的心理機能；不僅要評價學生、家長和教師所報告的問題，也應該評價在適應中那些潛在的共生問題。有時你可能會發現，一些最初報告的問題其實並不是主要問題，而有一些症狀可能會因其他共生問題而加重。

對共生條件的評價同樣也很必要，因為有效的干預方案的設計需要多種參數。除了發現問題之外，兒童的心理機能的積極方面也有必要予以關注。

三、心理診斷與心理評估的關係

「心理診斷」的定義很多，不同學者從不同角度分析了心理診斷的實質。一般認為，心理診斷是以心理學的方法和工具為主，對個體或群體的心理狀態、行為偏移或障礙進行描述、分類、鑑別與評估的過程。在對存在心理問

題的人進行干預時，心理診斷也被當作心理問題評估，指的是干預者透過訪談、測驗、觀察、個案、問卷等方法來收集當事人的訊息，並運用分析、推論、假設等手段對其心理問題的基本性質加以判定的過程。一般而言，充分地收集訊息並有效地加以分類，進而確定影響求助者心理健康的若干重要變量，是評估問題的主要目的。所以，評估問題既影響著心理干預目標的最終確立，也影響著干預策略的選擇與實施。在心理諮詢和治療的臨床實踐中，上述過程常常被稱為「心理診斷」。但「診斷」這一概念強調結果而忽視過程，隨著學科發展，為了更確切地說明治療之前的決策過程，目前多採用「心理評估—診斷」這一概念。

心理診斷與心理評估這兩個概念的內涵儘管在某些方面是一致的，在沒有特別強調的情況下可以通用，但兩者並非完全相同。心理診斷強調的是結果和確定性，是一個相對靜止和孤立的概念；心理評估強調的是過程，是一個側重聯繫和變化的概念，是對來訪者整體的、全面的瞭解，是診斷工作的基礎。

由此可以看出，若要嚴格進行區分，心理診斷與心理評估在概念內涵、對象範圍、任務等方面都有不同，但是其聯繫也是密不可分的。

生活中的心理學

學生焦慮情緒心理諮詢案例

一般資料

陳某，女，獨生女，大四學生，工作單位已定。身高約168公分，體態正常，無重大疾病歷史。父母均是農民。家庭經濟狀況較差，無老人同住，家庭和睦。陳某智力正常，性格外向。大學期間曾在班級及校學生會做過學生幹部，自認為比較自信、開朗。但近來越來越感到緊張、焦慮，特別是怕別人碰到她的衣物等，認為那是很可怕的事，自稱患了潔癖，不知如何是好。對其進行心理測驗的一系列結果分別如下：

焦慮自評量表測驗結果：重度焦慮；憂鬱自評量表結果：中度憂鬱；韋氏成人智力測驗結果：IQ分值108；艾森克個性問卷測驗結果：外向不穩定。

主訴：

「以前工作、學習、交往等方面的事很多，占據了我大部分時間，也就沒有什麼不正常的想法。自從工作定下來以後，覺得很無聊，前段時間流感很厲害。有一天自己在床上忽然想到自己要是被傳染了流感怎麼辦？身邊同學好像有正患流感的。從那時起便很怕別人碰到我的衣物。如果真的被人碰到，或覺得自己的衣物有可能被別人碰到，我一定要重新洗乾淨。有時候一件衣物要反覆洗很多次。每次從水房端水回來，我也會很擔心迎面碰到人，我怕她們的唾液濺到我的盆裡。所以，每次碰到別人後，我一定要把水倒掉，再重新打一盆。」她還提到自己還經常有一些奇怪的想法，比如：她認為「4」這個數字不吉利，因此，在健身房做運動時，某一種動作的次數一定避免有4。她會認真地去數，就怕自己做的次數中有個4。

案例的評估與診斷：

根據臨床資料及心理測驗結果，陳某智力水準正常，性格外向，人際交往能力一般，能適應外部環境，但是，其自我評價低，自信心不足，整體心理健康狀態較差。綜合分析所獲得的臨床資料，對求助者問題持續的時間、強度和典型心理與行為異常表現的性質和嚴重程度進行分析判斷，根據對自己心理問題的自知力完整，心理測驗結果和軀體疾病歷史，精神病家族歷史以及典型心理與行為異常的表現排除了精神障礙，例如腦器質性精神障礙、品行障礙、情緒障礙。

求助者的心理與行為異常表現屬於心理問題的範疇。問題主要表現為自信心不足，自我評價低，有強迫觀念及行為。（陸明，2008）

複習鞏固

1. 什麼是心理診斷？

2. 心理診斷的主要任務是什麼？

3. 心理評估要考慮哪些因素？

第二節 心理診斷評估的技巧

在學校情境中，心理診斷與評估能為學生心理健康工作和學生教育教學工作提供指導，有十分重要的意義。但是，必須熟練掌握心理診斷評估技巧，科學使用各種工具和選擇適宜的方法，才能使心理診斷評估工作順利開展，得到準確可靠的結果。

一、心理診斷評估方法

心理診斷的方法有會談法、觀察法、測驗法、個案法、實驗法、產品分析法等。在此將具體介紹會談法、觀察法和測驗法。（鄭希付，2008）

1. 會談法

一般來說，首次會談的目的有兩個：第一，心理諮詢者可以透過會談，與來訪者建立良好的咨訪關係，培養諮詢者與來訪者之間的相互信任感；第二，諮詢者透過會談的方式收集來訪者的一般資料，瞭解來訪者的基本問題，包括來訪者的主訴、成長背景以及健康史等。只有在與來訪者的交談中，諮詢者才能察覺其問題的存在，瞭解其內容，分析其意義。

在會談的過程中，有時來訪者急於說出自己的苦惱與問題，可能開始的表達毫無頭緒，諮詢者可幫助他們從中選擇出一件事先講，然後再說另一件事；或先瞭解其主要的治療目的，然後幫助來訪者圍繞著這一目的展開談話。在這個過程中，要讓來訪者充分表達自己的想法，但又必須引導其圍繞一定的主題展開，切勿讓其空無目的地泛泛而談。在收集訊息的階段，諮詢者一方面應注意引導對方的思路，另一方面也應注意傾聽對方的談話，不是在特殊情況下不應隨意打斷來訪者的話題，以免擾亂來訪者的思路。傾聽他們對目前所遇到的問題的描述以及他們對問題的想法，這些問題給他們所帶來的困擾。諮詢者要在對來訪者的問題形成一個全面的認識的基礎上，捕捉來訪者提到的那些複雜的人物、事件當中的重要訊息，以利於對問題的診斷分析。要善於詢問，注意詢問的方式，利用詢問收集諮詢者做出診斷所需要的訊息。

運用會談法進行診斷評估，主要是從來訪者的主訴和來訪者的背景資料著手進行分析。

主訴，即來訪者對自己的問題的陳述以及感受。這是從來訪者的角度瞭解問題。他的訴說一般都是他對事件的感受和看法，所以，諮詢者首先要注意區分事實與主觀描述。諮詢者更要注意來訪者對於自身、他人及有關事件的看法，注意由此而引發的情緒活動，以及來訪者是怎樣處理自身所遇到的問題的。對來訪者思維與情緒的認識，有助於瞭解思維與情緒之間的交互作用，以便諮詢者判斷來訪者是否存在理智與情緒不協調甚至對立的情況。

當然，在諮詢的過程中，諮詢者會碰到有個別來訪者主訴很少或者主動言語很少的情況。當發生這種情況的時候，諮詢者可以透過詢問來訪者或其家屬的方式，來瞭解了來訪者的主要問題是什麼，最近是否有特殊事件發生，以及來訪者在事件中的反應及表現。

當諮詢者瞭解了來訪者的主訴問題是什麼之後，要進一步確定諮詢或治療的目標，根據確定的目標，對主訴問題形成的原因進行深入探討，以便對主訴問題的形成背景作完整的瞭解。

資料收集。心理問題的產生一般都與個人的生活經歷、生活背景有關。對於來訪者背景資料的收集，不但有利於諮詢者對來訪者形成一個全面的認識，而且有利於諮詢者對來訪者問題的分析，找出其心理問題產生的社會背景。

2. 觀察法

觀察法就是透過對來訪者心理和行為的觀察進行心理診斷評估的方法。主訴只是表達了來訪者自己對事件的看法和感受，來訪者的語言有時並不代表其最真實的想法，或並不能說明現實的情況。而當其說謊或者某些問題引起他的焦慮的時候，諮詢者往往可以透過觀察發現很多訊息。除了可以在現實情境中觀察來訪者的行為，諮詢者更多的是在進行臨床會談時進行行為觀察，包括來訪者與諮詢者的互動、與環境的互動，以及獨處時的行為。在心理諮詢過程中，對於來訪者的觀察，既包括觀察其態度及說話的語調、語流、

語速和情感反應等,也包括觀察其眼神、表情、動作特點、姿態、行為有無異常等。諮詢者要利用來訪者表現出來的各種身體語言,以更好地對其心理狀態進行剖析。在心理諮詢過程中,諮詢者要特別留意當諮詢出現「冷場」或雙方處於沉默階段時來訪者的反應。例如,在詢問來訪者某一問題時,來訪者突然陷入沉默中,那麼,這個時候諮詢者一定要仔細觀察來訪者出現的所有細微的表情與動作。諮詢者從來訪者的表情可以推測,這個問題對他來說是不知道怎麼回答還是已經對他造成某種程度的焦慮,他是否在試圖迴避該問題,這個問題對於他來說造成多大程度的影響等。對於言語表達困難或言語很少的來訪者,行為觀察的結果幾乎是諮詢者藉以做出診斷的主要依據。

各種身體語言給諮詢者傳達的訊息包括如下方面:

(1) 咧著嘴笑、手掌打開、雙眼平視等傳達的是一種開放與接納的態度。

(2) 談話時,身體前傾、坐在椅子邊緣、全身放鬆、雙手打開、解開外套鈕扣、手托著臉等表示對對方的談話內容感興趣,配合對方。

(3) 抬高下巴,坐時上半身前傾,站立時抬頭挺胸、雙手背在身後,手放在口袋時露出大拇指,掌心相對、手指合起來呈尖塔狀,翻動外套領子等是自信的表現。

(4) 吹口哨、抽菸、坐立不安、以手掩口、使勁拉耳朵、絞扭雙手、把錢或鑰匙弄得叮噹響等反映了一種緊張的心理狀態。

(5) 捏弄自己的皮膚、咬筆桿、兩個拇指交互繞動、啃指甲等是缺乏安全感的表現。

(6) 雙臂交叉於胸前、偷瞄、側視、摸鼻子、揉眼睛、笑時緊閉雙唇、緊縮下巴、說話時眼睛看地上、瞪視、雙手緊握、說話時指著對方、握拳做手勢、撫摸後頸、摩拳擦掌、雙手交握放在後腦勺、整個人向後靠在椅背上等是自我防衛的體現。

3. 測驗法

第七章 心理診斷評估技術

心理測驗是一種測量的技術。心理學家常用心理測驗來測量、評估人們的某種行為，作為判斷個體心理差異的工具。1989 年出版的《心理測驗年鑑》第 10 版（MMY-10）收集了常用的各種心理測驗有近 1800 種。心理測驗的種類很多，根據其在心理診斷評估中的功能，一般運用較多的有三類測驗：智力測驗、人格測驗以及心理評定測驗。

智力測驗。智力測驗是測查個人一般能力的方法，根據有關智力概念和智力理論經標準化過程編制而成。應用最多，影響力最大的心理測量工具可分為一般智力測驗和特殊才能測驗；正常時的智力測驗和病理時智力測驗；個人測驗和團體測驗。這類測驗的主要功能是測量人的一般智力水準。如史丹福—比奈智力量表（Stanford-Binet Intelligence Scale）、韋克斯勒智力量表（Wechsler Intelligence Scale）等，都是現代常用的著名智力測量工具。智力測驗用於測量人的智力，評估人的智力水準，主要目的是測定一個人的心理能力的水準，對一個人的多方面的能力進行評定，可以以智力測驗獲得的資料對一個人的個性是否混亂進行診斷。在進行測驗的過程中，諮詢者還可以對其進行行為觀察，獲得一些測驗之外的訊息。這類測驗可在來訪者有特殊要求時以及懷疑來訪者存在智力障礙時使用。

人格測驗。根據心理學對人格的理解和看法，對一個人的人格可以進行測量和評估，這類測驗的功能就是按這種要求對個體的人格特徵進行測量。心理學家認為，人格具有整體性、穩定性、獨特性和社會性。人格測驗一譯「個性測驗」，亦稱「人格測量」，泛指人格評鑑的各種方法或手段。用心理學方法測量個體在一定情境下經常表現出來的典型行為與反應方式，包括需要、動機、興趣、情感、態度、性格、氣質、價值觀、人際關係等心理特質。人格測驗有助於諮詢者對來訪者人格的瞭解，能幫助諮詢者找出問題更深層次的原因，以便有針對性地進行心理諮詢與治療。人格測驗一般可分為兩類：

（1）結構明確的直接測驗。此法應用比較廣泛。若測驗編制嚴謹縝密，則不僅使用簡便，且能收到大量有意義的資料。常用的人格測試量表有艾森克人格問卷（Eysenck Personality Questionnaire，簡稱「EPQ」）、卡特爾十六種人格因素問卷（Sixteen Personality Factor Questionnaire，

簡稱「16PF」）、明尼蘇達多相人格問卷（Minnesota Multiphasic Personality Inventory，簡稱「MMPI」）；

（2）結構不明確的間接或投射測驗。該法所用的刺激為意義不明確的各種圖形或墨漬，讓被試在不受限制的情境下自由表現其反應，再透過分析其反應結果來推斷其人格。投射測驗包括羅夏墨跡測驗（Rorschach Inkblot Test，簡稱「RIT」）、主題統覺測驗（Thematic Appercention Test，簡稱「TAT」）、繪畫測驗等。羅夏墨跡測驗是使用最普遍的投射測驗，其主要功能之一就是進行心理診斷。

拓展閱讀

投射測驗體系中的樹木意象

繪畫測驗是投射測驗的一種，是指借助繪畫本身及其創造性的自由表現，喚醒受測者的內心世界或人格特徵的不同表現形式，從而在他們對繪畫內容的反應中投射出其內在的需要和願望的一種測試形式。樹木是繪畫測驗中常用的意象之一，其主要的分析體系為房樹人測試與樹木測試，樹木意象的測試具有一定的信效度，可以有效地反映個體的心理狀態，敏銳地體現出個體與當前環境的交互作用，也可以有效地區分特殊群體與正常成年人群體。

樹木意象在臨床上的應用有很重要的意義。樹木意象能夠很好地反映出人與環境間的關係，反映出個體主觀感受到的壓力、創傷等個人與環境互動的事件。樹木意象測試可以有效地評估創傷後心理，檢測病理性創傷反應。創傷事件的數量與位置和個體所畫的疤痕、斷枝等創傷標識的數量與位置間具有一定的正相關。樹木意象測試容易操作，而且不會對病人產生過大的壓力，這些特點使得該測試在進行精神分裂症的鑑別診斷時有一定優勢，可以有效地鑑別精神分裂症患者和正常個體。

未來研究可考慮測試的文化特異性，進一步檢驗「樹木—傷疤—創傷理論」並完善其在災難心理領域的應用，在研究中也可考慮透過 EEG、fMRI 等神經科學研究方法進一步對樹木意象測試的有效性進行直接探測。（蔡頠，2012）

心理評定測驗。心理評定的發展是心理衛生研究方法中最重大的進展之一。在心理診斷工作中，應用評定量表可使研究結論具有客觀性、可比性和可重複性。評定量表的分類就其內容來說，有診斷量表和症狀評定量表。一般使用較多的是症狀評定量表，常用的量表主要包括 90 項症狀自評量表、憂鬱自評量表、焦慮自評量表、青少年生活事件量表、應付方式問卷、領悟社會支持量表、康奈爾醫學指數、Achenbach 兒童行為量表、Rutter 兒童行為問卷、總體幸福感量表、漢密爾頓憂鬱量表、漢密爾頓焦慮量表、Olsen 婚姻質量問卷等等，下面我們簡要介紹一下幾種常用量表的具體內容。現在世界上常用的症狀評定量表有幾十種，並且隨著心理學研究的發展，還不斷有新的量表出現。

心理測驗是最常見的科學的檢查方法。要認識到心理測驗只是一種手段，而不是真正的目的。真正的目的是對病人進行診斷治療，或者說是用心理學知識幫助病人擺脫心理困擾，讓病人認識到自己的心理問題，並調動自身潛力，正確評價和認識自己，以適應環境的變化。

4. 其他方法

心理診斷評估常用的其他方法還有個案法、實驗法、產品分析法等。

個案法指收集有關個案的資料以利於綜合分析，進一步查清病人心理、生理的變化，做出疾病診斷。所收集資料包括病人身分、文化程度、經濟狀況、社會地位、求醫原因、人格特徵、病人既往史、婚姻及家庭情況、人際關係情況等。掌握這些情況進行仔細認真地分析，提出簡要的診斷意見。

實驗法是對某一心理行為變量進行客觀的直接的測量，獲得絕對的量化記錄。但是，在心理社會和行為領域，這種方法受到客觀的限制，往往僅作為臨床工作中的輔助變量。

產品分析法是透過採集求診者的作品（包括繪畫、手稿、雕刻、雕塑等），結合臨床症狀和其他資料對產品進行分析，從而有效地評估其心理水準和心理狀況的分析方法。

二、心理診斷評估應注意的問題

1. 科學嚴謹，儘量排除影響因素

在心理診斷評估過程中，有很多影響結果準確性的因素，因此，實際工作中，必須敏銳觀察，儘量克服這些影響因素。（鄭希付，2008）

（1）諮詢者因素。諮詢者方面，主要有第一印象、心理定式、詢問不夠深入等因素。

第一印象。在心理診斷中，如果諮詢者先獲得來訪者的一些資料，包括病史及最初與來訪者的接觸和過分隨意的交談所形成的第一印象都可能給諮詢者以暗示，諮詢者可能會產生不全面或者錯誤的判斷，帶著錯誤的傾向來收集資料，對後面的診斷會產生誤導的作用。在很多情況下，對來訪者的第一印象可能影響最終診斷決策。當更符合客觀實際的新資料出現並與第一印象衝突時，作為諮詢者必須尊重資料，不要固守自己的印象。

心理定式。心理定式使諮詢者做出診斷時可以參照已有的知識經驗做出快速的診斷，並使諮詢者在心理診斷中可以節約一些心理資源。心理定式的存在會束縛諮詢者的思維，使諮詢者只用常規方法去解決問題，而不求其他「捷徑」突破，因而也會給解決問題帶來一些消極的影響（張仲明，2005）。心理定式還會使諮詢者的診斷思路沿固有的模式進行，或按原來的思路收集資料並做出診斷。特別是在接待別的諮詢者轉診過來的來訪者時，容易受到前一諮詢者的診斷或書面報告的影響。

詢問不夠深入。當來訪者報告有某些症狀發生時，只注意來訪者報告的表層意思，沒有對原因進行深入的詢問，故對診斷產生誤導。所以，諮詢者在進行診斷詢問時，一定要注意對問題要深入討論，特別對於那些容易混淆精神疾病與心理問題的關鍵問題，一定要謹慎檢查，防止只獲得表面訊息而造成誤診。如有這樣一則案例：在與來訪者進行會談的過程中，諮詢者詢問：「你腦子想的事情不說出去，別人能知道嗎？」回答說：「能知道。」諮詢者在未繼續追問「誰能知道？怎麼知道的？」的情況下，就將來訪者的問題診斷為精神分裂的「思維被洞悉」。之後再進行會談，病人對這個問題的解

釋是：「自己腦子想的事情不說出去，任何人是不知道的，當前還沒有這麼高明的儀器測試人腦的思維。」在被問到之前為什麼回答「能知道」時，答：「原來和我打架的人，他兇狠地打了我。我見了他我內心就罵他，他還猜不出來嗎？」（韓春美，2003）

（2）來訪者因素。來訪者方面主要是來訪者易受諮詢者的暗示、來訪者不配合和來訪者誇大描述等。

來訪者易受諮詢者的暗示。在心理診斷中，諮詢者的期望效應通常透過非言語方面的暗示對來訪者產生影響，一般有姿勢暗示和面部暗示。諮詢者與來訪者之間的非言語交流傳遞了諮詢者所希望獲取的訊息，某些來訪者為了取悅諮詢者，報告了一些符合諮詢者期望的訊息，從而使診斷資料產生偏差，影響了診斷的客觀性與科學性。特別是對於那些受暗示性高的來訪者，如癔症患者，容易受影響。在癔症患者中，他們可能會根據諮詢者的用詞，將幻想說成妄想，將某些表象說成幻覺，將自身觀念說成妄想等。

來訪者不配合。某些來訪者並非是出於自願進行心理諮詢的，當面對諮詢者的詢問時，可能會產生不配合的行為。甚至對於諮詢者所詢問的一切問題都回答「沒有」「不存在」「感覺很好」「沒有任何問題」等。有些來訪者到心理諮詢室求助只是為了證明自己沒有問題，而並非真正有意向求助，同時因為害怕被診斷出存在某種心理問題，所以對自己存在的某些問題進行隱瞞。這就容易使諮詢者在對其進行診斷時產生錯誤的判斷。

來訪者誇大描述。某些來訪者存在強烈的求醫心理，急於要諮詢者為其消除困擾，對於諮詢者關於症狀的詢問，只要有一點點症狀符合便給予肯定回答，但沒有報告症狀程度。另外一類情況是，某些來訪者言語誇張，對本來症狀很輕的問題使用非常嚴重的字眼描述，使諮詢者獲得錯誤訊息，導致誤診。

2. 全面具體，力求選擇適宜的測量工具

要想對學生做出科學、客觀的評估，心理測量工具的選擇是非常重要的。現在各種心理測驗數不勝數，良莠混雜。那麼，在評估的目的、對象、功能確定後，選擇測量工具應考慮哪些要素呢？（林崇德，2005）

標準化測驗。標準化測驗是經過一套嚴格的標準化程序進行編制，並按標準化程序去使用的測驗。標準化測驗，問卷的項目是透過項目分析獲得的，是有效的；施測的方法、指導語和時間是標準化的；記分標準明確，對反應的量化是客觀的，分數的轉換和解釋也有詳細規定。標準化測驗還必須具有信度和效度指標，並提供常模。

信度。信度是指測驗的可靠程度，即測驗結果的一致性程度，通常用相關係數來表示信度的高低。由於測驗分數有不同的誤差來源，估計信度的方法也不同。測驗手冊常報告的信度指標有：再測信度、複本信度、分半信度和同質性信度。一個好的測驗應有較高的信度。通常來講，能力測驗的信度高於人格測驗的信度。

效度。效度指測驗對要測量的東西能夠測量的正確程度。測驗的效度越高，表明它所測量的結果越能代表所要測量的行為的真正特徵。效度是一個好測驗的必備條件，效度可分為內容效度、構想效度和效標效度。

常模。常模是判斷個別差異的依據和比較的標準。用於比較的參考團體叫做常模團體。常模團體測驗的平均分數叫常模。當把被試的原始分數轉化為導出分數，與和他具有類似特質的團體相比較時，便可知道他在該團體內的相對位置。由於區分和限定常模團體的變量不同，常模的種類也不同。最常見的有年齡常模、年級常模、性別常模、地區常模、全國常模和臨床常模。

3. 縝密細緻，務必慎用測驗結果

在使用心理測驗結果時，應做到理解原理依據，清楚分數意義，不誇大測驗功能，不錯誤使用分數，並應該知道如何向當事人報告分數。

要明白為什麼使用測驗。作為施測者要清楚為什麼使用測驗，如用某測驗來選拔，那麼應該知道是因為這個測驗能很好地預測成績；如果測驗用於心理諮詢或職業輔導，那麼應該明白透過這個測驗進行評估可以為受測者和

心理醫生或職業諮詢師提供訊息；臨床上使用某測驗是因為這個測驗可以為臨床診斷提供幫助訊息等。測驗中常存在著這樣的誤解，即施測者明白測驗的目的，而受測者知不知道不重要。有時我們會對受測者說：「你做這個測驗可以幫助我瞭解你的狀況，對你有好處。」這種解釋並不能使受測者滿意。通常，我們應該讓受測者在同意測驗前知道為什麼測驗，有什麼用，而且要將測驗結果及時反饋給受測者。要進行測驗，必須選擇恰當的測驗工具，要事先瞭解每一種測驗的特殊功能、適用範圍和年齡範圍，因為不同測驗都有其使用條件，沒有一種可以任意使用的測驗工具。

正確地解釋測驗分數。首先，為了對測驗分數做出有意義的解釋，必須將個人在測驗前的經歷考慮在內，如詞彙測驗，大城市與邊遠山區的兒童對某些詞彙會有不同意義的理解；測驗情境也是一個要考慮的因素，如身體、情緒、意外干擾。測驗時遇到疲勞、疾病或環境不適，以及噪音、光線不良等可能會影響到測驗結果。其次，瞭解測驗的信度、效度資料。沒有效度證據的常模資料只能告訴我們一個人在一個常模團體中的相對等級，不能做出預測或更多的解釋；要考慮測驗效度的概化能力，即在一定條件下得出的結論能否適用於其他情況。測驗的效度都與特定情境有關，當我們提到某一測驗效度指標時，一定要知道它的適用範圍有多大，所以即便是一個效度係數較高的測驗，在使用時也要非常謹慎，要檢查一下對自己當前的測驗情境是否適用。再次，把測驗分數視為一個範圍而不是一個點。最後，不同測驗的分數不能直接比較。由於不同測驗的原始分數不具有相等的單位，不能互相比較，其分數不具備可比性。如對不同的智力測驗的結果不能直接進行比較，當兩種測驗取樣於相同範圍時，若要進行比較，就必須把它們轉換成具有一定的參照點和單位的測驗量表上的數值，使兩種分數等值化。這種透過統計方法由原始分數轉化到量表上的分數叫導出分數，有了導出分數才可以對測驗結果做出有意義的解釋。

向當事人報告分數的技巧。要使用當事人所理解的語言。主試者必須用非技術性的用語來解釋測驗分數，必要時可以問當事人是否能聽懂，讓他說說主試者的解釋是什麼意思。比如不能對受測者說標準差、標準分數是多少，他可能不明白這是什麼意思，但可以告訴他測驗的結果。要告訴當事人這個

測驗測量或預測什麼，即要讓受測者知道這個測驗測量什麼，他可以獲得哪些對自己有價值的訊息，如職業興趣量表是把他的興趣和從事某種職業的人加以比較，如果在某一方面得了高分，就意味著如果他從事這個工作會積極地持續下去。使當事人知道他是在和什麼團體進行比較。每個測驗分數都有相應的比較常模，對某個體的測驗結果解釋首先要告訴他的分數是與什麼常模團體進行比較，如同一智商對於不同文化水準的被試其意義是不同的。同樣 85 的智商，小學文化的被試與一個初中程度的標準化樣本比較應該算作中等智力水準，而若是大學文化的被試與這個初中程度的標準化樣本比較應該算作中下智力水準了。要使當事人知道如何運用他的分數。要告訴受測者在其決策或做判斷時測驗結果是起參考作用還是決定性作用，如在人員選拔與安置時，是完全由分數決定，還是只把分數作為參考。假設測驗得到一個低分數，要讓受測者知道能否由其他方面補償，怎樣補償等，不要使受測者因對這個結果感到無能為力而絕望。

要考慮測驗分數將給當事人帶來什麼心理影響。當一個人對自己的測驗情況十分關注時，測驗分數的解釋會對受測者的自我認知、情緒反應等帶來影響，如一位研究人員得知其在學術能力傾向測驗上的成績不好時，可能會很沮喪而喪失信心；或者一位高智商兒童得知他比其他同齡人更聰明時可能會驕傲而變得懶惰和不合作。因此，當某一測驗結果雖然正確，但若沒有恰當解釋它時，很可能會對個體產生危害。要讓當事人積極參與測驗分數的解釋。觀察他的反應，鼓勵他提出問題，確保他完全瞭解分數的表面意義與隱含意義，充分調動受測者掌控解釋結果的積極性。

複習鞏固

1. 心理診斷評估常用的方法有哪些？
2. 心理診斷評估過程中應注意的問題有哪些？
3. 使用心理測驗進行心理診斷評估，如何向當事人報告測驗分數？

第七章 心理診斷評估技術

本章要點小結

　　1. 心理診斷是指運用心理學的方法和技術評估個體的心理狀態、心理差異及行為表現，判斷其性質和程度的過程。心理診斷目標是以個體為目標，探尋個體在群體中的位置，確定個體行為與常模偏離的程度和距離。心理診斷原則主要有客觀性原則、科學性原則、整體性原則、發展性原則、保密性原則。

　　2. 心理評估是指應用多種方法獲得訊息，對個體某一心理現象作全面、系統和深入的客觀描述的過程。臨床上，心理評估的主要作用是單獨或輔助做出心理診斷、指導制訂心理干預措施，並常作為效果的指標，是一種科學研究的方法。心理評估要考慮的主要因素有發展常模、發展過程、發展的穩定性及共生現象。

　　3. 心理診斷強調的是結果和確定性，是一個相對靜止和孤立的概念；心理評估強調的是過程，是一個側重聯繫和變化的概念。診斷的方法有會談法、觀察法、測驗法、個案法、實驗法、產品分析法等。

　　4. 在心理診斷評估過程中，應做到科學嚴謹，儘量排除影響因素；全面具體，力求選擇適宜測量工具；縝密細緻，務必慎用測驗結果。

關鍵術語表

　　心理診斷 心理評估 發展常模 共生現象 會談法 觀察法

　　測驗法 智力測驗 人格測驗 心理評定 個案法 實驗法

　　產品分析法 標準化測驗 信度 效度

本章複習題

　　1. 引發個體心理紊亂的因素有（　）

　　A. 生物因素 B. 社會因素

　　C. 審美因素 D. 認知因素

2. 為瞭解求助者問題產生的社會因素可使用的量表有（ ）

A. 生活事件量表 B. 防禦方式問卷

C. 社會支持量表 D.Olsen 婚姻質量問卷

3. 心理診斷的目標是（ ）

A. 以個體為目標

B. 以群體為目標

C. 以個體和群體為共同目標

D. 確定個體行為與常模偏離的程度和距離

4. 下面屬於人格自陳量表的有（ ）

A.MMPI B.TAT C.16PF D.EPQ

5. 下面屬於非文字測驗的是（ ）

A. 瑞文推理測驗 B. 主題統覺測驗

C. 韋克斯勒兒童智力量表 D. 比內—西蒙智力測驗量表

6. 心理診斷評估常用的方法有（ ）

A. 觀察法 B. 測驗法 C. 會談法 D. 實驗法

7. 選擇使用何種測驗工具，需要考慮的因素有（ ）

A. 標準化測驗 B. 信度 C. 效度 D. 常模

8. 向當時人報告測驗分數，做法正確的是（ ）

A. 多使用專業術語

B. 使當事人知道他是在和什麼團體進行比較

C. 要使當事人知道如何運用他的分數

D. 要讓當事人積極參與測驗分數的解釋

9. 運用會談法進行診斷評估，主要分析哪兩個方面內容？（ ）

A. 來訪者的主訴 B. 來訪者的資料背景

C. 其他人反映的情況 D. 心理測驗結果

第八章 心理諮詢治療技術

你不能改變容貌，但你可以展現笑容；你不能左右天氣，但你可以改變心情。當今社會，生活環境日益複雜，競爭日益激烈，人們承受著各種各樣的壓力，面臨的心理問題也越來越多。人們常說「境由心造」，心理諮詢與治療就是要幫助面臨困擾的人們改變不合理認知，增強適應能力，從而維持健康的心理狀態。作為心理諮詢最重要的領域之一，學校心理諮詢對學生的健康成長和全面發展有著重要的意義。心理諮詢是一門科學，更是一門藝術。長期以來，由於人們缺乏對心理學的瞭解，心理諮詢一直披著神祕的面紗，那麼究竟什麼是心理諮詢呢？在現實情境中，如何才能運用好這門藝術呢？

第一節 心理諮詢治療的含義

心理諮詢（psychological counseling）也稱「心理輔導」。心理諮詢的發展已有近百年的歷史，現在，心理諮詢已經不再是一個讓人覺得陌生的概念。但是，關於心理諮詢的定義仍舊眾說紛紜，難以有一種可以得到各行各業公認的界定，也沒有一種定義能簡潔清楚地描述心理諮詢工作的全部內涵。此外，與心理諮詢對應的另一個術語——心理治療（psychotherapy）也常被提及。那麼，究竟什麼是心理諮詢？心理諮詢能夠造成什麼作用？心理治療又是什麼呢？心理諮詢和心理治療的關係如何？這些問題仍然需要討論和澄清。

一、什麼是心理諮詢

美國研究者帕特森（Patterson）是較早對「心理諮詢」進行界定的學者，他認為諮詢是一種人際關係，在這種關係中，諮詢人員提供一定的心理氛圍和條件，使諮詢對象發生變化，做出選擇，解決自己的問題，並且形成一個有責任感的獨立個體，從而成為一個更好的人和更好的社會成員。（湯宜朗，許又新，1999）

第八章 心理諮詢治療技術

一般認為，心理諮詢是指由受過專門訓練的諮詢者，運用心理學的理論和技術，透過語言和非語言交流，給來訪者以幫助、啟發和教育，使來訪者改變其認識、情感和態度，解決其生活、學習和工作等方面出現的問題，促進來訪者的人格發展和社會適應能力的改善。（林崇德等，2003）

從心理諮詢的定義可以看出，心理諮詢應具備如下特徵：

1. 它是一種特殊的人際關係

心理諮詢中，來訪者和諮詢師是咨訪關係，這種關係與一般的人際關係不同。首先，咨訪關係的建立以來訪者迫切需要幫助、主動來訪為前提；其次，咨訪關係是在特定的時間、地點內建立的具有隱蔽性和保密性的特殊關係。在這種人際關係中，諮詢師與來訪者扮演不同角色。諮詢師幫助來訪者更好地理解自己，更有效地生活。來訪者在諮詢過程中需要接收新訊息，學習新行為，學會調整情緒以及解決問題的技能。在此過程中，諮詢師要意識到自己作為幫助者的角色，來訪者不能過分依賴諮詢師。

2. 它是一個助人自助的過程

很顯然，在激烈的競爭中，人們背負著沉重的精神壓力，心理亞健康和健康水準低的人越來越多。心理諮詢的真諦就是助人自助，即喚起來訪者的自助意識，引導他們不再「跪」著，啟發他們用自己的意志慢慢學會「站」起來。從這個意義上講，心理諮詢人員不是布道者，更不是救世主，而是教人自助者。心理諮詢不求教訓他人，而求開導他人；不是包辦代替，而是讓他人自主決策。這樣做的目的，是使來訪者減少依賴性，增強獨立性和自主性。岳曉東（2009）曾說過：「心理諮詢之妙，就在於它幫助了一個人，卻讓那個人感到好像他自己幫助了自己似的。」

3. 它是一種專業化服務

心理諮詢與日常生活中的「聊天」「談心」有很大區別。諮詢師必須受過嚴格專業訓練、擁有這項服務所必需的知識和技能（尤其是具有接受他人的基本態度和理解他人的能力），並得到權威機構認可。心理諮詢有其特定

的目的和任務，特定的操作過程和手段，解決問題時應用專業的理論與方法，它是一種有目的、有意識的職業行為。

4. 它以心理學理論和方法為指導

在心理諮詢的過程中，諮詢師運用心理學原理，採用一定的諮詢策略，使用合理的方法和技術，以達到諮詢目的。例如，在陽性強化法的諮詢案例中，運用操作性條件反射原理，對正確行為及時獎勵，對壞的行為予以淡化，促進正確的行為更多地出現。

綜上所述，心理諮詢就是諮詢師以心理學的理論和方法為指導，以特殊的人際關係為基礎，以幫助來訪者解決心理問題、增進身心健康、提高適應能力、促進個性發展與潛能發揮為目的的一種專業化服務。

二、什麼是心理治療

如同心理諮詢一樣，心理治療（psychotherapy）也很少被嚴格地定義過，以下是國內外一些具有代表性的觀點。

《美國精神病學詞彙表》將心理治療定義為：「在這一過程中，一個人希望消除症狀或解決生活中出現的問題，或因尋求個人發展而進入一種含蓄的或明確的契約關係，以一種規定的方式與心理治療家相互作用。」美國精神科醫師沃爾培格（Wolberg，1988）認為，從臨床觀點來說，心理治療是一種「治療」工作，即由治療師運用心理學的方法，來治療與病人心理有關的問題。治療師必須是受過訓練的專家，他們盡心與病人建立治療性關係，試圖消除病人心理與精神上的症狀，並使病人獲得人格上的成長和成熟。

國內學者認為，心理治療是指受過專門訓練的治療者運用心理學的理論和技術，透過言語及非言語溝通方式（如行為訓練、音樂、戲劇表演、遊戲、手工勞動等），對患者的認知、情感、行為等方面給予影響，以消除、矯正或緩解症狀，調整患者的異常心態與行為模式，促進其人格向健康、協調方向發展的過程。（林崇德等，2003）

從以上論述可見，在特徵上心理治療與心理諮詢有相似之處，心理治療同樣是以心理學的理論和方法為指導的，促進心理健康、人格協調發展的專業化職業行為。所不同的是，治療者和諮詢者所扮演的工作角色不同，在治療中構成的是醫患關係，心理治療的主要對象多是心理異常的病人。

三、心理諮詢與心理治療的關係

心理諮詢與心理治療是兩個既有區別又相互聯繫的概念，有些人強調二者的差異，而另一些人堅持認為心理諮詢師與治療師從事的工作基本一致，運用著相同的診斷方法和技術。那麼，心理諮詢與心理治療的關係又是什麼樣的呢？很多關於心理諮詢與治療的研究都會論述這一問題。雷秀雅（2010）總結了三種比較有代表性的觀點。

第一種觀點認為心理諮詢與心理治療含義相同，沒必要在兩者之間進行區分，從心理諮詢的角度出發，心理治療可以被看作「障礙性諮詢」或「治療性諮詢」，即也屬於心理諮詢的範疇。中國目前許多心理諮詢門診實際上也做心理治療的工作，彼此之間沒有清楚的界限。國外也是如此，研究者往往把二者並列使用。

第二種觀點認為心理諮詢與心理治療是兩回事。心理諮詢與心理治療最大的區別在於服務對象和面對的問題不同。一般來說，心理諮詢面對的是普通人群，即來訪者不具有經臨床診斷的心理疾病，而心理治療則是側重於臨床診斷有心理疾病的人（湯梅，2006）。如果進行嚴格的區分，二者在工作任務、對象和情境、工作方式、待解決問題的性質和內容上都是有區別的（陳仲庚，1989）。但因為心理諮詢與心理治療的聯繫實在太緊密了，即使我們能夠區分出若干不同，其共性仍然是顯而易見的。即使我們能夠在理論上找到若干差異，其實踐中的聯繫也是無法避免的。

第三種觀點認為心理諮詢與心理治療既有區別又有聯繫。在這方面，美國諮詢心理學分支學會主席哈恩（Haha，1953）的話具有代表性，他說：「就我所知，極少有諮詢工作者和心理治療家對於已有的諮詢與心理治療之間的明確區分感到滿意……意見最一致的幾點可能是：

①諮詢與心理治療是不能完全分開的；

②諮詢師的實踐在心理治療家看來也是心理治療；

③心理治療家的實踐又被諮詢師看作諮詢；

④儘管如此，諮詢和治療還是不同的。」

多數研究者贊同第三種觀點，認為心理諮詢與心理治療既有區別又有聯繫，並且更強調二者的聯繫。中國心理學家陳仲庚（1989）也認為：「兩者沒有本質的區別。無論是在關係的性質上，在改變和學習的過程上，在指導理論上都是相似的。兩者如果有區別也是人為的，非本質的。」

如果要對心理諮詢和心理治療做細緻的區分，那麼可以這樣說：前者以發展性諮詢為主，後者以障礙性諮詢為主；前者的內容以疑惑、不適為主，後者以障礙疾病為主；前者以輕度心理問題為主，後者程度相對較重；前者可以在非醫療環境中展開，後者一般依附於醫療機構。當然，這種區分是相對的、人為的，在實際工作中很難將這兩者完全區別清楚。

由心理諮詢與心理治療定義的論述以及上述觀點可以看出，心理諮詢與治療有著很多相同之處，本書的相關章節對二者不作嚴格區分。

四、學校心理諮詢治療的主要內容

學校心理諮詢治療的主要對象限定在學校中，不同年齡段的學生面臨著不同的心理問題。大學階段主要有適應障礙、學業焦慮、人際交往障礙、挫折心理，自卑、憂鬱等不良情緒，就業壓力問題等（陳喆，徐多勇，2011）。劉金明（2004）將中學生常見心理問題分為學習類問題、外向性問題、內向性問題和青春期問題。小學階段，入學適應問題、厭學逃學、人際交往、意志障礙、行為問題、人格障礙、依賴心理等是學生健康全面發展面臨的主要問題。總體說來，學校心理諮詢治療的內容可分為學生心理發展的一般問題諮詢，學習、升學及就業諮詢，常見心理異常和行為障礙的治療矯正。

1. 學生心理發展的一般問題諮詢

這方面的主要內容包括：根據不同年齡階段學生的身心特點和發展規律，幫助學校教師、家長及學生解決心理挫折導致的心理危機；學生人際關係方面存在的困擾；學生人格健康健全發展問題；由於環境改變和現實應激源導致的心理問題等。

2.學習、升學及就業諮詢

學習方面主要有學生的學習動機問題，不良學習習慣矯正，學習困難和學校適應不良等問題。升學造成的壓力也是學校諮詢的重要內容，每年都有數百萬的中學生面臨升學，由於家庭、社會、學校等方面的因素，給學生心理造成巨大的壓力，這就要求學校心理工作者做好輔導，維護學生的心理健康。就業方面主要有學生的職業生涯規劃方面的困擾，職業興趣的測量，就業前的心理準備和就業後的適應過程等。

生活中的心理學

如何幫孩子走出厭學陰霾

孩子厭學是很多家長談而生畏的話題。從心理學角度講，學生厭學是一種典型的心理疲倦反應，是指學生消極對待學習活動的行為反應模式，主要表現為學生對學習的認識存在偏差，情感上消極對待學習，行為上主動遠離學習。厭學嚴重地影響學生的學習熱情和學習效果。

幫助孩子克服厭學情緒，首先要找準孩子產生厭學情緒的原因，這樣才能對症下藥。不妨先試著問問自己如下的問題。

孩子有學習動機嗎？有的孩子被動完成學習任務，有的甚至認為學習無用，這都嚴重影響其學習行為。

孩子對學習感興趣嗎？興趣能促使人喜愛從事某項活動。孩子對學習是否充滿信心？對學習悲觀失望，毫無信心，也容易產生厭學心理。

孩子的意志是否薄弱？耐挫力如何？碰到困難就打退堂鼓，害怕去學、去動腦，長期下去，就會產生厭學情緒。

孩子存在「恨屋及烏」的心理嗎？在學習過程中，既有「親其師，信其道」的積極情感遷移，也有「恨其師，厭其道」的消極情感遷移。

孩子是「物極必反」的犧牲品嗎？許多家長望子成龍、望女成鳳心切，過高的期望值與功利意識也易使學生產生逆反心理而厭學。

找準了厭學的原因，才有可能採用有效策略。面對厭學的孩子，家長應冷靜地分析原因，用科學的方法幫助孩子走出陰霾。

3. 常見心理和行為異常治療

這方面的主要內容有學校適應問題，神經症性心理問題（神經衰弱、恐懼症、焦慮症、憂鬱症、強迫症等），性心理障礙，各類行為障礙以及人格障礙等。

五、心理諮詢治療的原則

學校心理諮詢與一般心理諮詢一樣，必須遵循心理諮詢的基本原則，這既是學校心理諮詢工作規範化的要求，也關係到諮詢工作能否順利開展，以及諮詢工作的成敗與效果。

1. 保密性原則

諮詢人員應保守來訪者的內心祕密，妥善保管個人訊息、來往信件、測試資料等材料。如因工作等特殊需要不得不引用諮詢事例時，也須對材料進行適當處理，不得公開來訪者的真實姓名、單位或住址。另外，來訪者有自殺意向時，諮詢師應慎用此原則，與相關部門協同合作，防止危急人身安全的事件發生。

為了消除來訪者的疑慮，這一原則往往在諮詢開始階段便向來訪者聲明，如諮詢師會這樣說：「我一定會替你保守祕密，請你把你的問題告訴我，這樣才能更好地幫到你。」

2. 理解與支持原則

諮詢人員對來訪者的語言、行動和情緒等要充分理解，不得以道德和個人價值的眼光評判對錯，要幫助來訪者分析原因並尋找出路。「麗莎，你現在的確活得很辛苦，我非常理解你的苦悶心情，我想如果我面臨你現在的處境，我也會感覺很不好受的。」「當一個人面臨如此巨大的精神壓力時，他需要得到專業人員的幫助，以便更快、更有效地擺脫精神壓抑，重新振作起來……」這是岳曉東（2008）博士在哈佛大學所做的新生適應不良案例的片段，這兩句話中，諮詢師運用同理心技術，體現了心理諮詢的理解與支持原則。

3. 積極心態培養原則

諮詢人員的主要目的是幫助來訪者分析問題所在，培養來訪者積極的心態，幫助其樹立自信心，讓來訪者的心理得到成長，自己找出解決問題的方法。「你總說自己很笨，很無能，但事實上，你三大主科學得很好，物理也不是一點都不明白，平時表現也不錯，但對自己的評價過低，這種片面的自我否定往往會導致焦慮和憂鬱等情緒。」「這麼看來，考不好並不是個人的能力問題，而是情緒問題，過度的焦慮、緊張導致大腦一片空白，本來會的題都不知道應如何解答。」這是一例合理情緒療法治療考試焦慮的案例片段（李春，崔建愛，2009）。該案例中諮詢師透過對來訪者問題的分析，糾正來訪者不正確的歸因，指出來訪者的積極方面，幫助來訪者認識問題，改變不合理的認知，使問題得到緩解，體現了積極心態培養原則。

4. 時間限定的原則

心理諮詢必須遵守一定的時間限制。諮詢時間一般規定為每週一次，每次50分鐘左右，原則上不能隨意改變諮詢時間或間隔。

5. 來訪者自願的原則

到心理諮詢室尋求諮詢的來訪者必須出於完全自願，這是確立咨訪關係的先決條件。沒有諮詢願望和要求的人，諮詢者不應主動去找他（她）並為其進行心理諮詢。只有自己感到心理不適，為此而煩惱並願意找諮詢人員訴說煩惱以尋求諮詢者的心理援助的人，才能夠獲得問題的解決。

6. 感情限定的原則

　　咨訪關係的確立和諮詢工作的順利開展的關鍵，是諮詢者和來訪者心理的溝通和接近。但這也是有限度的。來自來訪者的勸誘和要求，即便是好意的，也應該予以拒絕。接觸過密不僅容易使來訪者過於瞭解諮詢者的內心世界和私生活，阻礙來訪者的自我表現，也容易使諮詢者該說的不能說，從而失去客觀公正地判斷事物的能力。

7. 重大決定延期原則

　　心理諮詢期間，由於來訪者情緒過於不穩和動搖，原則上應規勸其不要輕易做出諸如退學、轉學等重大決定。在諮詢結束後，來訪者的情緒得以安定、心境得以整理之後做出的決定，往往不容易後悔或反悔的比率較小。就此，應在諮詢開始時告知來訪者不要輕易做出重大決定。

六、心理諮詢治療的階段

　　如同其他很多工作一樣，心理諮詢治療也要遵循一定的步驟，經歷若干階段。要想使諮詢治療收到預期的效果，必須清楚每個階段的任務。關於心理諮詢與治療過程，雖然提法各異，但是總體說來，可歸納為三個階段：心理診斷階段、幫助和改變階段、鞏固與結束階段。下面結合魯成和王廣海（2013）所做的一例大學生人際不良的諮詢案例來說明心理諮詢各階段的主要任務，本案例中的王某，男，18歲，大一學生，因人際關係緊張前來諮詢。

1. 心理診斷階段

　　這一階段的主要任務是建立良好的諮詢關係，全面收集來訪者訊息，對來訪者的問題進行診斷評估，商定諮詢目標，制訂諮詢方案。

　　在案例中，第一階段（第1～2次諮詢），透過攝入性談話，蒐集來訪者的基本資料，如成長發育史、重大疾病史、家庭遺傳病史、社會交往狀況、人格特徵等資料，進行初步的評估和診斷。主要體現在第一、第二次諮詢過程中，並與來訪者協商諮詢目標，制訂諮詢實施方案。

2. 幫助和改變階段

這一階段是諮詢治療中的重要階段，諮詢師透過領悟、支持、理解及行為指導等方式幫助來訪者解決其在認知行為方面的問題。這一階段，諮詢治療的方法和技巧的運用尤為重要。

第二階段（第 3～7 次諮詢）主要是實施心理幫助。諮詢師採用傾聽、共情方式，幫助王某宣洩情緒並進行自我審查，讓來訪者逐步暴露出錯誤的認知觀念，之後對錯誤觀念進行駁斥。

3. 鞏固與結束階段

這是諮詢治療的最後一個階段，具體工作有三項：一是向來訪者指出已取得的成績和進步，說明已基本達到諮詢目標；同來訪者一起就其心理問題和諮詢過程總結回顧；指導來訪者將經驗運用於生活之中，使其能獨立有效地適應環境。

第三階段（第 8 次諮詢），王某的人際關係狀況有了明顯改善，能較好地處理情緒問題，正確對待同學們的不同意見。第 8 次諮詢時，王某總結說，他沒有以前那麼大的壓力了，和爭吵過的同學重歸於好，也與其他同學相處融洽，同學們大都很支持他，班級活動順利開展，雖然有時工作比較繁重，個別同學不太諒解，但覺得有大部分同學的信任，對自己處理人際關係充滿信心。

複習鞏固

1. 什麼是心理諮詢？
2. 學校心理諮詢治療的主要內容是什麼？
3. 心理諮詢治療的原則是什麼？

第二節 心理諮詢治療的技巧

當前，生活、學習和工作的壓力給人們的心理帶來了許多負面影響。要保障人的心理健康，需要加強心理健康教育和心理疏導，提高心理諮詢與治療的質量。開展學校心理諮詢與心理輔導是全面提高學生素質的客觀要求和

實現教育目標的重要途徑，是學生心理發展的實際需要和解決當前學生心理問題的必要手段。因此，有必要對心理諮詢治療的技巧進行系統學習和掌握。

一、學校心理諮詢治療常用的方法

心理諮詢與治療的方法眾多。目前，心理健康的服務方法主要有：認知領悟療法、意象對話技術、系統減敏法、衝擊療法（滿灌療法）、厭惡療法、格式塔療法、森田療法、生物反饋法、認知行為療法、家庭療法、心理劇療法、生物醫學治療等（黃希庭，鄭湧，畢重增等，2007）。心理諮詢治療有很多種類，從形式上可分為個體諮詢、團體諮詢、家庭治療等，本章中僅介紹學校環境中常用的諮詢治療方法。

1. 陽性強化法

陽性強化法（positive reinforcement procedures）也稱「正性強化法」，是指透過增加某種刺激（如獎勵）使機體行為或反應速度、概率、強度增加的過程（林崇德、楊治良、黃希庭，2003）。陽性強化法是心理學的一個重要概念，是對人的行為形成與矯治的一種重要方法。當某一行為在某種情況下出現後，即時得到一種強化物，如果這種正強化物能夠滿足行為者的需要，則以後在同樣或類似情景下，這一特定的行為的出現概率會增加。通俗地說，陽性強化法即對正確的行為進行及時獎勵，對壞的行為予以漠視和淡化，促進正確的行為更多地出現。陽性強化法主要用於矯正兒童神經性厭食、偏食、遺尿、多動、沉默、孤獨、學習困難等問題行為。

陽性強化法基於操作性條件反射原理，強調行為的改變是依據行為後果而定的，其目的在於矯正不良行為，訓練與建立某種良好行為。行為主義理論認定行為是後天習得的，並且認為一個習得行為如果得以持續，一定是被它的結果所強化。所以，如果想建立或保持某種行為，必須對其施加獎勵；如果要消除某種行為，就得設法給予懲罰。這種被稱為「賞罰法」的行為矯正方法，完全適用於出現行為障礙的求助者。

大多數行為學家認為，對人最好是只獎不罰，只要合理安排陽性強化的程序，求助者一般都可以慢慢地接近目標。雖然賞與罰有時可以相輔相成，但獎勵的辦法對行為的影響更大。

精神科病房或慢性病療養院常常使用陽性強化法調節求助者的行為，例如代幣法。陽性強化法近些年來也被廣泛地應用於兒童行為問題矯治。

陽性強化法遵循下面的工作程序：

一是明確治療的靶目標。靶目標越具體越好。如果目標過大，將難以操作。設定的目標應當可以客觀測量與分析。

二是監控靶行為。評定靶行為的基礎水準。詳細觀察和記錄該行為發生的頻率、程度和後果。特別要注意靶行為的直接後果對不良行為的強化作用。

三是設計新的行為結果。設計新的結果取代以往不良行為產生的直接後果。

四是實施強化。繼續記錄靶行為，當求助者出現適當行為時及時給予強化。正性強化的標準應是現實可行的、可達到的。要設計一個漸進強化時間表，促使行為向期望方向發展。內外強化物要同時使用，對求助者要有足夠的吸引力。

下述案例，說明了整個療法的治療過程。

有一名4歲的女孩被送入幼兒園後因不適應新環境而產生了選擇性緘默症。諮詢師在全面瞭解來訪者資料後，根據來訪者的問題及年齡特徵，決定用陽性強化法結合觀察學習進行治療。首先，採用講故事、放兒歌和兒童故事錄音的辦法，先讓她聽，再讓她給父（母）複述故事，並學唱兒歌。當她唱完後加以鼓勵，以帶她去兒童娛樂場觀看其他小朋友玩，到動物園看小動物，餵小白兔等作為獎賞。接著，鼓勵她在熟悉的個別老師前唱兒歌、講故事。而後，鼓勵她自己去買糖果、冰淇淋等零食。9次治療後，將其送回幼兒園，數月後進行的治後隨訪表明，患兒已能適應幼兒園生活。（李紅，2003）

2. 系統減敏療法

系統減敏療法（systematic desensitization）又稱「交互抑制法」，治療對特定事件、人、物體或泛化對象的恐懼和焦慮。「系統減敏法」是由交互抑制發展起來的一種心理治療法（郭念鋒，2005）。當患者面前出現焦慮和恐懼刺激的同時，施加與焦慮和恐懼相對立的刺激，從而使患者逐漸消除焦慮與恐懼，不再對有害的刺激發生敏感而產生病理性反應。實質上，「系統減敏法」就是透過一系列步驟，按照刺激強度由弱到強，由小到大逐漸訓練心理的承受力、忍耐力，增強適應力，從而達到最後對真實體驗不產生「過敏」反應，保持身心的正常或接近正常狀態。

系統減敏的主要原理是交互抑制，讓一個原本可引起微弱焦慮的刺激在求助者面前重複暴露，同時求助者以全身放鬆予以對抗，從而使這一刺激逐漸失去了引起焦慮的作用。例如下文的案例。

王某，高二學生，體育委員，因在一次教學過程中沒能順利完成動作，以後輪到他做練習時就表現出緊張害怕，因此對該項運動產生了恐懼心理。治療過程中，首先確定了八個等級（10～80）恐懼程度；而後進行肌肉放鬆訓練，結合想像系統減敏；最後逐級實施現實系統減敏治療。經過一個星期的訓練，該學生逐漸克服了恐懼心理。（劉世多，邱廣讓，2010）

這一案例運用了系統減敏療法，包括如下程序：

一是學習放鬆技巧。讓來訪者坐在舒適的椅子上，深呼吸後閉眼，並想像可令人輕鬆的情境，如躺在海邊聽輕鬆的音樂等，而後讓來訪者依次練習放鬆前臂、頭面部、頸、肩、背、胸、腹及下肢，亦可借助肌電反饋儀來增強訓練效果。反覆進行這樣的訓練，直至來訪者達到能在實際生活中運用自如、隨意放鬆的嫻熟程度。

二是建構焦慮等級。首先要根據來訪者的病史及會談資料找出所有使來訪者感到焦慮的事件。將這些事件進行相互比較，根據致病作用的大小分成若干等級。通常可將刺激因素按其可引發來訪者的主觀焦慮程度，最少的焦慮為0，最大的為100，這樣就構成焦慮等級表，0代表完全放鬆，100代表

極度焦慮。尤其注意的是，每一級刺激引起的焦慮，應小到能被全身的放鬆所拮抗的程度，這是系統減敏成敗與否的關鍵之一。要使某一等級的刺激定量恰到好處，要使各等級之間的級差比較均勻，取決於求助者本人。

三是實施系統減敏。求助者基本掌握放鬆訓練的方法後，就可以開始了。按照設計的焦慮等級表，逐級脫敏。

應用此方法需注意：若引發焦慮的情境不止一種，則要針對不同的情境建立不同的焦慮等級表，分別實施脫敏訓練。系統減敏時求助者想像的次數多少，依個體和情境的不同而相應變化。

3. 模仿法

模仿法（modeling）又稱「示範法」，是向求助者呈現某種行為榜樣，讓其觀察示範者如何行為以及他們的行為得到了什麼樣的後果，以引起他從事相似行為的治療方法（郭念鋒，2005）。

社會學習理論認為，人有許多複雜的行為是不可能透過經典條件反射和操作條件反射的作用來簡單地加以控制或改變的，必須透過觀摩、示範或學習，透過模仿才能獲得（Bandura，1971）。我們常說的「近朱者赤，近墨者黑」就是這個道理。根據社會學習理論，諮詢者可設計一些程序，使諮詢對象有機會透過模仿學習獲得新的行為反應，或用適當的行為取代不適當的行為。

示範法包括生活示範、象徵性示範、角色扮演、參與示範、內隱示範等多種類型。生活示範是參照現場示範，讓求助者在實際生活中觀察示範者適當的行為；象徵性示範是參照影視示範、圖書或遊戲示範、自我示範，記錄示範者或求助者本人適當行為的電影電視或影片、圖書、遊戲等以讓求助者觀看，以減緩焦慮或鞏固良好行為；角色扮演是諮詢師和來訪者一起扮演生活中的一個或一系列情景，用以幫助求助者學習與人交往的技巧；參與示範是由諮詢師為求助者示範良好行為，而後引導、鼓勵求助者表達相同的行為；內隱示範是想像模仿，讓求助者對不可觀察的行為示範，可透過諮詢師的描述讓求助者想像所要模仿的行為。如下文中的案例。

黎某，女，5歲半，文靜、內向、膽小、性情孤僻、不合群，最近不肯去幼兒園。全面掌握來訪和訊息後，諮詢師決定用模仿法矯正該兒童的退縮行為。矯正前，諮詢師設計了故事「亮亮和默默」「蘭蘭哭了」「蘭蘭懂事了」和「出鼓傳手帕」「誰唸得好」「找朋友」等活動，並取得家長的支持和配合。矯正過程中，透過談心和講故事等啟發引導幼兒，使幼兒能模仿故事中的默默，勇敢、主動地和小朋友一起玩，透過遊戲活動「擊鼓傳手帕」「誰唸得好」「找朋友」等激發幼兒在集體面前大膽表演的願望，充分發揮該幼兒的語言、音樂才能，增強她的自信心。經過一個學期不間斷的教育、鞏固和矯正，黎某基本上改變了孤僻的性格。（李萍萍 2010）

這一案例是模仿法在行為矯正方面的應用。在實踐中，模仿法具體包括以下程序：

一是選擇合適的治療對象。除了必須是適應證外，還要評估求助者的模仿能力，才能決定是否為合適的治療對象。模仿能力可以透過求助者的經歷和心理測量的結果得以評估。

二是設計適應行為。根據求助者的實際情況，設計一個或一組示範行為，示範的情境盡可能真實，示範事件的順序應該從易到難，由簡到繁，循序漸進。

三是強化正確的模仿行為。在有經驗的示範者的影響下，模仿並不會很難，但是如果要將模仿行為吸收、鞏固，最終融合為個體自然行為中的一部分，就需要給予及時的強化。

應用此方法需要注意：影響模仿能力的重要因素是年齡，模仿法更適用於年輕的求助者；要強調示範者的作用；及時和恰當地對正確行為進行強化。

4. 合理情緒療法

合理情緒治療（rational-emotive therapy，簡稱「RET」）是20世紀50年代由阿爾伯特·艾利斯（A.ElliS）在美國創立的。合理情緒治療是認知心理治療中的一種療法，因它也採用行為療法的一些方法，故被稱之為一種「認知—行為療法」。其理論認為引起人們情緒困擾的並不是外界發生的事

件，而是人們對事件的態度、看法、評價等認知內容，因此要改變情緒困擾不是致力於改變外界事件，而是應該改變認知，透過改變認知，進而改變情緒。合理情緒療法主要適用於認知偏差、焦慮憂鬱、行為不良。

合理情緒療法旨在透過純理性分析和邏輯思辨途徑，改變求助者的非理性觀念，以幫助其解決情緒和行為問題。其核心是「ABC 理論」，強調情緒或不良行為並非由外部誘發事件引起，而是由個體對事件的評價造成。其中，A 代表誘發事件（activating events）；B 代表信念（beliefs），即個體對這一事件的看法、解釋及評價；C 代表繼事件後，個體的情緒反應和行為結果（consequences）。

ABC 的關係：事件（A）並不是情緒或行為後果（C）的直接原因，人們對事件（A）的不合理信念（B）才是真正原因，治療的核心是透過改變不合理的信念來改變、控制情緒及行為結果。

合理情緒療法主要分四個階段：心理診斷階段、領悟階段、修通階段和再教育階段。

第一階段是心理診斷階段。在這一階段，諮詢師的主要任務是根據 ABC 理論對求助者的問題進行初步分析和診斷，透過與求助者交談，找出情緒困擾和行為不適的具體表現（C），以及與這些反應相對應的誘發性事件（A），並對兩者之間的不合理信念（B）進行初步分析。

在這一階段，諮詢師還應向求助者解說合理情緒療法關於情緒的 ABC 理論，使求助者能夠接受這種理論及其對自己的問題的解釋。諮詢師要使求助者認識到 A、B、C 之間的關係，並使他能結合自己的問題予以初步分析。雖然這一工作並不一定要涉及求助者具體的不合理信念，但它卻是以後幾個諮詢階段的基礎。如果求助者不相信自己的問題的根源在於他對事物的看法和信念，那麼以後的諮詢都將難以進行。

在這一階段，諮詢師應注意把諮詢重心放在求助者目前的問題上，如果過於關注求助者的過去經歷，那就可能阻礙合理情緒療法的進行。

事件（A）、情緒及行為反應（C）是比較容易被發現的，而求助者的不合理信念（B）則難以被發現。不合理信念主要有三個特徵：絕對化要求、過分概括和糟糕至極。

絕對化要求是指個體以自己的意願為出發點，認為某一事物必定會發生或不會發生的信念。因此，當某些事物的發生與其對事物的絕對化要求相悖時，個體就會感到難以接受和適應，從而極易陷入情緒困擾之中。

過分概括是一種以偏概全的不合理的思維方式，就好像是僅以一本書的封面來判定它的好壞一樣。它是個體對自己或別人不合理的評價，其典型特徵是以某一件或幾件事來評價自身或他人的整體價值。

糟糕至極是一種把事物的可能後果想像、推論到非常可怕、非常糟糕，甚至是災難結果的非理性信念。當人們堅持這樣的觀念，遇到他認為糟糕透頂的事情發生時，就會陷入極度的負性情緒體驗中。

第二階段是領悟階段。這一階段的主要任務是幫助求助者領悟合理情緒療法的原理，使求助者真正理解並認識到：引起其情緒困擾的並不是外界發生的事件，而是他對事件的態度、看法、評價等認知內容，是信念引起了情緒及行為後果，而不是誘發事件本身。要改變情緒困擾不是透過致力於改變外界事件，而是應該改變認知，透過改變認知，進而改變情緒。只有改變了不合理信念，才能減輕或消除他們目前存在的各種症狀。求助者可能認為情緒困擾的原因與自己無關，諮詢師應該幫助求助者理解領悟，引起情緒困擾的認知恰恰是求助者自己的認知，因此情緒困擾的原因與求助者自己有關，因此他們應對自己的情緒和行為反應負有責任。

第三階段是修通階段。這一階段的工作是合理情緒療法中最主要的部分。諮詢師的主要任務是運用多種技術，使求助者修正或放棄原有的非理性觀念，並代之以合理的信念，從而使症狀得以減輕或消除。

在合理情緒療法中，修通並不是透過情緒宣洩、對夢和軀體症狀所做的工作等精神分析治療的常用技術來實現的。合理情緒療法不鼓勵情緒宣洩，認為這會強化求助者的問題，使其陷入自己的情緒困擾中而不能正視自己的

問題。而且,合理情緒療法也把和求助者過去經驗的聯繫限制在一定範圍內,不去追究這些經驗對他目前的影響。

如果說前兩個階段的工作是解說性和分析性的,那麼這一階段的工作則是技術性和方法性的了。諮詢師要應用各種方法與技術,以修正、改變求助者的不合理信念為中心進行工作。這是整個合理情緒療法的核心內容。合理情緒療法常用的技術包括:與不合理信念辯駁、合理情緒想像技術、家庭作業及其他方法等。

與不合理信念辯論。這是合理情緒療法中最常用、最具特色的方法,它來源於古希臘哲學家蘇格拉底的辯證法,即所謂「產婆術」的辯論技術。蘇格拉底的方法是讓你說出你的觀點,然後依照你的觀點進一步推理,最後引出謬誤,從而使你認識到自己先前思想中不合理的地方,並主動加以矯正。這種辯論的方法是指從科學、理性的角度對求助者持有的關於他們自己、他人及周圍世界的不合理信念和假設進行挑戰和質疑,以動搖他們的這些信念。這種方法主要是透過諮詢師積極主動的提問來進行的,諮詢師的提問具有明顯的挑戰性和質疑性的特點,其內容緊緊圍繞著求助者信念的非理性特徵。例如,針對求助者持有的絕對化要求的一類不合理信念,諮詢師可以直接提出以下問題:「有什麼證據表明你必須獲得成功(或別人的讚賞)?」「別人有什麼理由必須友好地對待你?」「事情為什麼必須按照你的意志來發展?如果不是這樣,那又會怎樣?」等等。

合理情緒想像技術。求助者的情緒困擾有時就是他自尋煩惱,他經常產生不合理信念,在頭腦中誇張地想像各種失敗的情境,從而產生不適當的情緒和行為反應。合理情緒想像技術就是幫助求助者停止這種傳播的方法,具體可分為三步:

第一步,使求助者在想像中進入產生過不適當的情緒反應或自己感覺最受不了的情境之中,讓他體驗在這種情境下的強烈情緒反應;

第二步,幫助求助者改變這種不適當的情緒體驗,並使他能體驗到適度的情緒反應。這常常是透過改變求助者對自己情緒體驗的不正確認識來進行的;

第三步，停止想像。讓求助者講述他是怎樣想的，自己的情緒有哪些變化，是如何變化的，改變了哪些觀念，學到了哪些觀念。

對求助者情緒和觀念的積極轉變，諮詢師應及時給予強化，以鞏固他獲得的新的情緒反應。

上面的過程是透過想像一個不希望發生的情境來進行的。除此之外，還有另一種更積極的方法，即讓求助者想像某一種情境，在這一情境之下，求助者可以按自己所希望的方式去感覺和行動。透過這種方法，可以幫助他培養積極的情緒，樹立正確的目標。

家庭作業。家庭作業是辯論的延伸。主要有以下兩種形式：RET 自助表和合理自我分析報告（RSA）。

RET 自助表是先讓求助者寫出事件 A 和結果 C，然後從表中列出的十幾種常見不合理信念中找出符合自己情況的 B，或寫出表中未列出的其他不合理信念。要求求助者對 B 逐一進行分析，並找出可以代替那些 B 的合理信念，填在相應的欄目中。最後一項，求助者要填寫出他所得到的新的情緒和行為。完成 RET 自助表實際上就是一個求助者自己進行 A、B、C、D、E（其中 D 代表對 B 的駁斥，E 代表新觀念）工作的過程。

合理自我分析（RSA）和 RET 自助表基本上類似，也是要求求助者以報告的形式寫出 A、B、C、D、E 各項，只不過它不像 RET 自助表那樣有嚴格規範的步驟，但報告的重點要以 D，即與不合理信念的辯論為主。

其他方法。其他一些技術方法還有自我管理程序、「停留於此」方法等。在行為技術中還包括訓練和系統減敏。

第四階段是再教育階段。此階段的主要任務是鞏固前幾個階段治療所取得的效果，幫助求助者進一步擺脫原有的不合理信念及思維方式，使新的觀唸得以強化，從而使求助者在諮詢結束之後仍能用學到的東西應對生活中遇到的問題，以能更好地適應現實生活。此階段治療的主要目的是重建，即幫助求助者在認知方式、思維過程以及情緒和行為表現等方面重新建立起新的

反應模式，減少他在以後的生活中出現情緒困擾和不良行為的傾向。下面的案例說明了合理情緒療法的過程。

朱某，女，高三學生，因考試焦慮求助於諮詢師。在諮詢過程中，諮詢師首先介紹合理情緒療法，並安排家庭作業，按照「ABC 理論」分別記錄相應的誘發事件（A），事件發生時自己的情緒困擾和不適的行為（C），以及自己當時對事件的解釋（B）。該求助者逐漸領悟到，她的困惑主要是因其認知上存在的諸如「我很笨」「我沒有能力，我很無能」等不合理的信念所困，導致自己的物理考試發揮失常，因而心情壓抑、過度焦慮，睡眠不良。運用合理自我分析報告（RSA）技術，求助者與不合理信念辯論，建立新的合理的理性觀念。經過五次的心理諮詢後，該求助者的情緒狀況逐漸好轉，取得了良好的諮詢效果。（李春，崔建愛，2009）

應用合理情緒療法應注意其侷限性，對於有嚴重的情緒和行為障礙的求助者、治療中拒絕做出改變自己信念的努力的人、過分偏執者以及領悟困難的人，可能難以奏效。對於患有自閉症、急性精神分裂症等病症的人所能提供的幫助也是有限的。而對於年紀較輕、智力和文化水準較高的人更有效。

5. 家庭治療

總體上說，家庭治療（family therapy）是把家長、孩子及其他家庭成員當作一個自然單位，旨在改進這一家庭單位的整體功能的治療過程，即透過改變家庭成員之間的交互作用來造成個體的變化。

家庭治療的一個前提是，家庭對兒童的發展有著重要影響，家庭結構、氣氛塑造著兒童的態度、信念、價值觀、自我感覺和相應的行為。家庭作為一個系統，對其成員的適應不良行為既有塑造作用，又有改變作用。

家庭治療可分為下列幾個階段：

一是學校系統與家庭系統接觸階段。治療者的任務是溝通兩個系統：

第一，治療者向家長介紹學生的問題、行為表現以及這些問題與表現同家庭的關係，家庭對此要負哪些責任。治療者要同家長就治療目標、診斷與評價達成一致性意見，並瞭解家庭成員的各自情況。

第二，治療者還要介紹學校面對孩子應負哪些責任，應做哪些工作。

二是發現家庭系統存在的問題。治療者接觸每一家庭成員，瞭解其交往方式、家庭的規則、家庭的不和諧之處。同時，根據這一系列瞭解，重新評價學生與學校系統的關係，改變原有的相互作用模式。

三是鼓勵家庭成員認識所存在的問題並解決問題。治療者要讓每個家庭成員認識到自己對兒童問題的責任，發表自己的看法。要讓每一個家庭成員都參與，而不是個別成員。

四是注意積極反饋。隨著家庭原有的交互作用方式、成員角色和模糊規則被否定，需要建立新的規則和新的方式，而這一過程很長，家庭會發生「真空」。治療者的任務是鼓勵家庭成員忍受不適，看到新方式帶來的積極後果，注意積極反饋。

五是家庭治療效果的評價。要評價干預是否有效，是否取得了進步。如果效果不明顯就應該重新分析問題，查找問題所在；如果有進步，則應該制訂長期教育計劃，鞏固現有成果（劉翔平，2009）。如下面的案例：

求助者，16歲，男，國三學生，因學習困難，其在父母陪同下到心理門診求治。在諮詢過程中，諮詢師瞭解到，該生所在的家庭中，父母之間、親子之間的情感交往不良，母親說了算，對孩子嚴厲，父親則袒護孩子，而且父母對孩子的教育態度不一致，使孩子無所適從，缺乏自信和學習動機，而父母又因孩子的學習困難相互責備，致使孩子情緒緊張。諮詢師促使家庭成員認識所存在的問題，並鼓勵改變原有模式，促進相互瞭解，父母調整了孩子的學習目標，透過多次諮詢，孩子的學習情況逐漸得到了改善。（王登峰，1993）

6. 團體諮詢

在學校情境中，由於個別學生所面對的心理問題通常也是其周圍群體所共有的，所以，團體諮詢（group counseling）或團體治療的方法是一個有效的干預方法。團體諮詢不僅經濟、高效，而且有利於消除學生對心理諮詢的抵抗。我們主要探討團體諮詢的主要階段和一些治療方法。

第八章 心理諮詢治療技術

團體諮詢一般分為以下五個階段：

一是確定諮詢目標。我們實施團體活動是為某類人解決某類問題而進行的，目標的確定應從這類群體的需要出發。另外，目標可分為終極目標和階段性過程目標。

二是設計輔導計劃。主要包括三個方面的內容：一是團體的規模，規模大小會影響到團體的動力，規模過大或過小都不利於問題的解決。二是活動的時間、次數和頻率，何時開始、每次所需的時間、每次間隔的時間等都要做出詳細計劃。三是活動場所的選擇和布置，一般來說，寬敞、清潔、空氣流通、氣溫舒適、隔音效果較好的房間比較理想。

三是選擇團體成員。遴選成員的方式一般要根據團體的主題、性質、時間限制、場所等因素進行。通常堅持自願參加的原則，也可透過面談法、量表法和書面報告進行篩選。

四是實施活動計劃。將大問題分解為小問題，每個小問題以一項活動為載體，並確定每項活動的時間，有效控制主題，同時還應準備應急方案。

五是評估諮詢效果。常用的方法和工具主要有團體內觀察、聚會後問卷、團體目標達成情況、評估量表、領導觀察日誌、錄音錄影等，具體的操作方法可以分為行為量化法、標準化的心理測驗、自編調查問卷、主觀報告法。

團體諮詢常採用遊戲、戲劇與角色扮演、示範強化等干預方法（劉翔平，2009）。

遊戲。團體遊戲諮詢方法對兒童十分適用。諮詢者在兒童正在做遊戲時一般不主動提問或解釋，而是注意兒童的遊戲活動，留心他們的意見，關心他們的行為所表達的感受。諮詢者給人的感覺應該是溫暖的、可接受的、支持性的。

戲劇與角色扮演。透過接觸戲劇表演，兒童可以提高對自己感受的注意力，意識到與自己有關的場景和態度。在團體諮詢中可以使用戲劇表演的方式，把孩子分成不同的角色來演戲，每個孩子都按照自己的理解來表演，在表演中暴露自己的心理問題。角色扮演也很實用，它有助於成員向團體捲入，

有利於團體成員澄清問題的情境，促使他們更具同情心地去理解人，並為新行為提供訓練機會。

示範強化。團體諮詢也可結合行為干預的方法進行，把重點放在對強化的設計上，強化可以由諮詢師來實施，也可以由組員實施。在團體諮詢中示範作用也很重要，如果幾個組員行為發生了改變，表現出了預期行為，會影響其他組員的模仿。

拓展閱讀

青少年憂鬱症患者的團體人際心理治療憂鬱症是青少年期常見的精神障礙。有資料顯示重症憂鬱症的患病率介於 4%～8%，在青少年群體中人際關係困難是憂鬱症產生的常見原因。青少年憂鬱症患者的團體人際心理治療（IPT）是建立在人際心理理論基礎之上的，具有循證醫學理論依據的心理治療方法。它是將原本應用於治療成人憂鬱症的人際心理治療理論和程序經過修正後應用於青少年憂鬱症的治療。

Mufson 等人先後於 1993 年、2004 年兩次出版《憂鬱症青少年人際心理治療》，論述了如何將 IPT 應用於治療 12～18 歲有急性輕鬱症或重鬱症的青少年身上。在 Mufson 等人 2004 年實際帶領的團體人際心理治療中，每個團體有 4～6 名青少年參與，治療過程包括兩次團體治療前的個別會談以及 12 次的團體治療，治療每週一次，每次 90 分鐘，分為初始、中期、結束三個階段。此外，也將進行一次治療過程中的家庭會談和一次離別前的家庭會談。

青少年人際心理治療的首次臨床對照研究共有 48 名符合重性憂鬱症的患者參與，所有患者被平均分配至人際心理治療組和臨床治療組，在治療結束時人際心理治療組中 75%的青少年符合美國國家憂鬱症治療合作研究所所制定的恢復標準，而臨床治療組為 46%（Mufson，1999）。實踐表明，青少年憂鬱症的團體人際心理治療目標明確，實施領域廣泛，具有較為廣闊的前景。（Morris，2012；喻瑶，2011）

二、心理諮詢治療應注意的問題

1. 建立關係

諮詢關係（counseling relationship），也稱「咨訪關係」，是指諮詢者與來訪者（或稱求助者、求詢者）之間所發生的相互聯繫。一方面，諮詢者要理解、接受來訪者，相信來訪者有潛能改變自己，使來訪者對諮詢充滿希望；另一方面，來訪者要接納、信任諮詢者，承認並尊重諮詢者的權威，積極配合諮詢者進行自我探索，執行諮詢者提出的諮詢方案和措施。

大多數諮詢流派都重視良好諮詢關係的建立和維護，認為這是心理諮詢取得成效的基礎。尤其以來訪者中心療法為代表的人本主義諮詢學派更是十分強調諮詢關係的重要性。諮詢關係的重要意義主要體現在三個方面：良好的幫助關係是諮詢取得效果的前提和基礎；可以使來訪者信任諮詢者，降低心理防禦，真實地表達自己；能夠促使來訪者接受諮詢者，認同其觀點，積極尋求改變。（鄭希付，2008）因此可以說，諮詢師與來訪者之間所結成的諮詢關係在心理治療和來訪者的改變過程中有著無可替代的重要作用（Gelso Carter，1994）。

學校心理諮詢中的諮詢關係是比較複雜的。在學校心理諮詢中，儘管相關的職業道德規範對諮詢師與來訪者的關係提出了指導性的原則，但雙（多）重關係仍然是一個難以避免的問題。學校心理諮詢師扮演著多重角色，在工作中承擔著多項職責，使學生往往對心理諮詢顧慮重重、深存戒備。在心理諮詢過程中，諮詢師因為身兼多重角色，在如何處理與來訪者的關係以保證諮詢效果這一問題上也受到極大困擾。雙重關係對諮詢效果有很大的影響，一是影響和改變諮詢關係的本質，使諮詢師和來訪者不能保持職業界限和距離；二是可能產生利益衝突，影響職業判斷的準確性；三是可能影響認知過程，使治療的作用及維持治療受到損害。因此，諮詢師應注重提升專業素養，恪守職業規範，建立良好的諮詢關係。

如何建立和維持良好的諮詢關係是心理諮詢治療的一項重要工作，建立良好諮詢關係需要遵循以下原則：尊重、溫暖、真誠、共情、積極關注。

尊重。尊重（respect）是指諮詢者對來訪者的現狀、思想情感、內心體驗、價值觀念、人格特點和行為方式等的接納態度。其意義在於增強共情、積極關注的效果，給來訪者創造一個安全、溫暖的氛圍，使其最大限度地表達自己。同時，可使來訪者感到自己被人接納，從而獲得自我價值感。顯然，尊重來訪者是建立良好的諮詢關係、獲得諮詢效果的重要條件之一。

　　以來訪者為中心的心理諮詢理論特別強調尊重的意義，並將其視為使來訪者人格產生建設性改變的關鍵條件之一。該理論之所以如此強調對來訪者的尊重，是與其人性觀密不可分的。它相信人能夠靠內在潛力去改變、去行動，去面對挑戰和成長，因而強調尊重來訪者個人的決定和意願，對來訪者的言行不加評論和干涉。

　　溫暖。溫暖（warmth），也譯作「熱情」，體現在諮詢的全過程，從求助者進門到離去，諮詢師都應熱情、周到，要讓求助者感到自己受到了最友好的接待。求助者初次來訪時適當詢問，表達關切，注意傾聽求助者的敘述。諮詢時應耐心、認真、不厭其煩。諮詢結束時，要使求助者感受到溫暖。

　　關於溫暖的傳達途徑，不少諮詢師認為主要是透過支持性的非言語行為來實現的，如言語聲調、眼睛對視、臉部生動的表情、體態姿勢、手勢、合適的空間距離以及觸摸等（錢銘怡，1994；樂國安，2002；SherryComier等，2004）。約翰遜（Johnson）描述了幾種表達溫暖與冷淡的非言語線索（見表8-1）。要注意的是，不同文化的來訪者可能對這些行為線索有不同的解釋，因而在運用非言語行為表達溫暖時，需要考慮來訪者文化背景的接受性。

表8-1 溫暖和冷淡的非言語線索　　　　　　　　(Sherry Comier等，2004)

非言語線索	溫暖	冷淡
語調	柔和	生硬、冷酷無情
面部表情	微笑,有興趣	面無表情、皺眉、沒興趣
姿勢	前傾、放鬆	向後靠、緊張
目光接觸	看著對方的眼睛	避免看著對方的眼睛
觸摸	輕觸對方	避免接觸對方
手勢	開放、歡迎	封閉、自我保護、拒絕他人
空間距離	近	遠

真誠。真誠（genuineness）也是羅杰斯所提倡的，是指在諮詢過程中諮詢者不把自己藏在專業角色的後面，不戴假面具，而要以真我的面目出現於來訪者面前，開誠布公，表裡如一，真實可信地投身於諮詢關係。真誠可以縮短諮詢者與來訪者之間的距離，促使來訪者對諮詢者的認同，有助於形成有效的諮詢關係。真誠包含了兩方面的內容：一方面指諮詢者要真實地對待自己；另一方面指要真誠地對待來訪者。只有當諮詢者對來訪者保持真誠，來訪者才會對諮詢者產生信任感。諮詢者同時也起了榜樣的作用，引導來訪者走向積極成長的方向。

如何表達真誠？艾根（G.Egan）曾經提出下列四點建議（Sherry Comier等，2004）。一是走出諮詢者的角色。不過分強調角色、權威或地位的諮詢者，可能使求助者覺得更加真誠，否則會造成過大而不必要的情感距離。二是多一點兒自發性。自發性即在沒有刻意或造作行為的情況下自然地表達自己的能力。然而，自發性不是讓諮詢者向求助者說出任何想法或情感，尤其是那些負面的情感。三是多一些開放性和自我流露。諮詢者透過言語和非言語的途徑向來訪者泄露自己的情況。它可以作為有目的地傳遞真誠的一個途徑。四是表明一致性。一致性意味著諮詢者的言行、情感相輔相成，保持一致。例如，來訪者的言語侮辱使諮詢者感到不舒服，諮詢者應承認這

種感覺。諮詢者若對自己的情感與言行不一致沒有意識到，可能會向來訪者發出含混的、矛盾的訊息，這樣的訊息會使來訪者感到困惑，甚至會激惹來訪者。

共情。共情（empathy）一詞，中文有多種譯法，如「神入」「同感」「共感」「投情」「同理心」「感情移入」等。按照羅杰斯的觀點，共情是體驗別人的內心世界，就好像那是自己的內心世界一樣的能力。許多諮詢心理學家都闡述了各自對共情的見解，綜合他們的觀點，可以將共情的含義理解為：諮詢者從來訪者內心的參照體系出發，設身處地地體驗來訪者的精神世界；運用諮詢技巧把自己對來訪者內心體驗的理解準確地傳達給對方；引導來訪者對其感受做進一步思考。

共情對諮詢是至關重要的，準確的共情使來訪者產生被理解的體驗，增強來訪者對自己的問題的洞察力。一旦諮詢者讓來訪者相信，他已經理解了來訪者的感覺和內心的情感，那麼建立良好的諮詢關係的機會也就大為增加。

積極關注。積極關注（positive regard）在羅杰斯早期的文章中被稱為「無條件積極關注」（unconditional positive regard），也有人稱之為「正向關注」或「積極關懷」。積極關注並不是對一切都喜歡，而是向來訪者表達諮詢者樂於接受來訪者、理解來訪者，同時關心和幫助來訪者。在任何時候對來訪者都以誠相待，這些都必須是發自內心深處的，這樣使來訪者能感到心靈的共鳴，並把諮詢者當作一個能傾聽、理解並接受他的思想和感受的人，感到這個世界上有人能夠真正理解自己和關心幫助自己，願意把自己心靈深處一切所想到和所感到的全部傾訴出來。不論來訪者表述的內容如何，諮詢者都會始終對其表示關注和理解。當來訪者逐漸學會以同樣的態度對待自己後，其所否認的或歪曲的經驗和體驗就會逐步減少，自我概念和自我經驗更趨於一致，來訪者就會在這樣的過程中改變和成長起來。諮詢者對來訪者的積極關注不僅有助於建立良好的諮詢關係，促進交流，而且本身就能產生諮詢效果。尤其是那些缺乏自尊，或被目前的困難所困擾的來訪者，諮詢者的積極關注往往能幫助他們全面地認識自己和自己的處境，看到自己的長處和優勢，看到光明的一面和未來的希望，從而樹立信心，擺脫困擾。

如何恰當表達對來訪者的無條件積極關注呢？諮詢者可透過具體行動來完成，如準時開始諮詢、保證來訪者的專用時間不被打擾、堅持保密性等表達對來訪者的重視和關心，傳遞諮詢者願意與來訪者一起工作的願望。可透過親切、關懷的言語來盡力理解、關注來訪者的問題，對來訪者的行為、情感、想法等採取不評價、不批判的態度，讓來訪者感到自己是被諮詢者無條件地接納的。無條件積極關注式的話語必須是以事實為基礎的，既不得脫離實際、無中生有，也不能過分消極悲觀或強化來訪者的負性情緒。

2. 探討問題

探討來訪者的問題，需從七個方面全面收集來訪者的資料，並對其嚴重程度做出診斷評估。

「who」，他是誰？首先應該掌握來訪者的背景資料，包括來訪者的年齡、職業、文化程度、健康狀況以及來訪者的基本性格特徵，來訪者的成長歷程、興趣愛好、能力等，求助者通常對自己、對別人和對現實生活所持的態度及相應的習慣做法。如果需要，還應掌握求助者成長的家庭背景以及目前的生活狀況，如現有家庭關係、工作、學習、婚戀、經濟收入、人際關係狀況等。

「what」，發生了什麼事？要詳細瞭解導致來訪者心理困擾的事件。

「when」，什麼時候發生的？要知道事情發生的時間，是過去的某個時間比如兒童的某個時期，還是現在。這樣的事情以前是否發生過？次數有多少？情況如何？

「where」，在哪裡發生的？事情發生的地點，或者是在什麼樣的環境下發生的？

「why」，為什麼會發生？有什麼直接原因和間接原因？表層原因是什麼？深層原因又是什麼？

「which」，與哪些人相關？事情往往與他人相關，如父母家人、朋友戀人或同事領導等，他們與求助者的關係如何？

「how」，事情是如何演變的？事情發生後，求助者是如何認識的？情緒、行為如何反應？有無得到外界的支持與幫助？事情發生至今，有了怎樣的變化？

3. 確定目標

在全面掌握來訪者相關訊息的基礎上，首先應找出求助的主要問題，即求助者最關心、最困擾、最需要解決的問題。有時，在第一次會談時來訪者會直接說出他最關心的問題；有時，來訪者也不清楚，則需要從會談中探討，闡明真相。

其次就是確定從哪個問題入手，有時求助者急於解決的問題不止一個，比如學習問題、焦慮問題、失眠問題等。諮詢師發現其中有一個問題是最重要的，即學習興趣不大，由此引起學習成績下降，並進而引起焦慮和失眠。那麼，諮詢的目標就集中到如何增強學習興趣上來了。目標有主次難易之分，這就需要求助者與諮詢師共同參與、共同配合，確定諮詢目標。如果諮詢師與求助者的目標不太一致，雖經雙方討論，但還是難以統一。這種情況下，應以求助者的目標為主。

有效諮詢目標應該包括以下七個特徵：一是具體。目標如果不具體，就難以操作和判斷；反之，目標越具體，就越容易見到效果。二是積極。這一條容易被人們忽視，但意義很大，目標的有效性在於只有是積極的，才是符合人們發展需要的。三是可行。如果目標沒有可行性，超出了求助者可能的水準（如沒有體育才能的人想成為體育明星），或現有的可能水準（如不及格者想一下子達到優秀水準），或超出了諮詢師所能提供的條件等，則目標就很難達到。此外，經濟條件等因素也會成為影響可行性的因素。四是雙方可以接受。一般來說，諮詢目標應該由雙方共同商定。無論是由求助者提出的或是由諮詢師確定的諮詢目標，最好是雙方都可接受的。五是屬於心理學性質。心理諮詢主要涉及心理障礙問題、心理適應問題、心理發展問題。對於既有軀體疾病又有心理問題的求助者，心理諮詢的目標並不是解決軀體疾病，而是針對軀體疾病引起的心理不適，或者針對引起軀體疾病的心理因素。六是可以評估。目標假如無法評估，則不稱其為「目標」。及時評估，有助

於看到進步，鼓舞雙方信心，還可發現不足，及時調整目標或措施。七是多層次統一。諮詢目標是多層次的，既有眼前目標，又有長遠目標；既有特殊目標，又有一般目標；既有局部目標，又有整體目標。有效的目標應該是多層次目標的協調統一。

我們可以把不同的諮詢目標視為從一般、普遍、宏觀、遠期的目標到特殊、具體、微觀、近期的目標這樣一個連續體，這樣可以把兩者有機地統一起來。實現這兩種有典型意義的目標的統一，是心理諮詢卓有成效的基本特點之一。如果只確立一種目標，那麼就會使諮詢效果受影響。從大目標著眼，從小目標著手，是辯證處理這兩種目標關係的準則。

4. 解決問題

阻抗和移情是諮詢過程中經常發生的現象，若處理不當，就會對心理諮詢治療產生阻礙和干擾（雷秀雅，2010）。

阻抗（resistance）是人對於心理諮詢過程中自我暴露與自我變化的抵抗，是個體自我防禦機制的運用。在諮詢過程中，來訪者方面可能不願意否定自我或不敢面對困難，或是企圖掩蓋深層的心理衝突，也可能出自對抗諮詢師的動機，或是因來訪者人格因素等原因導致阻抗的產生。諮詢師如果對諮詢過程把握不當，未能做到積極傾聽，缺乏同感，言行不一致也可能會導致阻抗的產生。阻抗的表現形式是多種多樣的，可以是言語的或是非言語形式，可以表現為個體對於某種心理諮詢要求的迴避和抵制，或流露於個體的特定認知、情感方式，可以表現為人們對於某種焦慮情緒的迴避，或是對某種痛苦經歷的否認和對諮詢師的態度等。常見的具體表現形式有來訪者的沉默寡言和贅言，以及不認真履行諮詢安排、遲到或藉故不赴約等。

在諮詢過程中，克服阻抗是一個艱難的工作，但是也尤為重要。那麼，如何才能有效地克服阻抗呢？

一是尊重和理解阻抗。諮詢師對阻抗應該有正確的態度，應該認識到，阻抗的產生是深入心理諮詢和治療的伴隨現象，是來訪者面臨改變的可能時表現出來的自然現象，要充分地尊重、接納和理解阻抗。諮詢師應該進入來

訪者的參照系中,理解阻抗所傳達的訊息,這樣才能正確地處理阻抗。阻抗如果處理得當,就會對諮詢造成很大的促進作用。

二是正確的分析和診斷。諮詢師對阻抗應該有足夠的洞察力,並能正確地分析診斷,這有助於化解和減少阻抗。諮詢師應該仔細辨別是何種原因導致的阻抗,要善於分清來訪者的不信任與諮詢阻抗的區別,善於弄清來訪者的暴躁、退縮等人格特徵與諮詢阻抗的區別,從而進行正確的阻抗診斷。

三是真誠化解阻抗。一旦遇到阻抗,諮詢師應該把這種訊息反饋給來訪者,要從幫助來訪者的角度出發,以誠懇的態度,以及與對方共同探討的態度提出來訪者的阻抗。在整個過程中,應充分利用諮詢師的同理心,用真誠化解來訪者的阻抗。例如,「當提到你和父親的關係時,總得不到正面回答,你怎麼看待這件事情?」

四是調動來訪者的積極性。如果能調動來訪者的積極性,發揮其主觀能動性,同諮詢師一起積極應對,找到阻抗的原因,則可使阻抗成為解決問題的一個契機,而不是障礙。

五是運用適當的技術。除了以上方法外,運用適當的技術化解阻抗也是非常必要的。化解阻抗常用的技術有結構化技術、即時性技術、解釋和探詢。

移情與反移情。心理諮詢與治療本質上是心理活動的相互影響的過程。移情和反移情是心理諮詢中一種常見的心理現象。對移情和反移情的認識、警覺及處理是心理諮詢的一個技術問題。

移情(transference)是指來訪者將諮詢師當成自己生命中曾經有過的那個重要人物,將自己對那個人的情感投射到諮詢師身上。移情分為正移情和負移情,如果是對諮詢師的好感、崇拜、過分關心、依戀和愛,就是正移情;如果是反感、蔑視和害怕,就是負移情。一般來說,負移情是不利的,會導致阻抗的產生;正移情的情況比較複雜,有積極的一面,也有消極的一面,但都應得到妥善的處理。對於一般程度的移情,諮詢師只需給予較少的注意就可以了,而直接的、強烈的、消極的移情則需要認真對待。常用的處理方法就是把移情現象指出來,讓求助者意識到對諮詢師產生了情感反應,而這

種情感反應並不是由諮詢師引起的,而是求助者過去經歷的再現,是心理問題的一部分,應該像處理心理問題一樣處理移情現象。如下文的案例。

　　某女學生因學習壓力太重來諮詢。但在最初的兩次談話中,她談得很不專心,還時常對諮詢師做出親昵舉動。這使諮詢師倍感不適,故提出加以討論。結果得知是因為諮詢師的相貌和語氣與該學生過去的一位男友十分相似,致使她在諮詢中不能專心講話,而是傾心於兩者的比較之中。對此,諮詢師決定先與該學生就其過去的愛情經歷及其對當前的心理諮詢影響展開討論。結果該生充分認識到了這種聯想對於她與諮詢師的感情、思想交流的種種不利,並終於從其痛苦的回憶中掙脫出來,專心於當前學習壓力的分析和解決中來(張小喬,1998)。

　　反移情(counter-transference)是指諮詢師自己以不適當的行為來對待來訪者治療過程中的某些行為表現。反移情對心理諮詢治療有妨礙作用,必須儘早發現,及時處理。因為過度喜愛或是厭惡的情感會阻礙諮詢師做出正確的判斷,使諮詢的進程受阻。在心理諮詢過程中,諮詢師應建立和應用「第三隻眼」,透過不斷地進行自我反省及與同事商討和相互監督來不斷注意、觀察反移情現象的出現,把反移情現象顯現在意識層並加以修正,與來訪者的潛意識進行交流,變不利為有利,使心理諮詢得以繼續進行。否則,可以中斷諮詢關係,進而轉介。

　　5. 諮詢結束

　　來訪者對結束心理諮詢的感覺是複雜而矛盾的,他們可能會覺得害怕、猶豫和失落。因此,在諮詢結束階段有許多必須加以注意的問題。

　　通常諮詢師會評估來訪者在以下幾個方面是否達到足夠明顯的進步,以確定心理諮詢結束的時機。一是來訪者症狀減輕;二是人際關係得到改善;三是工作效能提高;四是有穩定的感情生活;五是能夠處理失落和挫折;六是咨訪關係有顯著的改善。

心理諮詢的終結不能過於突然，否則容易引起分離不安（被遺棄的不安、孤苦伶仃的不安、離別的痛苦等），而使來訪者的狀態變化。結束諮詢通常有三種方法：

預告法。為了讓來訪者有充分的心理準備，防止或減少分離不安，可以事先將諮詢終結的大體時間告知來訪者，如：「諮詢在暑假前結束吧」「我們用兩個月的時間來諮詢吧」等是一種大體的時期預告。

逐漸拉長兩次諮詢的時間間隔。將諮詢次數從一週一次改為兩週一次，看情況再改為一個月一次，然後兩個月一次。由此觀察來訪者的自主性和獨立性，聽取來訪者的匯報，並給予指導。

中斷法。中斷幾週或是幾個月的諮詢，然後再進行幾次諮詢，最後結束整個諮詢過程，也就是讓來訪者接受一時的分離體驗，在中斷的時期內，來訪者獨立面對自己的問題，並將諮詢效果得以鞏固，從而使來訪者對諮詢結束有充足的心理準備。（林崇德，辛濤，鄒泓，2000）

複習鞏固

1. 建立良好諮詢關係的技巧有哪些？
2. 團體諮詢的五個階段是什麼？
3. 如何有效應對諮詢治療過程中的阻抗？

本章要點小結

1. 心理諮詢和心理治療是指諮詢師運用心理學的理論和方法，幫助來訪者解決心理問題，促進其身心健康的過程，二者既有區別又緊密聯繫。學校心理諮詢治療的主要內容包括心理發展的一般問題諮詢，學習、升學及就業諮詢，常見心理異常和行為障礙的治療矯正。

2. 在諮詢過程中，應遵循保密性原則、理解與支持原則、積極心態培養原則、時間限定原則、來訪者自願原則、感情限定原則、重大決定延期原則。

3. 心理諮詢治療分為心理診斷階段、幫助和改變階段、鞏固與結束階段。

4. 陽性強化法是對正確的行為進行及時獎勵，對壞的行為予以漠視和淡化，促進正確的行為更多地出現。

5. 系統減敏療法透過一個原本可引起微弱焦慮的刺激，在求助者面前重複暴露，同時求助者以全身放鬆予以對抗，從而使這一刺激逐漸失去引起焦慮的作用。

6. 模仿法是向求助者呈現某種行為榜樣，讓其觀察示範者如何行為以及他們的行為得到了什麼樣的後果，以引起他從事相似行為的治療方法。

7. 合理情緒療法旨在透過純理性分析和邏輯思辨途徑，改變求助者的非理性觀念，以幫助解決情緒和行為問題。

8. 家庭治療是旨在改進家庭單位的整體功能的治療過程，即透過改變家庭成員之間的交互作用來促進個體的變化。

9. 團體心理諮詢是在團體的情境中提供心理援助和指導。

10. 心理諮詢一般要注意：建立良好的諮詢關係，探討來訪者的問題，確定諮詢目標，解決問題，諮詢結束等。

關鍵術語表

心理諮詢 心理治療 陽性強化法 系統減敏療法 模仿法 合理情緒療法

絕對化要求 過分概括 糟糕至極 與不合理信念辯論 合理情緒想像技術

家庭治療 團體諮詢 諮詢關係 共情 阻抗 移情 反移情

本章複習題

1. 心理諮詢是透過良好的人際關係，運用心理學的方法，幫助來訪者的過程。咨詢的根本目的是幫助來訪者（　）

A. 自強自立的過程　B. 轉變思想的過程

C. 樹立人生觀的過程　D. 解決求職的問題

2. 下列關於心理諮詢與心理治療的相同或相似點論述正確的是（　）

A. 都注重場合的布置和選擇

B. 都注重建立良好的咨訪關係

C. 都希望透過互動使求助者改變和增長

D. 兩者的工作對象常常是相似的

E. 理論和方法、技術常常是一致的

3. 下列選項中屬於最基本的咨訪關係外在特點的是（　）

A. 明確的目的性 B. 非強制性

C. 職業性 D. 人為性

E. 場合性

4. 下列選項中影響心理諮詢與治療關係的重要因素是（　）

A. 共情 B. 積極關注

C. 尊重和溫暖 D. 真誠可信

E. 領悟

5. 系統減敏療法屬於（　）的基本方法之一。

A. 精神分析療法 B. 行為療法

C. 認知療法 D. 以人為中心療法

6. 以自己的意願為出發點，認定某事件必定會發生或必定不會發生的想法，這種不合理的信念是（　）

A. 絕對化要求 B. 過分概括化 C. 糟糕至極 D. 防禦反應

7. 系統減敏法的三個主要組成部分是（　）

A. 要求來訪者進行放鬆訓練 B. 建立恐懼或焦慮的等級層次

C. 進行想像脫敏和現實脫敏 D. 透過模仿學習新的行為

E. 透過強化保持習得的行為

8. 合理情緒治療中最常用的區別於其他心理治療的治療技術有（ ）

A. 觀念辯論方法 B. 合理情緒想像技術

C. 認知家庭作業 D. 代幣管制法

E. 自由聯想法

9. 學習困難的三個層次包括（ ）

A. 厭學 B. 恐學

C. 學習障礙 D. 生理殘疾

第九章 心理干預矯正技術

　　近年來，在校學生心理健康問題頻發，主要表現為焦慮、憂鬱等症狀，也出現了諸如暴力行為等問題，有的甚至導致了嚴重的後果，如犯罪行為、自殺行為等。這些問題的出現使得學校加強了對學生心理干預的重視。學校心理干預與普通的心理干預可能存在一些不同之處，在方法技術上需要結合學生的年齡特點、心理特點才能抓住問題的根源，真正發揮出干預的效果，真正幫助學生解決心理健康難題。

　　那麼，你瞭解學校心理干預矯正和普通心理干預矯正的不同嗎？你瞭解小學生、中學生、大學生各自的心理特徵嗎？本章會告訴你答案，也會告訴你學校心理干預是什麼，行為矯正是什麼，為什麼要做心理干預矯正以及心理干預怎麼做，這幾點也是本章的重點內容。

第一節 心理干預矯正的含義

　　改革開放至今，中國經濟發展取得了令人矚目的成就，中國公民的心理也正在隨之發生著深刻的變化。然而，近些年來，幼兒園砍殺事件、滅門慘案以及大學生自殺等事件時有耳聞，政府有關部門做出推斷，此類危機事件的發生與人們消極的心理狀態關係密切，各級教育行政部門開始反思以往以「防治」為主的關注消極心理問題的心理健康教育模式存在的不足。由此，能防患於未然的心理干預矯正技術越來越得到重視。

一、什麼是心理干預

　　一般而言，心理干預是指透過心理學的手段和技巧，對心理活動的方向、性質、強度和表現形態進行控制和調整，從而使人的心理狀態和行為方式歸於正常（王郅強、文宏、卓黎黎，2006）。

　　心理干預的特點是針對不同群體可以實施不同的干預措施，即「對症下藥」。面向普通人群時，心理干預的主要目標是促進健康，即促進心理健康和幸福感，建立適應良好的思想、行為和生活方式，也稱為「一級干預」；

面向心理高危人群時,主要實施預防性干預,其目標是減少心理障礙的危險性;面向已經出現心理障礙的個體時,主要實施心理治療,其目標是減輕心理障礙。

對於學生來說,最頻發的心理問題是焦慮和憂鬱。以往的研究就發現,憂鬱與父母的關懷水準較低有關(Blatt Homann,1992),焦慮與父母過度的保護有關(Bennet Stirling,1998)。而父母的關懷和鼓勵孩子自主的教養方式,以及高自尊和良好的同伴關係都是減少和避免情緒與行為問題發生的有效影響因素。這提示我們,對孩子的成長予以較多關懷與關注,同時較少干涉孩子的自主,也就是充滿更多愛和更為民主的家庭氛圍,更有利於孩子的成長。對於學校來說,除了給予家長更多的教育知識以外,學校心理干預的任務還是多方面的,概括起來主要有:第一,面向全體學生,開展心理干預方面的教育,使他們具有增進心理健康的意識,具有對心理干預工作的正確認識。一旦需要,能坦然接受或選擇相應的心理干預的途徑或方法。

第二,重視學生中特定的群體和個人,對他們進行心理干預。他們正面臨或將面臨重大的生活事件、強大的心理壓力和緊張的應激狀態,或者已初步出現程度不同的某種心理功能的失調或障礙。學校心理干預就是要幫助他們正確面對和處置生活事件、心理壓力和應激狀態,使他們能自己走出心理陰霾。

第三,針對學生中特定個體已經出現的心理問題進行心理干預。這裡的心理問題是指心理功能的失調和障礙已持續較長時間且達到一定程度,但尚未到需住院治療的地步,也就是說,雖已影響個體生活的有效性,但尚能與環境接觸,與人交往和獨立生活,也沒有給他人的生活帶來危害。學校心理干預就是對他們採取較有力的措施,使他們儘早回歸到正常狀態中來。當然,這些措施必須符合學生的年齡和生活特點。

第四,為完善對青少年學生心理狀況的測量和評定服務,對學生各種心理狀況的測量和評定是學校開展各項心理工作的基礎,極為重要。這種測評一方面為干預等學校心理工作服務,另一方面也需要獲得盡可能多的反饋訊息來使之更為有效、可信和可行。學校心理干預則一方面運用測評為自己的

工作服務，另一方面在干預過程中獲得的訊息又可以為完善這種測評提供重要的參考性資料。

第五，為學校心理干預的自身建設服務。在學校的各項工作中，學校心理干預剛剛起步，其自身尚在發展和完善中。透過學校心理干預的實踐，可以累積許多有關的資料和經驗。這種資料和經驗極有價值，它們或有助於肯定、修正、改進或開發有關的技術和方法，使之更有針對性和有效性，或有助於對有關問題展開理論探討，或能使有關觀點得到檢驗，或能使有關經驗上升為理論。

二、什麼是行為矯正

行為矯正是根據條件作用理論和社會學習理論改變個體不良行為的治療方法和技術。它起源於華生和斯金納提出的行為主義原理。其中大多基於操作條件作用的原則，少部分來源於班杜拉提出的觀察模仿學習和示範作用等社會學習原理。它既是一種理論，又是一種方法。根據其側重面的不同，行為矯正也稱作「行為矯正理論」或「行為矯正方法」，前者強調了行為矯正的理論意義，有時又稱作「行為矯正原理」；後者注重於行為矯正的應用價值，有時被稱作「行為矯正技術」（呂靜，1992）。行為矯正技術不僅可以矯正特殊個體的不正當行為，還可以用於正常個體的教育，一方面是幫助他們建立、鞏固和發展良好行為，另一方面是幫助他們矯正或消除一些不良行為。它是以經典性條件反射理論、操作性條件反射理論、認知行為矯正理論和社會學習理論為理論基礎的。其中前兩大理論是主流，在方法的應用上也最為普遍。

行為矯正的主要特點包括：①應用條件反射和社會學習等原理對兒童和成人的不正常行為進行治療，並訓練他們形成良好的適應行為；②反對傳統的精神分析法的主觀性，注意預測各種事物之間的因果關係；③反對主觀猜測和內省法，強調用行為的客觀表現以及可測量的數據作為有效的治療根據。

大多數行為不是天生的，而是透過學習獲得的。人們透過良好的學習，學會了說話、認字等，獲得了各種知識技能，形成良好的品行，建立了良好

的行為模式。但是也有人在不利條件下進行了不正當學習，形成不良的行為方式。行為矯正技術的任務就是幫助個體建立良好的行為模式，改變不良的行為方式，重新獲得適應性行為。一般說來，行為的改變有兩種情況：一種是從沒有到有，指某些良好行為的建立或塑造；一種是不良行為的矯正，即將個體的行為從不良改變為良好。

行為問題是兒童發展過程中的一種常見現象，針對小學生來講，行為矯正的任務主要集中在違紀、攻擊、退縮（嵇宇虹，2004）。中學生正處於人生發展的關鍵時期，他們的獨立意識、自我意識的增強和生理的日趨成熟，與他們的能力、社會經驗相對不足之間的矛盾使其容易出現行為問題，主要是攻擊、逆反和厭學（蔣玲，2001）。大學生的身體和心理方面均接近成熟，行為矯正的任務主要表現在焦慮與憂鬱，大多是由於就業壓力、學業壓力和戀愛問題引起的。

生活中的心理學

行為矯正個案

基本情況：男，8歲，小學二年級，獨生子女。剖腹產，出生後由人工餵養。智力正常。性格活潑好動，比較任性，脾氣暴躁，易生氣。父親是生意人，母親是政府官員。父親對其要求較嚴格。

問題行為表現：目前該兒童的攻擊行為主要是在要求未得到滿足的時候發生。7歲前以哭鬧為主，7歲以後開始表現為破壞物品（摔東西、踢桌椅等）。主要發生在家中，每天發生一兩次，每次持續時間以其需要得到了承諾或滿足為止。

矯正方法：

（1）正強化：在需求受阻後以積極行為代替攻擊性行為的時候，立即給予一種強化，主要有消費性強化物：如喜歡吃的東西和玩具；活動性強化物：如看動畫片、畫畫、打乒乓球；社會性強化物：如家長的微笑、擁抱和表揚。

（2）懲罰：在兒童出現攻擊行為的時候，及時施予一種厭惡刺激或懲罰物，主要採取暫停和剝奪其興趣活動為主要懲罰方式。

　　（3）貝克認知療法：賦予該兒童更多的責任，使其在整個過程中承擔一種主動的角色。

　　（4）自我指導訓練法：透過教會兒童自我指導，正確對待產生焦慮和應激情景的刺激，從而形成良好的應對行為來取代不良行為。（張驕，劉雲豔，2008）

三、心理干預與行為矯正的關係

　　心理干預與行為矯正之間有密不可分的關係，它們既有聯繫也有區別。心理干預與行為矯正的聯繫是它們都是運用心理學原理，從認知、情感、意志、行為入手對個體進行干預，其中有很多互相交織的理論和方法技巧，難以獨立開來。不同的地方在於它們的側重點，心理干預在於對個體的心理活動、個性特徵施加影響，主要是解決心理不適；行為矯正的側重點在於對個體行為方式的改變，主要是解決行為不適，但在行為矯正中常常會貫穿心理干預的理論方法。

　　一般情況下，出現行為問題的青少年都有心理方面的不適，在干預過程中，要從心理到行為逐步進行干預矯正，這樣才能取得最佳效果。舉例說明如下。

　　王某，男，16歲，高一學生。王某從小學到國中畢業各方面表現都很好，聰明好學、遵守紀律，與同學關係融洽。父母都是公務人員，對兒子期望較高，要求較嚴。王某國中畢業考入一所重點高中，父親買了一臺電腦當作對他的獎勵。從此，王某沉迷上電腦遊戲。每天放學後一回家就開電腦，玩三四個小時才罷休，週末玩的時間更長。逐漸地，王某發現他時常來不及完成作業，而且差錯越來越多，成績直線下滑。一段時間後，王某無節制玩遊戲的行為導致了一系列後果：難以完成作業，為了應付檢查不得不經常熬夜突擊或是早晨到校後抄襲別人的；上課注意力不能集中，常打瞌睡，覺得

課程和作業變難了;只對電腦遊戲感興趣,對其他活動不關心、不投入;成績急劇下降。

干預者與王某進行了數次常規性交談後,建立起了相互信任和合作的人際關係,使王某感受到了干預者的熱情和理解,再讓王某意識到自己行為的不良性質及其帶來的後果,引導他對自己的不良行為有了悔改的決心,同時讓他知道改正不良行為有一個過程,需要行為者做出努力並具有耐心,儘管有外界幫助,但任何問題的解決仍決定於行為者本身,決定於行為者願不願意且能不能自己使自己有所改變。接著,干預者再和王某一起進行磋商,擬訂了一份自我管理計劃,以塑造和自我強化方法為主,把玩電腦遊戲的時間逐步減少,從一開始不超過 180 分鐘到不超過 160 分鐘,再逐步減少直到不超過 60 分鐘,共約花 14 周時間。另外,王某想買一個 MP4,約需 700 元,父母答應每天只要他按照前面的步驟做好,就每天給他 5 元作為 MP4 的購買儲備金,連續一週做到再額外獎勵 20 元。同時,啟發王某要時刻提醒自己按要求去做,或用便利貼寫上激勵自己的話貼在書桌旁或電腦旁。在學校時,讓老師和同學監督他的聽課狀態,及時表揚和肯定。讓王某的好朋友給予配合,同是電腦迷,多聽聽別人是如何合理分配時間的。最後,經過三個多月的干預,王某基本達到了預期目標,把電腦遊戲時間控制在 1 小時之內,學習也有了明顯的進步。

這個案例不能簡單地看作心理干預或行為矯正,它就是一個運用多方面技巧來完成的干預過程。根據實際情況適當結合二者的方法與技巧,就能事半功倍。

複習鞏固

    1. 什麼是心理干預?

    2. 什麼是行為矯正?

    3. 心理干預的任務是什麼?

第二節 心理干預矯正的技巧

學生由於處於心理、生理快速發育、成長階段，面對學習、人際交往、家庭、性萌動等方面的問題和壓力時往往不能從容應對，這些癥結鬱積在心中長期未得到疏導的情況下就容易產生心理問題。學校干預者的任務就是結合心理學理論並運用心理學技巧將他們的癥結解開，針對學生們的心理問題排憂解難。

一、心理干預的技巧

在干預過程中，建立起良好的干預關係，評估完個體心理問題並確立干預目標後，干預者的關注重點就轉向選擇技術方法來幫助個體處理其心理問題了。心理干預的模式、技術以及方法的不斷發展和完善，為干預者處理心理問題提供了多種有效的框架。同時，這也對干預者如何正確決策，選擇較合適的、有效可行的技術和方法提出了要求。

1. 心理干預的主要模式

當前國外針對干預模式的研究主要有以下幾種：一是將干預過程劃分為幾個階段，針對不同階段的特點採取相應的措施與策略；二是將不同的干預模式、支持資源取長補短，加以整合；三是針對不同的人群、不同的應激情況作深度拓展，進行特異性干預（童輝杰，楊雪龍，2003）。國外學者在不同模式的整合方面取得了一定的研究成果，Belkin 等學者提出了三種干預模式的整合（Belkin 等，1984），North 等學者提出了教育、支持和訓練的社會資源工程模型（North Hong，2000）和 Eaton 等學者提出了一種綜合干預系統（Eaton 等，2000）。

我們從另一個視角，以認知、情緒、行為逐次入手，歸類為以下三種模式：

一是認知模式。該模式認為，危機導致心理傷害的主要原因在於當事人對危機事件的境遇進行了錯誤思維，而不在於事件本身或與事件有關的事實。該模式要求危機干預工作者幫助當事人認識到存在於自己認知中的非理性和自我否定的成分，重新獲得思維中的理性和自我肯定成分，從而使當事人能

夠實現對於危機的控制。認知模式比較適合於那些心理危機狀態基本穩定下來、逐漸接近危機前心理平衡狀態的當事人。

二是情緒疏導模式。林德曼發展的「哀傷輔導」是情緒發洩的一種模式，強調在強烈的悲痛面前人不能沉湎於內心的痛苦，而是要讓自己感受和經歷痛苦，發洩情感（哭泣或哀號），否則容易產生不良後果。哀傷輔導包括對喪親的哀痛、體驗哀痛、接受現實，在失去親人的情景下調整生活，恢復信心，重新樹立生活目標。

發洩完負面情緒之後，人可能還處於一種心理情緒失衡狀態，他們原有的應對機制和解決問題的方法不能滿足他們當前的需要，因此，危機干預的工作重點應放在穩定當事人情緒上，以使他們重新獲得危機前的平衡狀態。在這個平衡狀態到來之前不適合採用其他干預措施（王建國，2007）。

在心理達到基本平衡後，干預技術就占主導地位了。危機干預的主要目標之一是讓當事人學到對付困難和挫折的一般性方法，這不但有助於渡過當前的危機，而且也有利於以後的適應，在當事人以後再次面對危機和挫折時，可以依靠自己的力量去解決它。

三是行為轉變模式。人是先天遺傳和後天環境學習的產物。因此，危機可能與內部的和外部的（心理的、社會的或環境的）困難有關，而不是一種單純的內部狀態。相應地，危機干預的模式也要求涉及個體以外的環境，測定與危機有關的內部和外部困難，幫助求助者選擇替代他們現有的行為、態度和使用環境資源的辦法，從而幫助當事人將適當的內部的應付方式、社會支持和環境資源結合起來，最終獲得對自己生活的自主控制。心理社會模式最適合於已經穩定下來的當事人。

2.心理干預的具體技術

心理干預的具體技術包括認知改變技術，情感表達、辨析、整合技術，行為改變技術等。這裡著重介紹前兩種技術，行為改變技術將在「行為矯正」小節中再詳細介紹。

认知是客观事件或外部刺激造成个体情感和行为诸多心理问题的重要原因，因此，要解决心理问题就必须以个体的认知（主要是认知方面的偏差和失调）为干预对象和切入口。最具有代表性的是艾里斯的合理情绪疗法和贝克的认知疗法。

艾利斯的合理情绪疗法于20世纪50年代创立。该疗法认为，患者错误的思考方式或不合理信念是其心理障碍、情绪和行为问题产生的根源，患者的不正常行为受其不正确的思维模式支配，治疗的基本方法是瞭解患者此时此刻的思想，识别出其非理性的想法，直接指出患者歪曲的、不正确的、不合理的想法和行为，同时充分相信患者能用正确的思想方式来重新组织其生活。不合理信念的主要特征见本书第136页。

贝克的认知疗法理论认为，患者的感情和行为大部分取决于患者本人对周围事物的解释、想法和认知模式。也就是说，一个人的思想决定了他的内心体验及行为反应。该理论的出发点在于确认思想和信念是情绪状态和行为表现的原因，目的就是要改变患者不良的或歪曲的认知和观念。因此，贝克的认知疗法又被称为「认知转移法」。

认知疗法著重于辨认和改正歪曲而不适应的认知。贝克归结了认知过程中常见的认知歪曲的形式：

（1）任意的推断。即在证据缺乏或不充分时便草率下结论。

（2）选择性概括。仅仅根据个别细节而不考虑其他情况便对整个事件下结论。

（3）过度引申，是指在某一事件的基础上做出关于能力、操作或价值的普遍性结论。

（4）夸大或缩小，是对客观事物的重大意义做出歪曲的评价。

（5）「全或无」思想。即要么全对，要么全错，把生活看成非黑即白的单色世界，没有中间色。

從艾利斯和貝克的理論來看,雖然他們的提法命名等有所不同,但其基本理論和思想十分相似,中心思想也都認為認知可以左右行為反應,錯誤的思想及判斷是導致患病的主要原因。

情感問題在心理干預中頗為常見,小學生與父母的情感問題、中學生的人際情感問題、大學生的戀愛情感問題都可能出現不同程度的障礙。情感干預技術是以處理個體的情感為題作為突破口來解決其心理問題的一種思路和策略。進行干預操作時有三項具體技術,即情感表達技術、情感辨析技術、情感整合技術。這三項技術既可以單獨使用,也可循序運用,在干預時可根據個體情感問題的具體情況進行選擇或組合使用。

情感干預技術是利用個體自身具備的「完形」能力,將其自己與環境的阻隔或自身內在的分裂提升到當前意識層面,進行認識和處理,並重新組合成為一個統一的整體。因此,進行情感干預時通常要使個體覺察自己的軀體反應、自己所處的環境及自己的內心感受。在使個體獲得充分的覺察力並感知和體驗內在的衝突後,情感干預才能取得良好的效果。

運用情感干預技術時,首先會遇到一個棘手的問題,即個體總是表現出一種想方設法迴避談及自己情感的傾向。究其原因有兩種可能:一是個體對情感表達有錯誤認識,他們不願面對自己當前真實的情感狀態,二是由於言語匱乏,沒有能力將內心混亂的情感清晰地表達以來。為此,干預者一方面要完成改變態度的任務,要幫助個體正視自己的情感,使其承認自己的情感,認識到情感表達實際上也是情感宣洩,它對人的心理狀態影響甚大;另一方面還要完成教授技術的任務,豐富情感表達詞彙。運用情感表達技術其實就是完成上述兩項任務的過程。情感表達提示術是透過向個體提供一些精確、具體的情感語詞,來有效幫助其提高正確、全面表達自己情感的能力。提示手段有口頭提示、書面提示、範例分析。在使用提示術時要注意保持高度的情感敏感性,需要掌握豐富的情感語詞。

陷入情感困擾的個體,其真實的情感狀態往往是兩種或兩種以上的情感相互交織的複合狀態。情感辨析技術就是幫助個體辨別與分析其內在情感的複合狀態,使其明曉其中所涵蓋的各種情感的性質、強度和比例,使其情感

狀態在意識層面上從混沌趨向有序。情感辨析術可細分為三項子技術，即分別運用情感性質甄別表、情感強度指示器與情感比例百分圖。情感性質甄別表由許多描述情感狀態的語詞隨機排列而成，主要作用是辨析個體目前整個情感狀態的構成性質。一般而言，情感性質甄別表中的語詞數量在 30～50 個，要求其盡可能包括各類情感表現。情感強度指示器類似於一個個簡單的氣球圖形，它的作用是辨析個體目前情感狀態所包含的各種不同性質情感成分的相對強度。情感比例百分圖用來測定一天或一週內當事人被各種情感纏繞的時間分配比例，它以百分數形式分割成的比例圖表示。

3. 心理干預應注意的問題

預防學生心理危機是學校心理危機干預工作的基礎，學校要樹立「心理危機，預防為先」的理念，堅持教育為本，大力開展預防工作。應以全體學生為教育對象，而不是侷限於心理危機中的個體。同時，應當關注事前的預防，重視教育與輔導，最終促進學生的個體成長和發展。

預防學生心理危機教育的內容很廣泛，涵蓋多個方面的內容，針對不同階段的學生應著重於不同方面的預防。按照心理干預的管道可分為個體、學校、社會三個方面，其中個體方面包括心理危機源、應對方式等，學校方面包括學校的教育和學校的師資團隊等，社會方面包括社會支持系統及其他方面。

就個體而言，主要有心理危機源和應對方式等。

（1）心理危機源

影響小學生心理健康的因素很多，而家庭對其心理衛生有特別重要的意義，父母關係不和是其心理危機的主要來源。中學生的心理危機源主要體現在人際關係和學習壓力方面，面對同伴較多使用嘲笑、散播流言、威脅結束友誼以及拒絕進入或逐出某個團體等關係攻擊的手段（Crick Nelson，2002），使得他們與同伴依戀水準較低，得不到同伴的支持和認同，同時因其青春期的叛逆心理使其本來就不是很好的親子依戀更為疏離，從而導致其

行為和情緒問題的增加。對大學生心理危機源的實證研究結果發現，大學生的心理危機源主要來自於前程壓力和學習壓力等方面。

預防學生心理危機應該從相應的各個方面對危機源進行管理。首先，訓練學生的應激感知能力，減輕其壓力感。生活事件之所以成為危機源，與學生對其的感知是不可分割的。只有當學生將其感知為壓力性事件，才會對他形成壓力，引起心理失衡。否則，即使發生了，也不會對他造成影響。因此，預防學生心理危機首先要從認知上訓練學生對壓力的感知。具體來說，要引導學生瞭解心理危機源，分析危機源，訓練學生正常對待危機源，而不是主觀誇大危機源所帶來的結果。要訓練學生以積極、樂觀的態度對待危機源，將危機事件的發生看作個體成長的機會。例如，教師還可以根據學生的實際生活情況，幫助學生建立危機事件檔案，並引導他們嘗試體驗各種危機事件帶來的感受，並分析感受過程中心理和情感的變化。其次，在學生心理危機源中，有些事件是可控的，有些是不可控的。對不可控危機源，高校應及時對處於應激事件當中的學生給予關注，動員一切力量進行幫助、教育和支持。對可控危機源，高校要採取措施減少危機源的數量和強度，從源頭上遏制心理危機的產生。危機事件對學生的影響往往具有累積性，而危機事件的強度則直接決定其對學生個體的心理衝擊力的大小。因此，控制其發生的頻率和強度對預防心理危機有類似於「正本清源」的作用。一方面，教師應指導學生積極採用解決問題的方法，從根本上消除應激源是最理想的控制應激的方法。

比如，指導差生制訂學習計劃、傳授科學的方法和鼓勵他們自我監督來提高學習成績。另一方面，運用解決問題的方法並不能消除所有應激源的影響，應當根據不同應激源的具體情況進行指導。例如，在必要的情況下採用「迴避」的方法也是有效的。教育學生在失控前遠離應激源，轉移注意力，減弱激動情緒，比如換一種環境，暫時把煩惱拋開。此外，針對學校重大的、關鍵性的生活事件，如重大考試、畢業答辯、就業等事件，學校特別要重點關注那些處於事件中的學生，將其列為心理危機預警對象，以便及時對這些學生進行心理危機干預。學習壓力對於學生來說是最重要的心理危機源，因此，在進行心理危機預防時，需要特別注意對學習壓力的控制。對前程壓力

的控制,可以透過加強學生的情緒管理、人格教育、職業規劃等,使學生認識自我、接納自我、培養自信,對未來充滿信心。對學習壓力進行控制,可以拓寬對學生進行考評的指標範圍,即不侷限於以學習分數來評價學生的成敗,而是要考慮學生所具備的學習能力因素;可以以班級、院係為單位組織學生進行學習經驗的交流和探討。教學上注意培養學生的自學能力和思考能力等。

(2) 應對方式

有研究表明,青少年心理危機源和應對方式存在一定的相關性。青少年在面對不同困境時所選擇的應對方式有一定的規律性,而良好的心理危機應對方式可以使青少年正確應對危機,解決問題,健康成長。為幫助青少年瞭解和掌握合理的應對措施,建構科學的心理危機應對機制,就要加強指導青少年合理選擇心理危機應對方式。首先,改變學生的認知方式。其次,在情感上,學生應學會自我情感的調整,能積極調節不良情緒。最後,在行為上,倡導和鼓勵學生採取積極、合理的應對方式,減少或避免使用消極的應對方式。積極的應對方式有昇華、堅持、表同,可概括為解決問題;消極方式包括壓抑、否認、攻擊、自殺、逃跑、放縱、退縮,可概括為幻想、自責和退縮;中性反應包括補償、轉移、反向、壓抑、宣洩、投射,可概括為合理化。在具體形式上,學校可以透過開設課程,用知識講授、課堂討論、模擬訓練、現場實踐等豐富的形式使學生接受系統的心理危機應對方式教育;可以透過發放應對方式知識手冊,讓學生全面瞭解各種應對方式的利弊,最終選擇最佳的應對方式;可以透過舉辦心理沙龍、心理危機應對方式講座、團體心理輔導等形式訓練學生的問題解決技巧、溝通技巧、決策能力等。此外,由於不同性別、年級、專業的學生在心理危機應對方式的選擇上有一定規律,必須針對不同人群進行相應的危機處理方式教育。

就學校而言,主要是學校教育的內容與方式,以及教師素質。

學校教育的內容與方式。對於小學生主要是進行紀律教育,中學生、大學生可以從人生觀、價值觀方面進行培養。首先要強化理論指導,促使學生明確自己應該做什麼以及能夠做什麼。其次應尊重學生的個性及體現個人特

徵的價值觀念，在有針對性地指導他們克服消極個性的同時，鼓勵他們發展自己積極健康的個性。在政治思想品德及人生觀方面，只要其達到了與個體素質、認知水準、心理特徵相適應的基本要求，就不要求全責備，而是從實際出發，著眼於時代特徵，尋找教育內容與學生人生觀、價值觀的最佳結合點，對不同認識層次和價值取向的學生進行有的放矢的教育。科學人生觀、價值觀的樹立可以使人始終如一地保持內心堅定的信念，不容易受到外界干擾，以人生觀、價值觀引導來介入心理危機，為解決學生心理危機問題提供了一條更為有效的方式和途徑，豐富了心理危機干預的內容。完善自我教育包括自我意識的完善和自我人格的完善，針對小學生主要是引導他們理解自我、發現自我；中學生正處於青春期，生理、認識、情感各方面發生了深刻的變化，他們開始關注自我，去發現、體驗自己的內心世界；大學生的自我意識正經歷著不斷的分化與整合，並在不斷的分化與整合過程中逐漸完善。學生自我意識相關教育要使學生掌握自我意識的含義和結構、自我意識的發展規律，瞭解學生自我意識發展過程中常見的困擾，促進學生自我同一性的確立和自我意識的完善，使學生能夠客觀正確地評價自我、悅納自我，使自我認識、自我體驗和自我控制相協調，理想自我與現實自我相統一，在一定程度上減少心理應激的產生。

從幼兒園進入小學，小學進入中學，中學進入大學，學生們常常會感到諸多不適應，學業上和人際上的改變都會給他們造成或多或少的壓力。進行適應力提高教育，就是要使學生明確適應能力的重要性，幫助他們分析學生中常見的適應不良現象及其負面影響，引導他們學習適應、生存與發展的技能，提高個人的心理適應能力。適應力提高教育包括壓力應對教育、生涯規劃教育等。當今學生面臨著無所不在的壓力，小學生面臨著學業壓力、才藝壓力，中學生面臨著學業壓力、情緒情感壓力、人際關係壓力，大學生面臨著學業壓力、經濟壓力、就業壓力、情感與性壓力、人際交往壓力等。壓力有兩面性，一方面，壓力過大時，會使個體陷入心理危機，產生不良後果；而另一方面，適度的壓力可以激發人的積極性和潛能，促進個人的自我實現。壓力應對教育能幫助學生科學認識和分析壓力來源，掌握一定的壓力應對技巧，使自己保持健康的身體和良好的心態。

人是社會性動物,每個人都是錯綜複雜的社會關係網絡中的一個節點,社會關係網絡可以為我們提供豐富的社會支持資源。特別是在危機狀態下,社會支持系統可以幫助我們有效地應對危機,獲得成長。而心理危機往往與缺乏相應的社會支持資源有關。很多學生期望學習人際交往的技巧,獲得更高的人際交往能力。事實上,在人際關係中,人與人之間的真誠與信任才是人際關係的支柱。如果沒有了真誠與信任,再好的技巧不過是「水中月」。然而,僅有真誠與信任也是不夠的,還要注重對方的反饋,做積極的傾聽者,相互支持、互動、共通的人際關係才是正常和健康的。

愛情是人類永恆的話題。面對當今青少年日趨早熟的局面,戀愛與性心理教育理應提前開展。必須重視戀愛與性心理教育,使學生對愛情的本質有較深入的理解,明確真正的愛情是互相激勵和共同進步,是相知相伴、同舟共濟。對於成年的大學生來說,要使他們樹立健康的愛情觀,學會處理戀愛中的各種問題和困擾,學會處理愛情與友誼、學業以及個人發展的關係,逐步培養愛的能力,學會自愛和愛人。性心理教育要使學生瞭解和掌握性心理發展的規律,明確性衝動和性渴望是正常的生理現象,認識性心理問題的表現和產生的原因,培養健康的性心理和成熟的性觀念。中學生和大學生正處於生理、心理及思想變化的時期,心理狀態及情緒動盪不安,缺乏社會生活的磨煉,情緒控制力較低。不良情緒會妨礙人的身心健康,且極易產生過激行為。因此,應對他們進行科學指導,使其瞭解情緒的類型及發生機制,明確情緒對日常生活和身心健康的影響,反省自己的情緒表現。學會自我情緒調節和管理的技巧,透過情緒管理教育,可以使學生瞭解人的情緒的正常值及自身情緒變化的特點,透過有效的調控手段,使自己經常保持樂觀、滿意、溫馨的心態,形成適度的情緒反應能力和較強的抗干擾能力,避免憂傷、苦悶、急躁等消極情緒,在生活、學習中充滿自信,熱情、奮進、向上。因此,應對學生情緒問題給予更多的關注,進行情緒調節,培養學生準確知覺、理解、表達情緒的能力,善於用積極健康的情緒面對環境。

不少學生對心理危機的認識並不多,甚至存在很多誤解,如認為心理危機是一種精神疾病,正常人不會陷入心理危機等。應該對學生進行危機認知教育,使其瞭解什麼是心理危機,心理危機的成因和表現是什麼,學生中比

較常見的心理危機有哪些等基本常識；使學生明確心理危機的產生並不都是病態的表現，正常人在外來的強烈和持久的刺激下也會陷入心理危機。心理危機是可以識別，並能得到預防和治療的，對於學生心理危機的防治，需要各方面的共同努力。危機通識教育要使學生學會「三助」，即學會自助、學會求助、學會助人。學會自助即要自覺提高自身的心理素質，抵禦心理危機的侵擾；學會求助即在面對心理困擾時，有主動求助意識，及時向外界或專業的心理機構求助，以盡快解決問題；學會助人即掌握一定的危機識別知識，對周圍陷入心理危機或存在自殺危險的同學及時給予支持和幫助，必要時訴諸專業機構。

教師素質體現在師資團隊上。學校現有心理健康教育工作人員不足，專職諮詢人員很少，而心理危機干預是高度專業化的工作，它需要紮實的專業基礎、豐富的知識和嫻熟的技術。學校應大力培養心理危機干預的專門人才，尤其是從事心理健康教育的人才團隊。積極開展對從事學生心理健康教育工作專職、兼職教師的培訓，培訓內容包括心理健康知識、心理輔導的方法、心理危機的干預等。學校應制訂培訓計劃，將心理危機干預的師資培訓列入學校師資培訓計劃，透過培訓不斷提高他們從事心理健康教育工作所必備的理論水準、專業知識和技能。同時，班導師、輔導員、朋輩輔導員和學生骨幹作為心理危機干預的重要力量，也應視為心理危機干預培訓的主要對象，並參照國家有關部門對心理諮詢專業人員的相關規定和要求，逐步使專職心理健康教育和諮詢人員達到持證上崗要求。

就社會而言，當學生面臨難以解決的困境時，有必要向社會支持系統尋求幫助。健全學生社會支持網絡體系，對於預防學生心理危機、幫助學生成功度過危機是非常重要的，學校應當積極建立和完善學生社會支持系統。學生社會支持網絡包含兩方面的內容：一方面是由學校建立能給予學生物質和精神上幫助的支持系統，這些支持主要是來自學校、社會的支持體系；另一方面是學生自身的社會支持系統，主要是指學生在自己的社會關係網絡中所能獲得的，來自他人的物質和精神上的幫助和支援。社會可提供免費的心理援助熱線電話，它是進行危機干預服務的最常用的方式，能夠提供簡單的支持性診療和相關訊息，實施轉診服務。電話熱線可以24小時提供服務，由

受過訓練的志願者為求助者提供幫助。電話危機干預比較方便、及時、經濟、保密性強，但難度較大，因為互不見面，聲音是獲得訊息並實施干預的唯一途徑。干預者的任務是迅速從音調、語氣及簡潔應答中判斷求助者的心理狀態，基本干預策略是先穩住對方的情緒，引導其傾訴，再曉之以理。熱線電話因其便捷性和自由性而得到廣泛應用。對於所在地缺乏特殊的危機干預機構，或因為軀體、心理原因不能親自去危機干預機構求助的人們而言，這是一種非常重要的干預手段。

二、行為矯正的技巧

現代心理學的研究表明，行為不是天生的，而是透過學習獲得的。兒童透過學習才學會了說話、認字、書寫，才獲得了各種知識技能；透過教育才學會了尊老愛幼，形成良好的品行並遵守道德規範。人一旦遠離社會得不到教育，就很難發展人類的行為。中國的教育歷來重視從小培養良好的行為習慣，所以培養兒童良好的行為習慣容易為廣大教師和群眾所理解和接受。而對於沒有養成良好行為習慣的青少年，需要經過訓練和矯治，使其重新獲得適應性行為，這就是行為矯正的意義所在。

1. 行為矯正模式

行為矯正的模式主要有以下幾種：行為導向模式、行為強化法、行為消失法、懲罰法、認知行為矯正模式、社會學習模式。

行為導向模式是以覺察日常生活中的問題行為和潛在的問題行為為起點，經過診斷確定矯正目標，並運用有效的矯治方法，對問題行為改正的成效進行簡評，以此來塑造和發展良好的行為。

行為強化法已透過桑代克與斯金納的實驗得到了非常清楚的闡述。當一個行為造成有利的結果時，這個行為更有可能在將來的相似環境中被重複。雖然行為強化原理最初是利用動物的實驗結果闡述的，但是行為強化也是一個對人類構成影響的自然過程。在加強行為的過程中正性強化和負性強化都會增加這種行為在將來出現的可能性，它們的區別僅僅在於行為結果的本質

不一樣。在正性強化中反應產生出刺激，而在負性強化中反應移除或阻止刺激。行為強化是加強操作性行為的過程。

行為消失法是指，如果行為不再造成具有強化作用的結果，行為人就會停止這個行為，我們就說，這個行為正在經歷消失的過程或已經消失了。行為消失意味著移除一個行為的強化刺激。兩個重要的因素會影響行為消失過程：行為消失一段時間前的行為強化程序；行為消失一段時間後發生的行為強化。行為消失是削弱操作性行為的過程。

懲罰法從程序上可以分為兩類：正性懲罰和負性懲罰。正性懲罰包括體罰、譴責、反應限制、矯枉過正。其中，矯枉過正還可分為儀式性的矯枉過正和積極的練習。負性懲罰包括隔離和反應代價，隔離可分為排除式的隔離和非排除式的隔離。兩種懲罰之間的區別是由行為的結果所決定的。

認知行為矯正模式是透過辨認和改正歪曲而不適應的認知，從而改變個體的不良情緒以及不適應的行為。它不僅重視不良行為的矯正，而且重視個體的認知方式改變及認知、情感、行為三者的和諧。它還重視個體目前的認知對其身心的影響，重視意識中的事物。

社會學習模式基於以下的認識：人的心理功能是由人、行為、環境三種因素間連續不斷的交互作用決定的。這些因素相互依存，產生的相對影響隨不同的場合和不同的行為而各不相同。該模式強調替代的、符號的和自我調節的過程在人的心理活動和行為變化中的重要作用。在社會情境中，人的許多行為都是透過對榜樣的觀察而習得的，這是人類學習的重要形式。透過觀察示範行為，人們形成操作新行為的觀念，這一編碼訊息能對個體今後的相關行為起導向作用。

2. 行為矯正的具體技巧

根據行為矯正的模式我們可以得出，矯正的技術主要有降低行為發生率的技術、提高行為發生率的技術、認知行為矯正的技術。

降低行為發生率的技術主要有消退、暫停、反應代價、刺激控制技術、厭惡法、系統減敏法等（林崇德等，2003）。下面，我們分別進行介紹。

消退這種方法來源於經典條件反射理論，是對條件性行為不進行強化而造成的行為出現率逐漸降低、最終消失的現象。其產生的具體情境為：在經典條件作用形成後，多次只呈現條件刺激而不呈現非條件刺激；在操作條件作用形成後，有機體多次產生反應但不出現強化物。例如，孩子哭鬧時，父母不予理睬，慢慢地，兒童的這種任性行為就會消除。

暫停是在個體表現出某種不良行為時暫時取消對他的正強化，以減少其不良行為的做法。消退是把能引起兒童不良行為的消極強化物除掉，而暫停則是將能引起兒童不良行為的消極強化物暫時扣除。如碰到小學生上課搗亂，若教師將他帶入隔壁的空房間，先讓他一個人坐 5 分鐘，再讓他回到教室，這時教師用的是暫停。暫停強化通常有兩種做法：一種是在一段時間內對目標行為不予強化；另一種則是要求行為者離開當前存在強化物的行為情境，到暫停區待一段時間。

反應代價是指個體因其問題行為而不再能享受到某些權利、獎賞，或必須支付罰金。其實質是透過取消或終止某種刺激而減少某一反應發生的可能性或頻度。比如，父母在孩子哭鬧時將他從對他很有吸引力、所提要求經常能得以滿足的房間裡趕到他自己的寢室去時，他失去的便不僅僅是「滿足要求」這一維持其哭鬧行為的正強化物，而且會喪失其他好處。反應代價經常與代幣制聯合使用。

刺激控制技術，就是對情境中的有關辨別刺激加以控制，從而使相關的不良行為少發生或不發生。個體的操作性行為總是發生在一定的情境中。對於操作行為而言，辨別刺激既是其發生的線索，又對其發生起著強化作用。刺激控制技術主要有三種：

一是排除，也就是說把與不良行為相關聯的辨別刺激從情境中全部消除，從而使不良行為得到提示和強化，最終降低不良行為的發生。

二是限制，是要把與不良行為有關的辨別刺激只安排在情境的某一小的區域，或某個時間範圍內，從而使不良行為的發生只限定在一個小的範圍內。如，兒童在做家庭作業時愛看電視，家長可以規定在每天的某一時段之內可以看電視，在其他時間則不行。

三是代替，為了更好地消除不良行為，人們常常選擇與之相應的良好行為，用這個行為代替不良行為。

也就是說，在不良行為出現時給予懲罰，如暫停、反應代價等，而在良好行為出現時則給予強化。這樣，良好的行為就會逐步代替不良行為的發生。如，對於小學生的攻擊行為的矯正，當兒童出現攻擊行為時，給其施以反應代價；而在其助人行為出現時，則給予表揚。

厭惡法是根據經典條件作用原理，使個體的不良行為借助厭惡刺激形成條件反應而得以戒除。具體做法是，每當患者表現出不良行為時，即給予厭惡刺激。

系統減敏法是將當事人所描述的那些產生焦慮的刺激進行層次性的安排，即按照當事人的情緒困擾程度定出等級，然後由專業人員教給當事人放鬆的技巧，隨後，專業人員會將引起最少焦慮的情境重述，由此當事人的感受一方面被增強了，另一方面則透過放鬆過程達到脫敏的效果，直到最後所有的焦慮消失為止。

提高行為發生率的技術主要是依據條件反射原理中的強化原理而來的，主要技術有強化、偶聯契約、代幣制。

強化是根據操作性條件反射理論，如果在一個指定的情境中，某人做某事之後，積極強化物便隨之而來，那麼，當他下次遇到相同情境時就很可能再做同樣的事情。在運用強化作用提高行為的發生率時，強化物的選擇是很重要的。弗尼斯和克里斯蒂認為，這些強化物是具有層次性的，從最基本的行為後果，如生理接觸、食物到更抽象的行為後果如自我強化等。常用的強化方式有正強化、負強化、間隙強化等。

偶聯契約，這種方法是經行為者本人同意後，以書面協議的形式，明確規定怎樣的行為表現將會獲得怎樣的後果。契約的制定是實施偶聯契約的關鍵。這種干預方法要求行為者具有較高的理智與社交的水準。

代幣制是根據操作條件作用原理，利用個體的自發活動，配合外部強化控制，使個體循序漸進地以正當行為取代不當行為。具體做法是，當患者表

現出適當行為時,根據行為的性質,患者可獲得一定數量的代幣,並可用代幣換取自己喜愛的活動或物品。其中行為改變的最重要原則在於,任何目標行為出現之後,行為後果作為一種強化物都會立即出現。但在現實情境中,這一點卻很難做到。為瞭解決這個困難,行為矯正能獲得強化。這種代幣或籌碼在行為矯正技術使用中被用作行為與強化物之間的媒介。代幣制應用的範圍很廣泛,它可以矯正兒童的多動、攻擊行為、膽怯、孤獨等多種行為。它既可用於個別矯正,又可用於群體矯正。

認知行為矯正的技術常見的有自我指導訓練、問題行為解決訓練、自我監控訓練。

自我指導訓練(林崇德等,2003)主要用於治療攻擊性的、注意力缺乏和自控能力差的兒童,也用於治療焦慮、消極、失望等症及精神分裂症患者。它包括兩個方面:認知訓練和解決人際問題的訓練。它旨在建立一套嚴格的程序,由訓練者按照規定的步驟教兒童在解決他們所面臨的問題時學會使用言語的自我指導的方法。人們曾對這種方法的效果期望值很高,但近些年來大量的研究結果似乎並不如意。一項有關自我指導訓練效果的元分析研究(Dush,Hirt,Schroeder,1989)表明,這種方法雖然有一定矯正效果,但其標準差過大,很難進一步得出結論。

問題行為解決訓練所說的「問題」是指使兒童不能馬上做出合理而有效的反應的那種情境。所以,問題解決訓練就是要求兒童對原來的問題情境能做出合理有效的認知行為反應。

自我監控訓練(林崇德等,2003)原指讓患者自己觀察、測量和記錄其症狀及與之相關的行為,以確定治療開始前的基線的過程,在這裡針對兒童是指對所指定的目標行為的自我觀察和自我記錄。自我監控也可作為一種行為改變的手段。當學生被要求注意目標行為,對行為的自我記錄將產生相應的效果,即目標行為的強度將發生改變(Gardener Cole,1988)。唐拉等人(Dunlap,1989)曾訓練學習障礙學生採用核查表監控自己在做減法課堂作業題時問題解決的過程。他們報告說,這種方法對學習障礙學生很有效。

第九章 心理干預矯正技術

拓展閱讀

如何結束干預也是一門學問

干預者針對個體的心理問題按計劃進行了干預、處理後，干預就進入了結束階段。結束干預將極大鞏固已取得的干預成果，也可以使個體擴大干預成果，還可以使個體明白，一旦需要仍可以隨時得到幫助。

結束干預的工作步驟大致有：

（1）判斷並告知干預結束。很多時候，干預者憑經驗與直覺對干預是否已接近尾聲做出判斷，並考慮是否可以做些結束干預的工作。

（2）概括干預現狀。在將結束干預的訊息告訴個體，並被個體認可之後，干預者還必須對干預現狀做出簡要概括，概括內容涉及干預目標、干預關係、已取得的成績和進步，以及需要個體特別重視的有關訊息等。

（3）擴大干預成果。在概括干預現狀的基礎上，干預者要努力促使個體思考如何將已取得的成果遷移到今後的生活、學習、工作中，並在必要時提供適當的幫助，以擴大干預成果。

（4）提醒個體可以隨時前來尋求幫助。雖然本次干預即將結束，但干預者應該在結束工作時提醒個體並使他相信，任何時候來找干預者都會受到歡迎。

（5）撰寫干預結束報告。干預者一般需要在最後寫出一份書面報告，將以上各部分內容及其他事項做全面總結，並作為干預訊息的一部分歸入個體的干預檔案中，且進行嚴格保密。（高旭燦，2008）

複習鞏固

1. 心理干預包括哪幾種模式？
2. 心理干預有哪些管道？
3. 行為矯正的技巧有哪些？

本章要點小結

　　1. 心理干預是指透過心理學的手段和技巧，對心理活動的方向、性質、強度和表現形態進行控制和調整，從而使人的心理狀態和行為方式歸於正常。特點是針對不同群體可以實施不同的干預措施，即「對症下藥」。

　　2. 行為矯正主要是依據學習原理來處理行為問題，從而引起行為改變的一種客觀而系統的有效方法。主要特點包括：應用條件反射和社會學習等原理對兒童和成人的不正常行為進行治療，並訓練他們形成良好的適應行為；反對傳統的精神分析法的主觀性，注意預測各種事物之間的因果關係；反對主觀猜測和內省法，強調用行為的客觀表現以及可測量的數據作為有效的治療根據。

　　3. 心理干預可從認知、情緒、行為逐次開始，歸類為認知模式、情緒疏導模式、行為轉變模式。學校心理干預可從學校教育、心理危機源的管理、應對方式、支持系統、學校專業人員及多管道進行。

　　4. 行為矯正的模式主要有以下幾種：行為導向模式、行為強化法、行為消失法、懲罰法、認知行為矯正模式、社會學習模式。

　　5. 降低行為發生率的技術有：消退、暫停、反應代價、刺激控制及其他技術。

　　6. 提高行為發生率的技術有：強化及其他技術。

　　7. 認知行為矯正的常見技術有：自我指導訓練、問題行為解決訓練、自我監控訓練。

關鍵術語表

　　心理干預 認知模式 哀傷輔導 理性情緒治療 認知療法 心理危機源
　　社會支持系統 個別危機干預 團體危機干預 自我指導 自我監控

本章複習題

　　1. 關於行為矯正的特點，以下選項中正確的是（　）

第九章 心理干預矯正技術

A. 應用條件反射和社會學習等原理對兒童和成人的不正常行為進行治療，並訓練他們形成良好的適應行為。

B. 支持傳統的精神分析法的主觀性和內省法。

C. 注意預測各種事物之間的因果關係。

D. 強調用行為的客觀表現以及可測量的數據作為有效的治療根據。

2. 以下選項中屬於行為矯正理論的是（ ）

A. 經典性條件反射理論 B. 操作性條件反射理論

C. 社會學習理論 D. 平衡理論

3. 心理干預是對個體的（ ）施加影響。

A. 心理活動 B. 個性特徵

C. 行為問題 D. 心理疾病

4. 心理干預的模式包括（ ）

A. 情緒疏導模式 B. 行為轉變模式

C. 社會學習模式 D. 認知模式

5. 降低行為發生率的技術包括（ ）

A. 消退 B. 暫停

C. 系統減敏 D. 代幣

6. 大學生面臨的壓力有（ ）

A. 情感壓力 B. 學業壓力

C. 就業壓力 D. 人際關係壓力

7. 心理危機干預的管道有（ ）

A. 個體危機干預 B. 團體危機干預

C. 電話危機干預 D. 網路危機干預

8. 針對小學生的行為矯正主要是（ ）

A. 違紀 B. 退縮

C. 攻擊 D. 人際關係

9. 行為矯正是以（ ）為理論基礎的。

A. 經典性條件反射理論 B. 操作性條件反射理論

C. 認知行為矯正理論 D. 社會學習理論

10. 行為矯正的模式包括（ ）

A. 行為強化法 B. 行為消失法

C. 平衡模式 D. 社會學習模式

第十章 促進系統的變革

第十章 促進系統的變革

　　學校心理學系統的形成發展，離不開學校心理學家的積極促成，他們在系統的變革中更是起著中流砥柱的作用。他們猶如久逢乾旱後的第一滴雨露，雖然細微，聽似無聲，但卻能為學生帶來積極面對生活的勇氣；也如黑暗中的燈塔，以微弱但堅定的光，為受教育者指明健全人格的方向；又像是有吸引力的磁石，正負極相遇而後相吸，教育者以自己的正能量吸收學生散發的負能量，這就是教育者用生命的意義來拯救學生消極人生觀的寫照。

　　他們更是整個學校教育體系的發動機，作為教育者與學生成長的隱形動力，促進整個系統的變革。本章將介紹學校心理學家在系統變革中的具體作用，以及他們在與時俱進的系統變革中所扮演的角色。

第一節 學校心理學家的作用

　　在傳統的學校心理學體系中，高等院校的心理學家除授課之外，通常以評估為基礎，使用心理測驗、行為分析等方法辨識有心理或行為問題的學生，對其進行單獨的心理輔導。傳統的學校心理學家關注對象更集中於學生，但學生心理健康僅僅是學校心理學體系中的一部分，心理健康教育體系並未涵蓋教師與教育管理者。且現有的學校心理學忽視了學生與社會環境的相互作用，僅僅從學生角度去發現問題、解決問題，十分片面，沒有對改善學生的學習與發展的生態環境造成建設性作用。隨著學校心理學的發展，學校心理學家面臨著更多的挑戰與機遇。如何在變化莫測的環境中把握機遇、迎接挑戰，需要學校心理學家充分發揮以下幾個方面的作用。

一、應對學校面臨的挑戰

　　現如今的學校系統面臨著諸多挑戰，但這些挑戰都有著一個共同的特點，即處在不斷變化中。當環境發生巨大變化時，學校系統必須尋求與外部環境之間的新的平衡關係，因而學校系統適應變化所面臨的壓力也劇增。學校心理學家作為促進系統變革的一分子，應隨時關注學校系統所面臨的諸多挑戰

第十章 促進系統的變革

和需求，積累系統變革中解決問題的知識經驗，熟練使用並傳承在變革的實踐中習得的相關技能。

1. 社會壓力日益增大

Greenberg（2003）指出，當今的社會變化和科技進步正在影響兒童和青少年的成長環境。隨著網路社會的形成與發展，人類進入了新的生存狀態和交往空間。網路這一虛擬世界已然成為一種無法剝離實際環境，甚至與現實世界互動影響的一種嶄新的環境。這一環境既給大中小各個類型學校的心理健康工作帶來了機遇，同時也帶來了挑戰。一方面它使心理健康教育不再侷限於固定的場地與形式；另一方面，又增加了心理健康教育的難度，因為學生明顯的心理問題就可能隱藏於網路之中，將虛假的健康面展現於世人，從而使他人忽略了問題的存在。

當數位化訊息遍布大學校園，大學生的整個生存狀態和精神狀態都發生了巨大轉變，從學習科學研究到休閒娛樂，從認知、情感到行為，都被網路深深地影響著，而高校人為事故的頻發，使得網路心理健康教育體系的構建成為必然趨勢。所謂網路心理健康教育，是以網路為載體開展心理健康教育。與現實中的心理健康教育相比，它具有內容的多樣化、方式的交互化、環境的複雜化、關係的虛擬化等新特點（姜巧玲，2011）。

關於網路心理健康教育的內容，學界目前提出了兩個發展方向：

一是加強關於心理健康教育的基礎知識，即在網上建立學生心理健康教育知識系統，開設心理學方面的課程，定期舉辦網上心理健康知識專題講座，舉辦網上心理健康教育活動，並有針對性地對學生進行學業指導、社交指導、就業指導等。

二是利用網路深入解決學生心理健康問題，對有心理輔導需求或困惑的學生提供一對一的網路諮詢，對學生的應激事件或創傷事件進行早期的心理干預，對心理痛苦及時進行疏通（練洪洋，2013）。

2. 學校需求急劇變化

科技進步和社會發展隨之帶來的挑戰還包括：學生數量在增長，學生個性和人格的差異性、複雜性都在增加，在中國人口的遷移中、在文化和民族的融合中發生的快速變化，都不約而同地強調了學校心理學家應關注各個學生群體間的差異。學校心理學家在工作中不僅要認識到這些差異，同時也要更加小心，切勿對來自不同背景的個體過分區別對待，甚至歧視。

20世紀80年代以來，在中國加快改革開放步伐，大力發展市場經濟，加速城市化速度的大背景下，越來越多的農村剩餘勞動力流入城市，留守兒童和流動兒童也隨之增加。根據《2006年世界兒童狀況報告》，目前中國至少有2000多萬名流動兒童，而且這一數字還有繼續攀升的趨勢。而根據學者段成榮（2008）的統計，留守兒童的規模更大，截至2005年已達到7326萬人，且仍然在繼續增長。

大量的研究表明，留守兒童較非留守兒童更易出現心理問題，他們在恐怖、敵對、強迫、偏執、軀體化和人際關係問題上的得分較高，且自尊較低，有嚴重的自卑感，有更多的違法亂紀行為，社會適應不良問題突出（郝程程，2013；趙蓮，2013；劉宗發，2013）。

至於流動兒童，他們也存在自尊較低、自卑傾向等，但更多的心理問題表現在身分認同和歧視知覺上，其身分認同障礙主要表現在：對於新環境的適應需要花費大量的心理努力；角色混亂、價值觀混亂，以及社會適應中的焦慮、厭惡、憤怒、無助等負性情緒。這些都會危及到個體的心理健康與主觀幸福感。藺秀雲（2009）的研究表明，流動兒童會感受到更多的歧視知覺，而歧視知覺會導致個體的社會文化適應困難。

對於這些處於弱勢地位的群體，學校心理學家應深入揭示他們是如何知覺歧視現象、進行歧視歸因的，這些又將如何影響其心理發展，從而真正理解這些學生的心理發展特點和規律，更好地幫助他們獲得積極成長。

3. 學校資源合理配置

Fullan（2000）指出，隨著時代的發展，社會、家長對學生的素質和能力的要求也隨之提高。社會和家長要求學校更多地關注學生的多樣性需求、

第十章 促進系統的變革

不僅僅是學業成績，還有社會情感的需求、心理健康的需求。要想滿足學生需求的多樣性、複雜性，學校需要合理配置資源，完善學生支持系統，一方面要能預期可能發生的問題，進行早期的干預和預防；另一方面對已經發生或可能發生更嚴重問題的學生，提供應對性的二級、三級支持服務。為了應對這些日益增加的問題，在人力、物力、財力等各個方面都必須優化資源配置。考慮到學校資源的有限性，有必要建立以學校為主體，以家庭和社區為輔助的資源供給體系。

美國著名心理學家布朗芬布倫納認為，個體的發展與周圍環境之間的相互聯繫構成若干個系統，即微觀系統、中介系統、外在系統以及宏觀系統。這對學校心理學體系改革的啟示是，心理健康教育並不只是該職業的責任，而是學校、教師、家庭三者共同的責任，只有協調好三者的關係，才能共同創造有益於學生身心健康的社會生態環境。

在布朗芬布倫納的發展生態理論中，微觀系統（microsystems）主要是指學生親身參與的環境，如家庭、學校、同學群體等。家庭作為人生的第一環境，不同的家庭，其父母的教養行為也不同，因而個體的發展狀態也會不同（弗拉維爾，2002）。20世紀80年代以前，中國家庭教育信奉的教育理念是「黃金棍下出好人」「孩子不打不成器」等，家庭暴力成為被崇尚的行為方式，但殊不知這不僅扭曲了一代人的心理和人格，也在一定程度上導致了校園暴力、社會犯罪（支愧雲、陳永進，2013）。

在布朗芬布倫納的發展生態理論中，所提到的第二種系統是中介系統，它是指微觀系統間的相互關係，如學校和家庭、家庭與鄰居等之間的相互聯繫。如美國著名教育學家艾斯坦的追蹤研究表明，家長與教師的積極溝通會促進小學生在中學的學業表現。相對於家庭和社會單獨作用的學生，他們會表現出更高的創造性和獨立性。反之，學校與家庭的教育方式不同，並不主動溝通，就會使學生面臨角色衝突和角色模糊的危險。因此，要使學生的身心得到全面健康的發展，就必須積極調動各個微觀系統使其相互配合，使學校、家庭保持積極的合作關係。

學校心理學家應主動承擔家庭、學校、學生之間溝通合作的中介橋梁角色，他們可指導學校管理者改良制度、政策，將教師與家長的雙向溝通制度化，也可組織一些親子活動，增進家長、學生、教師三方的互動交流。學校心理學家還可利用互聯網、微信等，把握學生的心理活動，與家長交流互動。學校心理學家應使學校和家庭這兩個微系統能相互聯繫、相互作用，共同為學生營造良好的社會生態環境。

二、促進系統變革

學校心理學家要促進系統變革，除了從宏觀上迎接環境的變化與挑戰外，還需從微觀上對組成系統的各個部分以及各部分之間的相互作用有深入的認識和理解，掌握科學的系統理論，並將理論應用於系統變革的實踐中，達到預期目標。

1. 強化心理健康意識

美國的研究表明，學生的學習成績、思想品德、行為習慣與教師的壓力密切相關。調節學生之間的矛盾、矯正學生的不良行為習慣、緩解學生的厭學情緒、幫助學習困難的學生提升學業成績等等，都是教師每日都需要面對和解決的問題。國內外大量研究顯示，教師與教育管理者由於工作的重負，身心健康狀況下降，部分教師存在教育教學行為失準，對學生失去耐心的現象，而處於職業倦怠期的教師還存在教育教學質量下降的問題（林紅斌，2005）。對於教育管理者而言，如果不能體察教師的角色衝突、角色模糊、工作量超負荷或不足等問題，不重視教師的心理健康，就會降低學校管理質量，造成教師的職業倦怠和人員流失。然而在中國並未對這一現象引起足夠的重視。

瑞士學者赫波曼（M.Huberman）的研究顯示，在教師職業發展的過程中，大部分教師都會有一個自我懷疑—自我體悟—重新定位的心理過程，而在自我懷疑的階段出現的心理問題，往往是導致離職的主要原因。美國學者塞勒（H.Selye）在對教師離職原因的調查中發現，最為常見的原因為疲勞、精神緊張、耗竭過度、沮喪（Cristiana，2012）。

職業壓力是導致教師與管理者出現不穩定情緒和心理問題的主要原因。其具體的表現是焦慮、煩躁、壓抑、無助感、缺乏安全感，對工作不滿意、感到疲憊，嚴重者還會引發心臟病、精神障礙等。學校心理學家的作用便相應地應擴展為對教師的心理問題進行疏導，挖掘教師的心理能量，發揮其職業潛能（Cristiana，2012）。

英國、瑞士等先進國家的學者曾提倡，學校應針對教師與教育管理者的心理問題開展一系列的預防和干預措施，透過教育培訓、開講座、個體諮詢、團體輔導的方式，疏通教師的心理問題，使其改變消極的認知方式，學會有效解決問題的技能，合理運用社會支持系統，增強自我效能感和控制感（Klassen，2011）。

目前較為成熟的應對壓力和耗竭的策略有四種，即壓力覺察、環境順應、生理訓練和心理控制（彭小英，2006）。

壓力覺察，是指個體對自己所處的環境，對壓力的特徵、原因、頻率和症狀的識別過程。國外的學校心理學家制訂的壓力管理培訓方案常常集中於壓力的定義、壓力的來源、壓力發生的頻率、教師自我應對策略的有效性等。大量的實證研究表明，成功的干預方案都是從參與者對壓力和耗竭意識的構建方式開始的。怎樣識別壓力產生的應激源，這些工作事件對個人生理與情緒產生了哪些影響，該怎樣系統評估工作事件帶來的後果，以及怎樣將壓力轉化為動力，這些是壓力管理方案的主要內容（彭小英，2006）。

環境順應策略有兩個工作重點：一是從客觀上改變所處情境；二是從主觀上改變壓力反應。

改變壓力反應可以透過下面的方式：一方面透過參與者積極暴露、討論他們的壓力源、應對方式，使管理者意識到基礎工作環境的壓力，教育管理者與教師共同建立明確的改變目標，共同協商改變的步驟和行為；另一方面透過專家講授自信心提升技術，獲取社會支持資源，學會改變壓力反應的技巧，使參與者自己形成有效的應對策略（彭小英，2006）。

在美國較常用的生理訓練是體驗式的團體輔導，使用「怎麼舒服怎麼坐、深呼吸、放鬆、過去的就這樣讓它過去」這樣的自我暗示語言，暫時遠離工作的疲憊和壓力，或是從事有氧運動，包括慢跑、游泳等（Klassen，2011）。

心理控制策略實際上是從諮詢心理學中的認知療法中提煉出來的，它強調認知評價與再評價的重要性。壓力的工作事件本身不是問題，問題是個體的認知方式、核心信念。因而，較為常見的幾種心理控制技術包括了改變自我挫敗、自我設限的信念，有效使用目標管理與時間管理，合理控制情緒等（彭小英，2006）。

學者林紅斌主張，應建立人性化的學校工作環境、人本化的學校制度，增強教師的主觀幸福感，擴大教師的心理「空間」。只有瞭解和掌握了教師的心理活動的特點、心理需求，才能提高學校管理效能，宏觀方面包括如何構建和諧校園、如何發揮學校文化的優勢，微觀方面包括挖掘教師潛力，幫助其專業深造，制定科學的管理政策，引導學校和教師提高績效，建立良好的人際關係等，這些都需要學校心理學家根據定量和定性的調查研究，來為科學的學校管理提供制定決策的依據。

2. 改善教育教學方式

教學的本質在於教師透過有目的、有計劃的教學過程傳授社會經驗，使學生自覺能動地掌握知識技能，培養能力。教與學是兩個相輔相成的活動過程，是師生雙方在特定條件下的一種交往活動。在這一活動中，常常是教師處於教學的主導地位，而學生處於主體地位，教學正是透過充分發揮教師的主導作用和學生的主體作用，來促使學生的學習朝著教育培養的總體目標前進。

傳統的心理健康課程是講授式的，存在著心理健康知識書本化、脫離實際需求的現象。且因為形式化的趨向導致師生都沒有對心理健康引起足夠的重視，只是把重心放在學業成績的提升與才能的培養上，但已有太多的血與淚的故事告訴我們，只注重學生智力與技能的培養是片面的（鄧豔君，2004）。要從根本上改變這一現狀，學校心理學家應充分利用各種社會資源，

比如可安排學生參觀精神病院，以讓他們重視心理健康，感恩生命；安排學生參觀監獄，以告誡學生不要誤入歧途，而是要做一個正直善良的公民；同時注重網路資源、媒體資源的整合運用，比如請學生觀看有心理健康教育意義的電影，如《美麗人生》教會學生在挫折中自強不息；《叫我第一名》教導學生透過奮鬥創造奇蹟；《三個傻瓜》教導學生，只要追求卓越，成功便會在不經意間跟上腳步。心理健康教育方式的多元化有利於學生更好地接受，進而內化到自己的價值觀中，並外化於行為中。隨著互聯網的普及，學生使用微博、部落格的情況也日益增多，學校心理學家可緊跟時代潮流，建立心理健康論壇，讓學生在此平臺上自由發言，時刻關注學生的微博，關注學生的思想動態，以一種平等交流、關心關愛的方式進行心理健康教育，使網路也成為心理健康教育工作的有效工具之一。

學校性教育起步晚、發展慢，雖然有部分初中和高中開設了性健康教育的課程，但課時少、知識表淺，並未普及，大面積的學校性教育存在於大學階段。國外的學校性教育現狀如何呢？楊素萍（2007）在論美國性教育策略的變革中總結到，美國的性教育始於小學，美國的《全國性教育綜合大綱》認為：性教育的主要目標是促進兒童和青少年的性健康，幫助他們正確理解性觀念，向他們提供保護自己的性健康的知識和技能，培養其做出更好的有關兩性關係的決策的能力。王宏方（2003）的研究顯示，瑞典是世界上第一個推行青春期性教育的國家，他們的性教育始於幼兒階段，其及早進行性教育的成果是少女妊娠和墮胎數明顯減少，性病、性犯罪比例也明顯下降。鄰國日本的青春期性教育成果則體現在了愛滋病的預防方面。而今，性教育在全世界大部分範圍內已不是一個充滿阻力、敏感避諱的話題。隨著網路媒體在中國的發展與影響，青少年在生理發育方面有早熟趨向。這些對性教育的啟示是，應逐步在全國中學展開性健康教育。

生活中的心理學

一個總是「被當」的女生

來訪者 W，女性，22 歲，大三學生。父母對她在學業方面的期望值非常高。大一和大二期間，即使複習了很多遍，每學期都會被當。現在一遇到

考試就感到焦慮不安，失眠，食慾下降，學習效率下降，注意力不能集中。每次看到別人提前交卷，心就發慌，手也發抖，答題時腦中一片空白。原本記得很牢的東西，當看見考試題目時卻怎麼也想不起來。

治療方法

首先，共同探討其考試焦慮產生的因素，透過談話識別出了來訪者的自動負性思維「我根本不可能複習得好」「我一定會在考試中失敗」等，從中甄別出其核心信念：「我是一個無能者」「我不夠好」。

其次，分析家庭成長環境與父母的教育模式對她的影響。父母對她的期望值過高，而她出於對父母盲目的愛與忠誠，將期望都背負在自己身上，因而對自己要求苛刻，不容許自己有失敗，所以學業上的不理想經歷就被誇大化了，而每當考試來臨之際，她就可能被這種失敗的情緒纏繞。

最後，在來訪者的成長經歷中挖掘小學、初中的成功事例，透過積極想像，深入體驗成功的經驗，並感受當時的場景、氛圍、她自己的感覺，並幫助她從中找到正面的核心信念，即「我是一個有能力學好的人」「我曾是一個優秀的學生」等等，從中汲取心理能量，挖掘被負性情緒覆蓋的潛能。

3. 塑造完美人格

無論是學校的管理者還是教師，都渴望瞭解學生的心理、理解學生的世界，並希望借助以下問題從微觀上造成預防與干預學生心理危機、促進學生成長的作用。

什麼是個體行為的本質？（描述行為）

為什麼會產生這樣的行為？（解釋行為）

在何時何種情況下會發生類似事件？（預測行為）

有哪些因素會影響該行為的產生？（控制行為）

怎樣才能使這種行為發生根本性變化？（改善行為）（李偉健，2006）

第十章 促進系統的變革

　　雖然傳統的學校心理學家對於上述五個方面已做了大量的工作，但它仍然是以後學校心理學家工作的重點。因為，隨著時代的變革、社會的發展，人的心理也會相繼進化，以適應大環境的變化，此時我們不能固著於以往對於學生行為所積累的研究資料。每個時代都有獨特的時代特徵，每一代人的身上也會刻上相應的時代烙印，如在中國現階段，留守兒童與流動兒童的心理健康問題就引起了心理學家的重視，尤其流動兒童普遍存在於中國各大中小學校，如何消除其角色模糊、角色衝突，如果降低其歧視知覺、促進社會認同與文化適應，中國學者都提出了一系列的干預措施。因而學校心理學家應不斷更新理論知識，以不斷發展的前沿科學指導學生的個人成長和人格完善。

　　所謂描述行為，是指在對典型行為的仔細觀察和記錄的基礎上，對該行為的基本特徵、發生情景、產生頻率進行定量或定性的描述，以便於學校管理者與教師更為準確地對學生的特點進行初步把握。比如，對學生完成家庭作業所需的時間與學科成績進行描述統計，進而進行推斷統計，看它們之間是否存在關係，以改善教師安排家庭作業的合理性與科學性。

　　解釋行為是指對行為產生和發展的可能因素做出推斷，學校管理者與教師不能僅停留在瞭解學生外部行為產生的表層原因上，更重要的是透過其行為分析背後隱藏的心理因素。學校心理學家的作用就是幫助學校管理者與教師科學地理解、分析學生行為背後的情緒與心理原因。比如，初中生在這一階段若出現學習成績下降，曾經活潑開朗的小孩變得沉默寡言，一向聽話的孩子突然脾氣變大、易怒等現象，就可能是因為學生步入青春期，生理上的急劇變化使身心發展在這個階段失去了平衡。

　　預測行為是指對於一定情景、一定時間將要發生的行為做出推斷，預測其心理與行為的趨向，探討某種特定的心理與行為的潛在原因。比如，某學生長期沉迷於網路遊戲，根據心理學的投射機制，可以推斷出該名學生在現實中有不能被滿足的慾望，諸如學業不理想、社交困難、受到欺辱等，且可預測出該生長期沉迷於虛幻世界，會陷入惡性循環，導致現實情境的處境更加惡化。

控制行為是指對產生行為的影響因素進行操縱，使某種行為以及背後的心理因素得以改變，諸如行為產生的方式、頻率、強度和重要性等各個方面的改變，朝著既定目標發展。對於教師而言，只有掌握了學生的心理與行為規律，才能有針對性地制訂教改方案，採取有效的教學手段和方法。

　　改善行為是指運用心理學的原理與技術，透過改變學生固有的心理狀態或行為，去幫助他們提高工作與學習的效率，提高生活質量。比如，對於學習困難學生所產生的習得性無助問題，學校心理學家可指導教師使用心理學的原理與技術，將終極目標——增強該類學生的學習自信心分解為多個小目標，為他們單獨安排家庭作業，由易到難，使他們重獲對學業的掌控感，最終達到有能力面對現有或未來的學習困難。

　　總之，學校心理學家的主要作用在於揭示學校中的管理者、教師與學生三者在教育、教學、科學研究活動中的心理與行為的活動規律，為提高學校教育教學的質量提供心理依據。它既有助於教育教學活動的所有參與者對自身有較清晰的認識和瞭解，更科學合理地使用認知策略，調節與控制自己的行為，又能對社會的發展，乃至整個人類的進步造成一定的促進作用。

　　這裡需注意的是，如果用土壤和土壤中的植物之間的關係來比喻環境與行為，我們可以根據土壤的性質分析出植物的一些基本特性，但並不敢斷言植物的基本要素（申荷永，2012）。作為學校管理者與教師，也需要認識到每個個體都是獨立的，有著獨特的生活印跡和生活風格，而不能一概而論。

　　美國心理學家埃里克森把人格的發展分為八個階段，他認為人生的每一個發展階段都有其特徵性的目標、任務和衝突，在每一階段的發展中，個體均面臨一個發展危機，每一個危機都涉及一個積極的選擇和一個潛在的消極選擇之間的衝突，前者有助於自我的成長、人格的健全，有助於人形成較好的順應能力，後者則會削弱自我發展，阻礙順應能力的形成。且上一階段任務的執行，會影響下一階段任務的執行，進而影響人格完善。學校心理學家的作用就是幫助學生獲得更好的社會適應能力（林崇德，1993）。某些學生因學習的心理壓力過大，造成精神上萎靡不振、神經衰弱、思維遲緩、記憶效果下降、食慾不振等問題。而學習困難或其他因素導致的厭學、考試焦慮，

也是學校教育中比較突出的問題，學校心理學家在此時的作用，就是為這些有心理問題或困惑的學生提供專業的指導，使他們能改變錯誤的或是歪曲的認知，從而矯正他們的行為偏差和情緒問題。但指導並不同於教導，人本主義心理學強調人有自我實現的傾向，都是可以自我理解、自我指導，能夠進行積極改變的。個體有遠離不適當調節並趨向心理健康的內在能力，個體內部的成長力量提供了治癒的內在資源，所以當學生帶來自己生活中的苦惱和消極的情緒時，學校心理學家就成為這所有情緒的容納者。有了這容納者，學生才可以暫時卸下包袱，重新整理自己的心靈。學校心理學家使用諸如無條件積極關注、傾聽的諮詢策略，使學生感到他是安全、溫暖的，但學校心理學家卻也永遠保持共鳴而不捲入的旁觀者態度。因為自癒的產生不是依靠外界的能量補償，而是來自於自身系統中的能量轉化。當我們的情結成為困擾的時候，情結就不再為我們所有，而是成為有自主權的「它」，這個「它」在此時占據了我們的能量，而相對於「它」來說的「我們」則失去了同等的能量。透過心靈自癒功能的喚起，情結重新歸順到我們的控制之中，這樣，我們就又重新擁有了從情結那裡得到的力量（申荷永，2012）。

自我完善包括了對自我的認識，對自己的優點、興趣、能力的認知，還包括積極掌握與他人的溝通技能，促進自我的社會適應，追求生命意義的實現。狄爾泰認為，生命的意義在根本上是人的生命表現、釋放和體驗，對生命意義的追尋是一切活動的根本。他曾說：「生命的意義當從生命範疇中表現出來，不能用人的本質以外的東西或者意向性的對象關係方式去理解具體的人的本質，人在生命中的一切體驗都是有意義的。」

學校心理學家需要引導學校管理者、教育者、家長明白，只有學生親身體驗到的東西，才是真正意義上的收穫，學校、教師和家長都不能夠越俎代庖。如果學生沒有體驗，其精神世界就會變得刻板乏味，而造成個體的意識與社會角色相分離，真實的自我與理想的自我相分離，人不再是完整的個體，而是片面的、被分裂的。

人活著就需要一種健康向上、積極樂觀的人生態度，這種態度會促使我們不斷去追尋新的生活目標，使人的生命具有價值感和幸福感。而心理健康

教育正是幫助人們尋找這種價值，幫助人們盡快認識自我，實現自我價值。著名心理學家馬斯洛認為健康的人（自我實現者）有更高級的需要，即實現他們的潛能，認識周圍的世界，包容事物的變化。他們不是力求補足缺失或減少緊張，而是追求擴大和豐富生活經驗，實現自身價值。學校心理學家便是學生充分認識和發揮自我潛能的「助推器」。

複習鞏固

1. 學校心理學家對教師和管理者的作用體現在哪些方面？
2. 學校心理學家應怎樣引導學生的自我實現？
3. 如何構建有利於學生身心健康的社會生態環境？
4. 應對壓力和耗竭的策略有哪些？

第二節 學校心理學家的角色

20世紀初，隨著社會的發展和義務教育的普及，特殊學校在美國本土陸續開始出現，學校心理學也開始萌芽。學校心理學起源於美國，其標誌性事件之一是1896年韋特默在賓夕法尼亞大學建立了第一個提供學校心理學服務的心理診所（Steve，2012）。隨著特殊教育學校的快速增長，能夠接受特殊教育的兒童和學校心理學家也開始快速增長。20世紀中期，隨著學校心理服務的不斷發展，學校心理學家的正規化和專業化開始得到人們的關注。各市區、大學和心理學會開始陸續推出學校心理學家的培訓項目和資格認證程序。培訓和證書頒發成為學校心理學家作為一種職業的標誌。20世紀後期，學校心理學進入繁榮期，學校心理學家的數量急速增加，美國的許多州也都建立了相關的學校心理學家組織，並且頒布了一系列的規章制度，從而規範了學校心理學家的職業道德和服務標準。直到20世紀80年代，許多家庭因素和社會壓力導致出現了很多「問題兒童」，這些兒童不同於需要接受特殊教育的問題兒童，其「問題」通常來自家庭和社會環境，導致他們有無法預知的嚴重心理問題，並亟須在正常教育和特殊教育之外接受另外的教育和心

理幫助。因此，學校心理學家的工作職責逐漸從最初的測試和篩選轉向心理評估、心理諮詢和干預。

在學校心理學發展中一直存在著學術研究取向和職業實踐取向的矛盾，前者注重實驗室的基礎研究，後者注重在中小學的實際操作，如何將二者統一起來對學校心理學的發展是一個挑戰。學校心理學家則擔負著這樣的使命。然而，要將實踐與學術二者統一起來也並非難事。學校心理學家的重要使命就是解決學生在心理方面的問題，其工作方式便是將心理學的研究成果轉化為實踐中的具體操作。一方面，學校心理學家會根據實際需要，編制一些具有信度、效度的測驗；另一方面，他們主要是將基礎研究的成果直接應用於學生實際的需要。

由於學校心理學的服務對象是自覺有心理困惑或有明顯行為問題的學生，不同於醫院的精神科或是精神健康中心服務的對象是精神異常人群，學校心理學家的工作方式也就不等同於醫學模式以診斷與治療為目的的心理諮詢，而是更多地以人本主義思想為指導，關注學生的認知、情感、行為方面的問題，營造健康向上的學校環境，引導學生做到自我幫助，自我整合。

「50年前，心理諮詢師們為他們在學校的角色與功能不斷在鬥爭，而如今，這種鬥爭依然在持續」（Schmidt，2003）。中國學校心理學的現狀是：學校心理學家有著雙重角色衝突，既是思政工作者，又為學生提供心理諮詢服務，且大部分沒有經過系統化的心理學知識與技能培訓，專業化程度偏低。由於其知識結構的侷限性，造成高校心理諮詢的效果與學生期望值有不小的落差。近年來，越來越多的學者呼籲，應明確學校心理學家的角色與功能，但至今依然沒有定論。

一、心理測驗者

韋特默認為，應該利用心理學方面的知識來解決特殊學生的特殊問題，希望能借用學校心理服務機構為有問題的學生提供解決辦法。在韋特默等人的推動下，學校心理診所和心理測驗開始興起，在幫助特殊學生解決問題的同時，也利用心理測試和智力測驗幫助各學校篩選學生，或幫助學校對學生

進行分類。隨後,「學校心理學家」一詞也首次出現在了德文文獻中。因此,早期學校心理學家的首要任務便是利用心理測驗和智力測驗對學生進行診斷和分類,「測驗者」(tester)也成了當時學校心理學家的身分特徵。

在萌芽期,學校心理學家的工作任務包括了測驗和篩選,而在產生期中,心理測驗成為學校心理學家的主要職責。同時,隨著學校心理診所的建立和特殊教育學校的出現,地區的心理測驗需求也日益增長,社區開始認可和重視學校心理學,甚至僱傭學校心理學家為社區提供心理測驗的服務。因此,在學校心理學的產生期中,心理測驗也得到了極大的發展。在那一時期,學校心理學家們設計出了很多能力和智力方面的測驗,這些測驗不僅在種類上得到快速的擴展,而且其技術和可靠性也得到了極大提高。

隨著現代學校心理學的發展,學校心理學家的角色範疇進一步得到擴展,除了要對學生進行心理測試和心理輔導外,還要對教師的教學方法和成果、教師與學生及其他工作人員的關係等方面進行評估、諮詢和輔導。

如今,學校心理學家的角色得到了拓展。美國學校心理諮詢者協會在《孩子是我們的未來:2000年學校心理諮詢》中指出:「學生的身心通常受著各種社會問題的影響,而使得他們的學習潛能無法得到充分發展。學校心理學家的首要任務,就是透過個體心理諮詢以及生活技能的培養訓練,幫助他們成為更好的學習者。」如今的學校心理學家屬於教育系統非常重要的成員,從作用範圍來看,他們對學生的方方面面都起著指導和促進作用,諸如學業成績的提升、個體的社會性發展、職業選擇等;從時間跨度來看,從小學、初中、高中到大學都需要學校心理學家的幫助。但由於各級學生處於不同的身心發展階段,所表現出來的特徵也有所差異,各級學校的學校心理學家的角色與功能自然也不同。

二、檔案管理者

小學的學校心理學家主要起的作用為檔案管理者,透過在教室和遊戲課上觀察兒童,從中鑑別出特殊兒童,如患有書寫障礙、學習障礙、多動症、自閉症的兒童,為這些特殊兒童建立個人檔案,詳細記錄問題的表現方面及

康復狀況，然後與老師和家長協商評估兒童的問題，指導老師和家長正確認識這些問題，給予特殊兒童更多的關注與愛，使特殊兒童獲得更好的人生發展。小學的學校心理學家比其他年級更少涉及職業和學業諮詢。

同時，學校心理學家需注意那些有欺負行為的小學生與經常被欺負的小學生。研究表明，那些常有欺負行為的兒童，將來更可能出現適應不良，甚至造成以後的暴力犯罪；而經常被欺負的小學生通常會有情緒憂鬱、注意力渙散、孤獨、學習成績下降、逃學等問題。

學校心理學家在這一階段的主要任務還包括培養小學生良好的道德品質，發展其獨特的個性，並要指導教師，如何以強化榜樣作用、講故事或角色扮演等方式，將良好的道德品質教授給學生，如何科學地消除小學生的攻擊性行為。

道德是調整人與人之間以及個人與社會之間關係的行為規範的總和。道德的內涵包括道德情感、道德認知、道德行為。學生的心理面貌由兩個基本方面構成：一個是智力才能，另一個是思想品德。根據皮亞傑的「道德認知發展三階段說」，小學階段正是道德認知發展的他律道德階段向自律道德階段的過渡，也是形成親社會行為的起始階段。親社會行為是指對他人、社會有利的積極行為及傾向，它的產生與發展需具備以下條件：

一是道德動機的發展。由服從權威（父母、教師）的指令發展到自覺道德動機；由以具體事務的給予為動機向以社會需要為動機發展。

兒童心理學家朱智賢認為，小學生的道德動機主要受外部力量的影響，尤其是父母與教師的權威。其道德行為具有不穩定性，教師在此時應透過社會性強化、角色模仿、榜樣作用等來培養兒童良好的行為習慣，將外部動機逐漸轉化為內部動機，由產生道德行為是試圖得到物質獎勵轉化為獲得自豪感、榮譽感、義務感等精神獎勵，培養其道德動機的自覺性與穩定性（朱智賢，1980）。

二是逐漸形成能站在他人角度為對方考慮的能力。教育者在培養小學生的品德時，不僅需要瞭解兒童道德發展的諸多特點，還應從兒童整體心理

發展這個宏觀層面去把控,尤其是小學階段兒童的認知水準與道德發展的關係。著名的心理學家皮亞傑和科爾伯格認為,兒童的認知發展是道德發展的必要條件,決定著道德發展的水準。兒童的社會觀點採擇能力是兒童認知發展的核心,在兒童的社會化進程中具有十分重要的作用。皮亞傑進一步指出,兒童最初的世界完全是以他自己的身體和動作為中心的「自我中心主義」（ego-centrism）,只有當兒童具備了一定的觀點採擇能力後,才能實現真正意義上的去自我中心,這對兒童的道德發展、親社會行為的形成都有著重要的促進作用（林崇德,1993）,這就需要教師在教育過程中逐漸培養兒童站在他人角度思考問題、為他人著想的美好品質。

三是掌握基本的助人技能。培養兒童良好的道德品質還應落實到具體措施上,使兒童掌握基本的助人技能。已有研究表明,在為數不多的干預研究中,移情訓練技術和角色扮演技術能促使兒童快速有效地掌握助人技能。在這個過程中,雖然兒童還不能完全理解扮演角色所為的意義,只是在玩耍的生活中的社會角色,但這一行為極其有效地使兒童掌握了助人方法,諸如在公交車上為老人、孕婦讓座,攙扶老人過馬路,為爺爺奶奶讀報,為爸爸媽媽捶背,等等（杜文婷,2008）。

同時,小學階段也是兒童個性發展的重要階段。調節兒童與環境的關係對兒童的自我意識的發展有著重要作用。如何形成正性的自我評價和良好的自控能力,是學校心理學家關注的重點。自我評價包括多個方面,如身體外表、學業成績、運動能力、社會接納程度。教師與父母能為兒童形成良好的自我評價提供最有效的社會支持。小學生言語的發展以及對事物理解的不足決定了小學的學校心理學家主要是透過開展活動來實現其功能。學校心理學家需要透過心理劇、榜樣示範、模仿、遊戲等活動影響學生的思維和行為,開發他們正確的價值觀,以及培養其養成良好的生活習慣。而學校心理諮詢的行為也主要是透過班導師和家長來協商完成的。

三、品行培育者

中學生正處於青春叛逆期,傳統的思想政治教育模式容易激起學生的反叛和牴觸心理,不僅收效甚微,有時甚至是適得其反的。而心理學上的「無

意識滲透」的教育方式，以各種豐富生動的社會活動、媒體資源為載體，有著隱蔽性、愉悅性、易接受性的特點，能有效地使學生接受教育者的教學內容，且積極主動參與其中，從中陶冶情操，形成優良的品德。學校心理學家可將心理學中的無意識心理的理論與實踐結合，對中學教師進行指導，幫助他們改善教育方式，增強教育效果。

西方國家的思想政治教育常常與心理健康教育相結合，運用媒體、文化傳播等多種手段，利用人們的非理性心理，感化受教育者。比如法國的愛國主義教育，他們在「文化歷史遺產日」免費開放羅浮宮博物館、畢卡索博物館等世界知名的藝術聖殿，以此傳播民族精神，加強對國民的愛國主義教育。又比如，美國學校的學生工作中常常透過職業諮詢、心理輔導等方式對學生進行思想政治教育。這也是中國所講的「寓教於樂」，融思想性、知識性、娛樂性於一體。「無意識滲透」的教育方式是指教育工作者借助心理學理論，為學生營造出特定的生活環境或是文化氛圍，並且將教學內容融入其中，引導學生去體認和感受，從而使他們在不需要太多意志與努力，輕鬆愉快的狀態下學習知識、發散思維，潛移默化地受到教育。傳統的思想政治教育方式是「和尚唸經」式的，教育者不斷重複道理，學生則感到十分乏味，而「無意識滲透」的方式則透過引發受教育者愉悅輕鬆的正性情緒體驗，形成知、情、意、行之間相互聯繫、相互影響的良性循環，以實現思想政治教育的最優化效果。且由於無意識滲透將教學目的隱藏在相關的活動或環境之中，不會引發學生的直接牴觸情緒，學生在活動中誘發的行為又會反過來影響其態度的轉變，從而潛移默化地融入學生的價值觀、人生觀，並逐漸定型為良好的思想品質與行為規範，這是傳統的教育方式無法比擬的特點。

在無意識教育過程中，教育者將更多地表現出自己本身的人格品質，而非更多的角色要求。教育者不僅是活動的主導者，同時也是參與者。教育過程不再是傳統的由上至下的灌輸式，也不再是單一的「宣講─接受」式，大家都是教育者與被教育者，教師和學生同時在活動中交流思想、分享領悟。這自然形成思想政治教育過程由被動到渴望、由消極到積極的轉變，增強了思想政治教育的感染力和吸引力，使學生對教學內容達到「接受─同化─內化」的效果（鄧豔君，2004）。

由於初中生正處於青春發育期,是人生的第二次成長高峰,這意味著其生理與心理鬥爭迅速發展但又不平衡,是經歷複雜發展而又充滿矛盾的時期,通常又稱為「危機期」。這一階段的主要表現就是強烈的自我意識、獨立意識,一些學生容易曲解老師和家長的善意批評(林崇德,1993)。初中的學校心理學家在這一階段的功能體現在對學生心理健康教育上,注重對初中生進行青春期性教育。

所謂「青春期性教育」,是專為初中生開設的有關青春期生理、心理、倫理等方面的基本知識,並對青春期性行為做出具體指導的綜合課程。它包括性生理知識講解、性心理發展、性法制教育等。其目標是幫助中學生減少性困惑和心理衝突,更理性地認識自身的生理心理變化,將符合社會價值標準的性道德講授給學生,教會其學會自我保護、自我尊重(崔景貴,2012)。

蘇聯教育學家蘇霍姆林斯基認為,教育者的任務是,在兒童性本能剛覺醒之際,就使個體的理智做好充分的調控準備。崔景貴(2012)的研究表明,當前中學生最希望透過課堂講授來獲取性知識,而非透過媒體和網路。學校心理學家此時要做的就是扮演好「性心理」情報的傳遞者角色,即將學生此時的性困惑告知教師,同時教會教師如何合理地對待學生出現的種種心理與行為。

此時學生易出現的性心理的困惑主要有:

性心理發展迅速與無法認知的衝突。青春期生理的迅速發展會產生特殊的心理體驗,即性意識。性意識又會使人產生對性知識的興趣與渴望,對異性變化的好奇,渴望瞭解生理需求產生的原因與滿足方式,並會想方設法從多途徑多管道去獲得性知識。

性需求與性道德的衝突。由於性心理知識的匱乏,有研究表明,少女初潮時對此生理現象持消極態度的占57.8%,而男生的手淫行為則使得他們充滿罪惡感。

四、生命意義的啟蒙者

　　高中生面臨著高考這一人生中的重要轉折點，承受著異乎尋常的學習壓力。一些學生因不堪學習壓力的重負而選擇了沉迷於網路、輟學、自殺等消極途徑。所謂壓力，是指身心對環境刺激和既定目標的自發準備，適當的壓力有助於完成任務、達到目標時注意力的集中，但壓力過大也不利於身心健康（高春梅，2005）。根據生態系統理論，高中生的學業壓力是多方面的，其中很大一部分來自於家人和老師的期望和要求，當學生感知到家庭和學校對自己的期望，就會感受到一定強度的壓力，並做出相應的行為反應。成績不理想往往源於高中生無法正確運用壓力。「望子成龍，望女成鳳」是中國影響至今的傳統觀念，天下所有的父母都希望自己的孩子能在高考中取得好的成績，考上大學。但總會有部分學生成績不理想，此時父母對他們的期望值越高，他們越感到愧對父母，心理負擔也就越重。帶著這樣一個很沉重的包袱去學習，越學越糟，由此形成惡性循環（劉濟良，2004）。

　　因此，高中的學校心理學家應重視學生的生命成長教育與生命體驗教育。要引導學生珍愛生命，瞭解生命存在的意義和價值，關注現實中活生生的人的生命的存在，瞭解生命的完整性。高中的心理健康教育應把對生命意義的認識納入整個教育活動之中，整合現有的學校教育資源，以勵志演講、參觀監獄等多種方式，以「生命成長」為主題開展活動，喚醒學生的生命意識，引導學生認識生命的意義，追求生命的價值（劉濟良，2004）。

拓展閱讀

引爆你的潛能

　　美國當代最有影響的心理學家之一斯滕伯格用自己的切身經歷證明了聰明與否不是決定你人生的唯一因素，人格因素遠勝於智力因素。斯滕伯格讀小學和中學時智商較低，同學嘲笑他是白痴。他不服氣，跑去問老師兩個問題：研究智商的學問叫什麼？智商到底是什麼？老師告訴他，研究智商的學問叫心理學；智商是說明智力的好壞與發展水準高低的一個客觀指標。他發誓道：「這輩子我如果成功了，就把智商打入十八層地獄，並且命名自己的

智力理論為『成功智力』！」果然，他高中畢業時以優異的成績考入耶魯大學，接著又考上了全美心理學排名第一的史丹福大學的研究生，3 年就拿到碩士和博士學位，後回到耶魯大學任教，只用 5 年時間就提到了正教授。這就是被判定為智商不及格的斯滕伯格。

他所強調的人格因素，即非智力因素包括：

第一，為人處世應講求中庸，不應太過極端；

第二，願意積極主動克服困難；

第三，願意不斷更新自己的理念，接受新的訊息；

第四，工作學習更多受內在動機的驅動；

第五，有適度的冒險精神；

第六，期望被人認可；

第七，認識到失敗是成功之母；

第八，自己不稱心的時候，願意為爭取再次被認可而做出努力。

五、人生價值觀的指導者

教育心理學專家燕國材曾說，一個人如果缺少良好的心理素質，那麼這個人的政治素質、科學文化素質、思想品德素質、身體素質都不能得到很好的發展（林正範，2010）。經濟文化高速發展的時代，在帶來無比優越的物質條件的同時，也給當代學生帶來了更多的困惑。

學校心理學家的主要工作集中於學習、戀愛、人際關係處理、擇業等方面的困惑。大學作為從學業到職業的過渡階段，個體開始認識到職業的社會價值，開始嘗試把自己的選擇與社會需要聯繫起來。大學的學校心理學家，主要任務之一是指導和幫助學生進行職業生涯規劃，提供針對個體與團體的指導與諮詢，幫助學生認識他們的優勢、劣勢，所面臨的機遇和挑戰，以及他們的興趣愛好，最終目的在於幫助他們選擇與其個性相吻合的職業。

大學生遠離家庭在外求學,很多時候會因為生活瑣事與別人發生摩擦,如果沒有及時地疏通,很容易引起許多心理問題,甚至引發危害校園和社會的行為很多大學把工作重點一味地放在校園建設和學術研究上,卻忽視了教育首先是要促進學生的身心健康。試想,如果在案發之前有學校心理學家對這些學生所積累的負面情緒進行適當的心理疏導,悲劇本有可能避免。

關於東方人與西方人的對比研究表明,東方人更傾向於自我約束和內向性,我們的情緒不輕易外露,透露心聲的時候一般也不針對陌生人,有問題很難主動去尋找擺脫或解決的途徑。研究表明,選擇透過心理諮詢解決問題的大學生比例較低。某大學的一項調查發現:在平均年齡21歲(17～23歲)的875名大學生中,大部分學生沒有諮詢經歷,接受過心理諮詢的男女生比例僅有7.1%(楊宏飛,劉佳,2005)。另外,張華等人(2009)對三所文、理、工科三個不同學科性質的531位同學的調查表明,當被問及有心理困惑時採取何種手段解決問題時,僅有9.0%的學生希望透過心理諮詢師的幫助排除困惑,有37.4%的同學回答自己解決。

因此,學校心理學家加強心理諮詢與心理健康的普及、宣傳工作是十分必要的,應展開多種方式推廣活動,建設多種諮詢管道,如學校網路諮詢、電話諮詢、心理情景劇活動、朋輩諮詢等。

複習鞏固

1. 學校心理學家在小學階段的角色是什麼?

2. 學校心理學家在初中階段的角色是什麼?

3. 學校心理學家在高中階段的角色是什麼?

4. 學校心理學家在大學階段的角色是什麼?

本章要點小結

1. 學校心理學家的作用分為兩大類:一是應對學校面臨的挑戰,二是促進系統變革。

2. 學校心理學家的角色，在學生身心發展的不同階段有著不同的功能：在小學階段的角色是檔案管理者；在初中階段的角色是品行培育者；在高中階段的角色是生命意義啟蒙者；在大學階段的角色是人生價值觀指導者。

關鍵術語表

壓力覺察 環境順應策略 心理疏導 生理訓練 心理控制 心理控制策略

發展生態理論 微觀系統 內在系統 無意識滲透

本章複習題

1. 心理控制策略主要源自於諮詢心理學中的（ ）流派。

A. 精神分析 B. 行為主義 C. 認知療法 D. 人本主義

2. 下列選項中強調微觀系統之間的互動的是（ ）

A. 微觀系統 B. 中介系統 C. 內在系統 D. 外在系統

3. 學校需要在（ ）注重對學生的生命意義教育。

A. 小學階段 B. 初中階段 C. 高中階段 D. 大學階段

4.「初中生在這一階段若出現學習成績下降，曾經活潑開朗的小孩變得沉默寡言，一向聽話的孩子突然脾氣變大、易怒等現象，就可能是因為學生步入青春期，生理上的急劇變化衝擊著心理的發展，使身心發展在這個階段失去了平衡。」這體現了學校心理學家的（ ）作用。

A. 描述行為 B. 預測行為 C. 解釋行為 D. 控制行為

5. 應承擔家庭、學校、學生之間溝通合作的中介橋梁角色的是（ ）

A. 父母 B. 教師 C. 學校管理者 D. 學校心理學家

6. 促進學校心理學系統變革的三大途徑是（ ）

A. 強化心理健康意識 B. 改善教育教學方式

C. 塑造完美人格 D. 建立生態社會環境

7. 常用的心理控制技術有（ ）

A. 改變自我挫敗、自我設限的信念 B. 目標管理

C. 自我暗示 D. 合理控制情緒

8. 瑞士學者赫波曼（M.HubermAn）所講的教師職業發展過程中所經歷的心理過程有（ ）

A. 自我懷疑 B. 自我肯定 C. 自我體悟 D. 重新定位

9. 下列選項中，哪三項屬於應對壓力與耗竭的策略（ ）

A. 壓力覺察 B. 環境順應 C. 心理疏導 D. 心理控制

10. 在下列選項中，屬於布朗芬布倫納的發展生態理論的是（ ）

A. 微觀系統 B. 中介系統 C. 內在系統 D. 外在系統

11. 在下列選項中，不屬於個體親身參與、親密接觸的系統是（ ）

A. 微觀系統 B. 中介系統 C. 內在系統 D. 外在系統

12. 以下哪三個流派不強調人有自我實現的傾向（ ）

A. 精神分析 B. 行為主義 C. 機能主義 D. 人本主義

13.「無意識滲透」的教育方式的特點是（ ）

A. 隱蔽性 B. 愉悅性 C. 易接受性 D. 開放性

14. 對學生充分認識自我起作用的角色有（ ）

A. 父母 B. 教師 C. 學校管理者 D. 學校心理學家

15. 學校心理學家在學校心理學中所擔當的角色是（ ）

A. 品行培育者 B. 檔案管理者

C. 生命意義啟蒙者 D. 人生價值觀指導者

第十一章 學校心理學的遠景

學校心理學發展至今，成長和成熟於內部和外部的各種衝突壓力之下，就像小樹扎根於石縫之間，在反抗和不斷改變環境的過程中造就了它頑強、堅韌的生命力。前面，我們介紹了學校心理學的發展歷史，我們對它的過去也有了一個比較清楚的認識。回顧歷史的作用在於汲取經驗，更好地預測未來。作為一門新興的且具有強大生命力的心理學分支學科，學校心理學越來越發揮了它獨有的功能作用，對心理學這個大家庭的發展貢獻它的一份力量。那麼，步入當今時代的學校心理學，它未來的發展會如何？它會給這個領域帶來什麼？本章主要從校內、校外和社會三個領域描繪學校心理學的發展前景及應用，針對其目標任務、課程設置、團隊建設和監督管理這四個方面分析學校心理學的發展趨勢及走向。

第一節 學校心理學的預測

本小節將從學校心理學在學校層面上的輔導實踐、學校外層面上的家教合作和社會層面上的社區服務三方面來描繪其發展前景。

一、加強輔導實踐

未來學校心理學主要立足於學生心理輔導，放眼教師與家長的心理實踐。

1. 學生心理輔導

無論是小學、中學還是大學，其心理輔導實踐都是學校心理學研究的核心。

小學是兒童獲得自我意識的重要時期，兒童從以家庭、個人為中心轉入以學校、集體為中心的環境，學習新的社會角色行為，建立新的人際關係。小學生在這個時期容易出現入學適應問題、學習問題、逃學厭學問題、人際交往問題等諸多問題。這就要求小學要具備適合小學生的專門的學校心理健康教育系統。主要有團體輔導與個體輔導兩個方面。

第十一章 學校心理學的遠景

團體輔導。在小學，團體輔導主要是以班導師為中心開展班級團體心理輔導，主要採用講故事、做遊戲、行為訓練等方式，開展如「緊握我的手」「信任背摔」「大風吹」等活動，可以有效地使相關心理健康知識不知不覺融入學生的日常行為中，改善心理健康狀態的同時能營造班級良好氛圍，塑造良好的集體行為，激發群體向上的精神。

這裡，以「緊握我的手」遊戲活動為例。該活動是針對現在小學生在家養成的小皇帝、小公主病，過於自我中心，缺乏和小朋友合作的問題，透過團體輔導讓小學生體會到助人與被助的快樂；學會幫助他人，與他人合作，培養合作精神。首先由心理健康老師介紹規則，然後分小組進行遊戲，遊戲結束後每小組派一名代表向全班同學匯報活動經過和感受，老師在此基礎上進行小結，引發學生的思考和體悟，最後讓學生再進行一次遊戲活動，幫助被助者越過種種障礙，到達終點。在這個遊戲中，每個人分別擔任了受到幫助和幫助別人的角色，這樣學生就能從不同角度去體驗受助和幫助他人的感受。透過具體的遊戲實踐，讓學生體驗了需要幫助時的焦慮和得到幫助時的欣慰，學生更能深切理解幫助的意義。而且，在這個過程中學生經歷了從彼此陌生到配合默契的過程，該過程的關鍵在於互相信任，從而教會學生在幫助的過程中，幫助者和受助者要互相信任。

個體輔導。透過心理輔導室和個案教育，對學生個體進行輔導實踐工作。心理輔導室的工作應該專業化，教師應培訓上崗。心理輔導室要有專任教師負責和專門的工作計劃、固定的開放時間、固定的場所。小學生心理輔導室的環境布置除了要符合心理輔導的要求外，還要增加符合兒童接受特點的元素，讓小學生一進門便喜歡它，彷彿進俱樂部活動一樣開心。心理輔導室的名稱可以童趣化，例如可叫做「金蘋果」俱樂部等。小學生個案教育是對團體輔導和心理輔導室的補充和深入。個案的對象應有典型的意義，可以是智優學生、智力臨界學生、模範學生、問題較多的學生。學生作為個案對象，可以讓本人知道或不知道，主要根據研究的需要而定。個案教育一般要做較長期的跟蹤研究，一個學生在校接觸許多的教師，因此學生個案教育最好採用合作的方式進行，以負責人為主，幾位教師共同觀察和研究同一對象。個案教育一定要做好記錄，儘量詳盡，如觀察筆記、談話記錄等。記錄一定要

真實，還可以寫記錄者的感受。要妥善保管學生的個案資料，原則上學生在校期間個案研究不公開。

團體輔導和個體輔導都旨在促進學生的身心健康，只是形式不同而已。我們在實施過程中可根據具體情況選擇最佳方式，但是更多情況下，我們需要將團體輔導和個體輔導結合起來進行。比如，我們可以定期在學校或各社區舉行團體輔導活動，這不僅能提高參與者的心理健康水準，幫助其愉悅地生活，還能篩選出亞健康或需要個體輔導的敏感者，這樣我們就可以在問題出現之前遏制住苗頭，防患於未然。

中學生處在青春發育期，在這一時期常會出現青春期閉鎖心理、情緒激盪、早戀行為等，應加強的輔導實踐主要有開展心理健康教育課程和開通心理熱線兩種方式。

心理健康教育課程。在中學開設專門的心理健康教育課程，幫助學生瞭解心理科學知識，掌握一定的心理調節技術。課程可分為兩部分：心理衛生與健康理論部分和實際訓練操作部分。前一部分為心理健康知識普及課，比如有關心理健康的意義和心理保健的常識、不同年齡的人心理健康的標準、情緒的功能和情緒的自我調控的意義、人際交往的意義和規律、自我意識的意義、記憶的規律和方法、思維的規律和解決問題的策略等問題。這部分內容的講授應淡化心理學的概念，切入學生的經驗系統，注重心理學原理在實際生活中的應用。它所發揮的功能是預防心理問題的發生和提高生活質量。後一部分是在中學生中開展心理健康教育最為有效的方法，也稱「活動課」。活動課的特點是以有目的、有計劃、操作性強的活動為主，給予學生充分的參與機會，使學生在活動過程中產生深刻的體驗，再從切身的體驗中領悟，並練習在某些特殊情景下的反應範式，以作為實際生活中類似情景的參照，並遷移到不同的生活情景中。這種形式的課程注重積極的參與、細心體驗、深刻的領悟和技能的操作訓練，既可以作為學習心理學原理的實踐環節，也可以作為團體輔導的輔助形式，還可以獨立進行。

活動課的內容涉及人際交往規則和技能的訓練、交流與合作能力的訓練、自我表現能力的訓練，要求掌握一些轉移情緒、宣洩痛苦、發洩憤怒、克服

自卑、樹立自信心的心理調節手段。活動課的形式靈活多樣，例如演講、辯論、角色扮演、小組討論、遊戲、餐會等。活動課旨在讓學生在相互普及相關心理健康知識的過程中獲得具體的行為訓練調節技術。在活動課中，教師和學生的充分參與是保證效果的前提條件。「參與」的含義有以下四個方面：每個學生參與的機會均等；對學生的參與，教師應給予及時和積極的回應。對個別參與活動有困難的學生，教師應給予關注和個別幫助；教師可以適當使用自我開放的技術，以自己的感悟引導、啟發學生從體驗中昇華；在適當的時機，教師應以平等一員的身分參與活動和交流，與學生一同成長並做出示範。

心理熱線。中學生由於處在青春期這樣一個特殊的時期，心理上了「鎖」。進入青春期，少男少女結束了「少年不知愁滋味」的孩童時代，進入了「多事之秋」。此時，由於心理的不斷發展，他們的情緒自控能力比孩提時有了較大的提高，學會了掩飾、隱藏自己的真實情緒，出現心理「閉鎖」的特點。過去愛說愛笑的孩子，進入青春期後可能會變得沉默寡言。他們常把自己關在房間裡，很少和父母交談，甚至拒絕父母的關愛。在這一時期，最典型的行為就是中學生開始用加鎖的筆記本寫日記了，而心理熱線及悄悄話信箱正好免除了學生害羞、礙於情面和愛面子的顧慮，使得一些不善於面對面交談、有隱私需求的學生大方自由地表達和傾吐心中的煩悶，使老師更有針對性地、準確地解決心理健康問題。

大學是學生由校園人到社會人的過渡階段，對未來的憧憬使得學生出現了更為複雜的情緒困擾及就業壓力：一年級要面臨遠離父母，獨自生活，適應陌生環境，與形形色色的人交往的挑戰；二年級、三年級要學習新知識、與人建立親密情感；四年級面臨著就業和繼續深造的種種抉擇和壓力。每個年級都會有大量的矛盾困擾，需要專門的心理輔導，也可以透過專題講座和自我調節來實現。

專題講座。開設就業、人際交往、婚戀等心理學課或舉辦有關的知識講座。這些課程和講座一般都會列入教學計劃之中。其特點在於形式上以大學生活動為主，內容選取上應充分考慮大學生的實際需要，活動組織上以教學

班為單位，活動課的目的、內容、方法、程序均是有計劃、有系統地安排設計的。透過課程講座的傳授，對大學生在就業、人際交往和婚戀等方面的認知、情感、態度、行為各方面有目的地施加積極的影響，從而讓大學生對自己的問題有一個全新、全面的認識，更加有利於解決問題。

　　自我調節。作為身心趨於成熟的大學生，對其進行心理輔導不僅要注重心理健康理論知識的普及和傳授，完善其知識建構，還要加強其所學知識的運用能力，把所學知識運用到自身問題的解決上，合理調控自己的情緒和行為。常用的方式有暗示調節、放鬆調節和想像調節。暗示調節是利用自我暗示來調節我們的認知、情感和行為。暗示作用對人的心理活動和行為具有顯著的影響，內部言語可以引起或抑制人的心理和行為。自我暗示即透過內部言語來提醒和安慰自己，比如提醒自己「不要灰心」「不要著急」「一切都會過去的」「事情並不像我想像的那麼糟」等等，以此來緩解心理壓力，調整不良情緒。放鬆調節是透過放鬆肌肉或調節呼吸來體會內心放鬆的感覺。想像調節是利用想像來對付精神壓力和不良的情緒，主要有視覺形象想像法、指導性想像和音樂想像三種方法。

　　比如對剛進大學的新生來說，很容易出現入學適應困難問題。那當你對大學學習感到不習慣，怎麼辦呢？這主要是因為你還沒有適應大學的學習規律。針對該問題可以採用自我調節的三種具體的方法：一是認知調節法。大學期間的學習和中學有很大不同，主要表現在社會意義和人生意義成為學習的主要動力（而不是分數或升學壓力）、選擇學習內容和學習時間的自由度加強（而不僅僅侷限於課本和課堂）、自學能力成為決定學習效果的主要因素（而不是主要依靠老師）等幾個方面。盡快地瞭解大學期間的學習特點和規律，並根據這些特點和規律及時調整自己的學習目標、學習動機和學習方法是解決問題的根本途徑。二是諮詢法。向老師及師兄師姐們請教。三是生涯設計法。大學的學習直接和未來職業有關，根據職業需要來調整學習態度和方法也是盡快適應大學學習的一條途徑。因此，可以不急於投入學習，而是透過各種途徑先行瞭解所學專業的優勢、前景、職業要求，以及學校的有關政策、基礎條件和教學服務設施等等，然後再結合自己的特點和需要，為自己制訂明確而詳盡的畢業目標、年度計劃和實施步驟。

第十一章 學校心理學的遠景

生活中的心理學

　　三種心理缺陷運動治療法許多人都知道，運動不光能夠強身健體，還有緩解壓力、釋放心情的作用。運動心理學的研究表明，各項體育活動都需要運動者具有一定的自我控制能力，以及堅定的信心、勇敢、果斷、堅韌等心理品質。由於在現實生活中不少人都或多或少地存在一些心理缺陷，因此，有針對性地選擇體育鍛鍊，是糾正個人心理缺陷、培養健全人格十分有效的心理訓練方法。

　　1. 膽怯。此類人天性膽小，做事怕擔風險，動輒害羞臉紅，性格腼腆。

　　運動處方：建議參加游泳、溜冰、拳擊、滑雪、單雙槓、跳馬、平衡木等運動項目。

　　理由：這些活動要求人們必須不斷地克服害怕摔倒、跌痛等種種心理畏懼，以勇敢、無畏的精神去戰勝困難方能越過障礙。經過一段時期的鍛鍊，相信你的勇氣會逐漸增加，處事也能老練不少。

　　2. 孤僻。這種人天生不大合群，不善於與人交往，容易被社會孤立起來，一不小心就使工作和生活陷入四面楚歌的境地。

　　運動處方：建議少從事單人的運動項目，多選擇足球、籃球、排球或是接力跑、拔河等團隊性體育項目。

　　理由：堅持參加這些集體項目的鍛鍊能增強自身活力和與人合作的精神，使運動者更加熱愛集體，逐步適應與同伴、同事的交往，從而逐漸改變孤僻性格。

　　3. 急躁。此類人缺乏耐性，急於求成，卻往往因一時衝動犯下無謂的錯誤。

　　運動處方：要克服急躁情緒，可選擇下象棋、打太極拳、慢跑、長距離散步、游泳及騎自行車、射擊等運動項目。

理由：上述運動強度不高，強調持久性和耐力，堅持從事這樣的活動能幫助人調節神經系統的活動，增強自我控制能力，從而達到穩定情緒、克服焦躁的目的。

2. 教師健康維護

雅斯貝爾斯說過：「教育意味著一棵樹搖動另一棵樹，一朵雲推動另一朵雲，一個靈魂喚醒另一個靈魂。」這就決定了教師這份職業的特殊性。要想讓學生具有良好的心理素質，首先要保證教師要有良好的心理素質；要提高學生的心理健康水準，首先教師要有較高的心理健康水準。因此，關注教師的心理健康同樣重要。目前教師心理最大的問題就是職業倦怠，表現為以下三個方面：情感衰竭——易怒，沒熱情，情緒疲勞，對學生沒興趣；人格解體——冷漠、消極，對學生持否定態度，情緒不穩定，自控能力差，易以學生為宣洩對象；成就感低——對自己工作不滿意，覺得付出與回報不成正比，無力感增強，消極評價自己。針對以上問題，可以從自我調控和外部支持兩方面來維護教師的心理健康。

自我調控。自我調控是指個體控制和指導自己的行動的方式。自我調控強調的是個體對自己的思維、情感和行為進行監察、評價、控制和調節的過程。主要從以下幾點進行自我調控：

第一，加強學習。透過學習，系統掌握心理學和教育學等有關知識，主動解決一些常見問題，並根據自身實際情況進行有效的心理自我調節。

第二，悅納自我。作為教師一定要接受「我是教師」這樣一種角色存在，這樣才能在繁重、瑣碎的教育教學中取得樂趣。如果能冷靜對待自我、悅納自我，就會天天有個好心情。也只有熱愛自己的工作，把自己的工作當作樂事而不是負擔的教師才能保持健康的心理。

第三，拓寬心胸。有些心胸不寬廣、遇事想不開的人經常會有心理疾病困擾。因此，廣大教師要養成樂觀、豁達的性格，努力加強自身修養，遇事泰然處之。要有角色意識，明確自己在社會中的位置，拚搏進取。要知道優勝劣汰永遠是社會發展的公平法則，只有正視現實、不斷奮進，才能生存。

一味怨天尤人，就會永遠是一個失敗者。同時，要學會放棄，因為人生有太多讓你心動的東西想去追逐，像評先、評優、晉級、提幹等，如果沒有一個正確的態度，等待你的將是痛苦。有時即使你付出了全部也不會是滿意的結果，因為有許多東西自己是左右不了的，所以，該放下的就放下，退一步海闊天空。

第四，學會放鬆。會休息才會工作。當自己的工作壓力過大時，不妨到戶外運動一下，或者跟朋友爬爬山、喝喝茶等，能夠讓自己的身心得到有效的放鬆，更利於精神抖擻地投入到教育教學中去。可能的話，學會一種技藝最好，它會使你進入一種新的境界，產生新的追求，在愛好中尋找樂趣，以驅散不健康的情緒，令生活更有意義。

外部支持。全社會應透過各種管道增強教師的職業威望，不斷提高教師的社會地位，加大投入力度，提高教師的工資待遇，切實改善辦公條件，滿足教師的合理要求，為教育工作注入新活力，為教育提供良好的人文環境，使教師能夠安心工作，為社會培養更多有用的人才。首先，要強化師德教育。教師的心態有時反映了教師的師德問題，如對學生的冷漠、報復、體罰等反映了教師缺乏基本的職業道德，總想用種種手段刁難學生，在心靈上傷害學生，反映了某些教師心理是不健康的。因此，學校強化師德教育，使每個教師都能以講師德為美，真正以熱忱對待每個學生，以真情愛護每個學生。

其次，要關心教師生活。學校領導要不斷地深入教師中間，對教師的性格、家庭等瞭如指掌。當教師遇到困難時，學校要盡最大努力給予幫助，要時刻把教師的冷暖記在心上，對教師給予充分的理解和關心，這對教師形成良好的心理素質是大有好處的。最後，要豐富教師的業餘文化生活。要想方設法加強校園文化建設，多組織教師進行文體娛樂活動，使教師的緊張情緒得到宣洩，使教師保持輕鬆愉悅的心情，化解種種不良情緒，保持健康良好的心理狀態。

值得注意的是，家長的心理健康問題也不能小覷。比如，最近幾年來，每逢高考，除了很多考生因為心理壓力過大而尋求幫助外，不少家長也開始尋求幫助。家長的問題主要有四個方面：

一、焦躁不安，精神恍惚；

二、過分不自覺地關心孩子，到孩子房間偷看等；

三、嚴重失眠；

四、常請假在家，用各種手段督促孩子複習，弄得全家緊張。所以，學校心理學未來的發展應該同時要注重家長對孩子的影響，以及家長與教師之間的雙向溝通。

二、注重家校合作

學生的心理問題除了自身與學校因素之外，也離不開家庭因素。家長的教育理念、教育教養方式、家庭結構等都會影響學生的心理健康，這就愈加要求家庭與學校的緊密合作，可以透過家長培訓和家長督促這兩種途徑來實施家校合作。下面一則班導師自述案例可以很好地說明家校合作的必要性。

我們班有個孩子叫王鑫。他的學習成績在年級裡是數一數二的。按理說，這樣的孩子是最讓老師省心的。可是，他的行為舉止偏偏不像一個好學生。我清楚地記得有一次，他下午來學校上課。任課老師反映我們班有酒味。主任叫我進行調查。王鑫成為重點懷疑對象。我問他：「喝酒了嗎？」他說：「喝了。」我很高興他承認自己的錯誤。可是當他說出喝酒的理由時，我震驚了。王鑫屬於單親家庭。母親帶著他嫁給了同村人。現在媽媽又給他生了一個小妹妹。他對我說，中午他喝酒家裡人都知道，他的繼父叫他陪親戚，不喝不行。我看他渾身酒味，就通知他的家長來接他回家醒酒。他的媽媽抱著一個不會走路的孩子來了，嘴裡一直在罵王鑫的親爸爸，說他不學好，還邊說邊哭說自己命不好，孩子不爭氣。當我問及王鑫中午是否在家喝酒時，他媽媽矢口否認，並說他根本沒有回家吃飯。我知道了，王鑫在說謊。辦公室裡面人很多，我和他媽媽約好了，晚上我給他媽媽打電話。

晚上，和家長電話足足聊了一個多小時。我瞭解到在家長眼裡，孩子一無是處，對孩子的所作所為，家長唯一的方式就是指責加上謾罵。我迷惑了，這可怎麼辦？我教育好孩子的關鍵那就是先教會孩子的媽媽教育孩子。首先，我肯定了孩子在學校的表現，上課積極舉手，聰明上進，有集體榮譽感。他

第十一章 學校心理學的遠景

媽媽問我孩子在年級是考第一嗎？他和她說他考第一她就沒有相信過。我心裡很不是滋味。這般的不信任，這對孩子是怎樣的傷害呀！我感覺重擔一下子全落在我的身上。我決定還是先穩住家長，再做好學生的工作。

此後沒有多久，王鑫就出現了不完成作業和上課走神的現象，還聽人說他夜不歸宿，在網吧上網，學習成績也下降了。我和家長電話聯繫，家長就說，這孩子我不要了，他願意找他的死爹就去找，不好好學習，還上網，回家我也不叫他吃飯。我和家長說，這孩子出現問題也是您的孩子，現在，把這件事情交給我，我來解決他的問題，您只要配合我就可以了。於是，我叫家長該做飯就做飯，不要嘮叨，可以關心一下生活。出現不對勁的地方，就直接給我打電話。家長答應我了。

這回，我準備和王鑫深談一次。從他媽媽和他在新家的處境，分析到他媽媽在婚姻生活中受到的傷害。再說到望子成龍的心情，不懂得教育方法的苦惱。我問王鑫，你理解媽媽的苦心嗎？王鑫點了點頭。我又問，那你覺得媽媽哪些地方需要改一下？他說，我不喜歡回家，每天在學校裡，我都很快樂。可是一到家裡，我就感覺渾身都冷，不想回去，沒有人喜歡我，我做什麼都不對。我寫作業，媽媽就帶著小妹妹在我屋裡玩，一會兒就說我幾句，一會兒就又說我幾句。我去一次網吧，她就嘮叨個沒完。索性，我就不想寫了，我就睡覺。我說，那你覺得你去網吧沒有錯，是媽媽逼迫你嗎？他說，不是，我就是不想回家。我忽然覺得我找到了突破口。「看到你這樣，我很著急。這樣吧，你媽媽那裡我去說，保證你的學習環境。但是，你必須要保證不去網吧。這樣你媽媽那裡就放心了。再有，你媽媽以後也會減少對你的嘮叨，你覺得這樣可以嗎？」王鑫的眼睛發亮了，他連忙說：「可以！可以，我答應。」然後，我就又說：「你好好學，考上一中，就可以住校了，那時候一週才回一次家，估計你都會想你媽媽的。你有出息了，你媽媽在新家裡就有了地位。我知道你是一個孝順兒子，加油吧！」王鑫笑了，他深深鞠躬後回班去了。

我馬上撥通了他家長的電話，把我們的談話內容告知了家長。他媽媽很開心，答應一定配合我的教育。此後，我經常找王鑫詢問情況。他說現在好多了，媽媽不再說他罵他了。

　　有一次，我去班裡上課，走到後門的時候我習慣性地從後門和窗口向裡面看。這時候，王鑫站在後門處，從玻璃背後給我扮鬼臉，那笑是他久違的笑，是孩子純真的笑。我被感染了。

　　這件事讓我體會到了班導師與家長溝通的必要性。一個孩子就是擺在我們面前的一道難題，這道題是需要家長和老師合作完成的。在工作中，我看到了孩子的成長，享受著這其中成功的喜悅和幸福，「家校合一」橋梁的主要建造者就是我們老師，溝通就可以創造奇蹟，合作就可以鑄就輝煌。為了孩子，讓我們一起努力吧！

　1. 加強家長培訓

　　目前，絕大多數家長缺少系統的心理學和教育學知識，不瞭解兒童身心發展的規律，也不注意孩子的個體差異。這些知識偏又是家長確立正確的家庭教育觀念的前提，是家長掌握科學的家庭教育方法的關鍵（Harrison，2004）。針對此問題，學校可以定期邀請一些在家庭教育領域中知名的專家開展心理講座，使家長瞭解到孩子在不同的年齡階段身心發展特點的不同，對應的家庭教育方式也要適合孩子的特點，比如對小學生可以側重於遊戲教育；對中學生就要尊重其隱私，儘量採取以理服人的方式，切勿使用強硬方式；對大學生就要放手，讓孩子獨立解決問題，必要時可以給予指導。同樣，也要根據孩子不同的人格特點施以不同方式的教育，對自卑內向的孩子要善於發現他們的閃光點，要儘量採取賞識教育；而對那些自大傲慢的孩子就要採取適當打擊政策，適時提醒孩子思維中不切實際的想法。同時，也要根據家長的文化層次和職業、家庭狀況的差異，靈活開展工作，切實幫助家長提高家教質量（張達紅，2003）。

　2. 注重家校協調

家長督促主要包括兩方面內容：一方面，家長要積極參與、配合學校的工作。現代家庭大多是雙職工家庭，生存的激烈競爭迫使人們拚命地工作加班，這樣一來，專門陪孩子的時間就少之又少了，偶爾抽出少許時間用於輔導孩子的學習也是馬虎了事，「身在曹營心在漢」。不可否認，現代學校對家長參與學校工作的花樣想得也不少，比如定期開家長會，上公開課（在孩子不知情的情況下請家長觀看孩子上課的視頻），學校的文藝活動總會安排親子互動環節，還有一種就是能將孩子在學校中的考試情況、日常表現透過簡訊形式實時發送到家長的手機上，便於家長在第一時間瞭解孩子的在校情況。家長應充分利用這些資源來配合學校的管理，這樣才能發揮出家校合作的協同增益效果。另一方面，家長要造成監督、督促學校工作的作用。家長在參與學校各種活動時，可以將自己真實的想法反饋給校方，對學校的工作給予中肯的評價，必要時可以監督學校工作的進行，以便學校改進和提升活動的水準，從而更好地發揮家校合作的優勢。

三、創新社區服務

所謂社區心理健康服務，它是指在社區服務工作中運用科學的理論和原則來保持與促進人們的心理健康，即透過講究心理衛生，培養人們的健康心理，從而達到預防身心兩方面疾病的目的。具體來說，社區心理健康服務的宗旨在於促進兒童與青少年的正常發展，培養其健康的人格；保持成年人的正常發展；預防各種心理問題，包括精神病、神經症、身心疾病、人格障礙、精神發育遲滯；消除心理壓力和各種不良的心理。

社區心理健康服務的運行機制是一個相當寬泛的概念，對運行機制的考察可以從組織機制、動力機制、激勵機制、保障機制以及整合機制諸多方面切入。整體而言，青少年社區支持運行機制主要體現了正式與非正式相結合、專業與輔助相結合的特點。

首先是正式與非正式相結合。正式支持主要是指由政府組織以及非政府組織和團體所提供的支持，而非正式支持指來自個人社會網絡即通常基於感情以及人倫因素所提供的支持，這個社會網絡包括：地緣、血緣、業緣以及私人關係等。其次是專業與輔助相結合。從社區主體提供支持服務的規範性

來劃分,可以將支持分為專業支持和輔助支持。專業支持包括兩個層次的含義:從支持提供的主體角度來看,專業性支持主要是指由專業領域人員提供的服務,專業人員包括社區心理醫生、社區工作者群體等;從支持提供的特點來看,其服務具有專業性、嚴密性、科學性、系統性等特點。輔助支持是由非正式群體基於社區參與的需要組織起來而提供的日常服務,這些服務的特點在於志願性、公益性。

社區服務未來的發展應著重於構建好的機制來普及心理學知識,提升社區居民心理調控的機能水準。具體來說,我們可利用各種方式開展心理健康知識普及和宣傳工作,傳播心理健康觀念,滿足社區居民的心理健康需求,給生活在社區的居民隨時隨地提供心理諮詢、傾訴、疏導、交流和幫助,並且覆蓋社區所有的家庭、學校、單位和人群。制訂一系列形式多樣、豐富多彩的活動計劃,如組織開展以社區青少年為主要對象的心理成長訓練;針對特殊人群的心理健康教育和心理康復計劃,設立社區心理健康諮詢信箱,開通熱線電話,邀請心理專家解答社區居民在實際生活和工作中碰到的心理難題,幫助社區居民走出心理困境等。對於處在成長期且遇到某些心理問題的中小學生,家長可與學校商量,將孩子的心理檔案複製一份交給社區醫療衛生機構的心理門診,每個存檔的學生均配有一位專門的個案管理者,可隨時記錄、跟蹤孩子在成長期的心理狀況,並在關鍵時期進行干預與矯正,以學校與社區的雙重力量幫助孩子解決心理問題,避免孩子出現心理偏差。

複習鞏固

1. 小學生輔導實踐有哪些方式?請分別舉例加以說明。

2. 中學生的心理有什麼特點?對其輔導實踐可以採取哪些方式?

3. 什麼是社區心理健康服務?其運行機制有哪些特點?

第二節 學校心理學的未來

前面我們已經討論了未來學校心理學在學校、校外和社會三個領域中的應用前景。這是我們對學校心理學未來應用的展望。但是要想真正落實到方

第十一章 學校心理學的遠景

方面面,學校心理學學科自身的發展至關重要。在不久的將來,或者漫長的未來,學校心理學要想取得蓬勃、可持續發展勢必要明確學科的目的任務、完善學科課程體系、提升專業人才水準和健全學科管理監督。

一、切實理清學校心理學的目的與任務

學校心理學是研究教育教學情境中各類成員(包括學生、家長、教師、學校管理人員)的心理活動,並運用心理學的理論與技術手段直接或間接地促進學生和諧發展的一門應用性心理學分支學科。作為教育與臨床心理學的分支之一,學校心理學在中國還是一門讓人感覺比較生疏的學科,即使在先進國家,這門學科也只是興起於20世紀60年代。因此,關於該學科的一些問題都尚在爭論之中。學校心理學要想在未來得到長足的發展必須要理清該學科的目的與任務(Kent,2013)。目前學界比較認可的是美國學校心理學會給出的學校心理學的定義。它認為學校心理學是專業心理學裡專注於總體實踐和健康服務的分支,它專注於在教育過程中與兒童、青少年、家庭,以及各個年齡階層的學習者有關的心理學科學和實踐。學校心理學家所受的基本教育和培訓使他們能在學校、家庭和其他環境中,針對兒童、青少年的發展過程提供一系列的心理學測評、干預、預防、健康促進和評價服務(Curtis,2004)。

儘管各國學校心理學的主要服務與內容有所不同,但大致都涉及以下六個方面。

1. 心理預防與心理衛生

心理預防,即預防學生在校期間可能出現的各種心理行為問題,以便他們的心理健康地發展,順利完成學業。特別是在中小學銜接階段,包括中考、高考階段和心理發展的敏感期或轉折期,注重採取心理衛生措施,加以監督控制。在心理衛生方面,要使學生勞逸結合、保持身體健康;要按照不同年級或年齡安排好生活節奏;要正面教育、引導學生的情感良性發展;要積極開展青春期衛生教育,包括性教育;要根據學生氣質、性格和能力方面的特

點因材施教,充分發揮他們的潛能;要防止意外傷亡事故的發生;等等。心理防禦和心理衛生問題,主要依靠常規的心理健康教育來解決。

2. 心理諮詢

心理諮詢的原意是指對人們,特別是對心理失常的人,透過心理商談的程序和方法,使其對自己和環境有一個正確的認識,以改變其態度和行為,並對社會生活有良好的適應。學校開展心理諮詢,主要對象是學生,特別是那些「問題」兒童和青少年,其次是家長和教師。值得注意的是,許多家長和教師對學校心理諮詢有誤解,認為那只是用於為學生提供諮詢服務的,而與自己無關。實際上,許多家長和教師在教育學生的方式和方法上不妥當或面臨著問題,他們也應該接受心理諮詢。另外,開展學校心理諮詢,是幫助學生學會解決心理發展中的各種疑難問題,克服各種心理障礙。要達到這一目的,學校心理諮詢人員必須得到家長和教師的配合,一起會診,分析學生的有關心理症狀,掌握學生確切的徵兆,把握病因,從而採取有針對性的措施排除心理障礙。

3. 診斷性評價

診斷性評價指根據一定的理論和標準,以使用心理學的方法和工具為主,對學生個體的心理狀態、行為異常或障礙,以及學生的成長環境進行描述、分析、歸類、鑑別、評估的過程。診斷性評價是一個包括確定目的、觀察現象、收集資料、查詢原因、實施測量、綜合評估等在內的完整過程。在學校心理健康教育中,建立學生的心理檔案,就是一種一般性的診斷性評價。在對學生進行心理治療前,也要對學生進行綜合的或特定方面的診斷性評價,以確定症狀,尋找原因,做出全面評估,並加以確診,為進行心理干預做好準備。

4. 行為矯正

行為矯正不僅是學校心理學的重要任務,而且也是學校心理學的一種指定技術。所謂「行為矯正」,指對不同年級學生在語言、認知、行為和人際關係等方面的問題,進行心理學干預,具體地幫助道德越軌、學習困難、情緒挫折和社會性發展不適的學生獲得正常的發展。目前,在對多動症、學校

恐懼症等的治療中已廣泛應用了行為矯正。比如，有學校恐懼症的兒童對離家上學極度害怕而表現出多種心理和行為徵兆，如腹痛、頭痛、嘔吐、腹瀉等軀體症狀，還伴有焦慮、憂鬱和恐懼等心理症狀。據統計，約有0.4%～2%的中學生不同程度地患有學校恐懼症。學校心理學家對學校恐懼症的表現、病因及分類等問題進行了大量研究，並提出了基於經典性條件反射和操作性條件反射的治療理論——系統減敏法，收到了較好的治療效果。

5. 學習指導

學習指導指幫助學生實現教育的價值，以教材為媒介所進行的各種活動，包括學校內容的安排、學習方法的輔導、學習成績的評估及其反饋等。特別是比較細緻地幫助學生掌握學習策略和選擇學習方法，使他們學會學習，進而按照良好的學習目標和學習進程進行學習，以便獲得系統的知識，形成一定的能力。

6. 職業指導

職業指導即對學生如何選擇適當的職業加以指導。目前，不少學校在進行職業理想的教育研究，因此，作為學校德育和心理健康教育內容的一項重要改革，我們可以通過心理測量等手段，對學生個人的能力、性格、體力、家庭、經歷等進行考察，透過調查和統計獲得各種職業對能力和特長的要求，並向學生提供職業訊息，指導學生選擇合適的職業。這樣，具體地幫助學生發現自己的特點，喚起他們對將來的考慮，指出機會，並監督其工作的情形和進展，使學生得以正確選擇並從事職業，以充分發揮其能力和積極性。

二、盡力完善學校心理學的課程體系

根據學校心理學職業定向的基本特點，我們認為學校心理學專業的課程設置應是基礎性、應用性、實踐性、針對性的和諧統一。學校心理學家的角色功能就決定了學校心理學家應有廣博的知識，因而學校心理學專業的基礎課設置應做到面廣而內容精，主要課程應包括教育學、特殊教育學、普通心理學、心理統計學、發展心理學、教育心理學、臨床心理學、各科教學心理學與教學法。專業課設置應突出應用性，即課程設置力求務實、用得著，要

著眼於現實教育情境中所涉及的心理學問題，主要課程應包括學校心理衛生學、學校心理學、學習心理諮詢、心理測驗與心理評估、團體心理諮詢與治療、心理諮詢與治療技術、諮詢心理學、不良行為兒童與行為矯治、問題兒童臨床心理學、學業不良心理輔導學。學校心理學專業的課程設置最重要的是要突出實踐性，根據國外的經驗，實習課、見習課的總課時應不少於一個學年，可與理論課穿插進行。實習課與見習課要突出操作性、技術性，透過見習和實習使學生形成基本的技能，其主要內容應包括：班導師工作與心理輔導、會談技巧、個案撰寫與評價、個案數據庫系統、計算機心理測驗的使用與統計技術、職業輔導、學習輔導、生活輔導、家庭輔導、教師輔導。

此外，學校心理學專業還應開設一些具有針對性的特色課。中國幅員廣闊、情況複雜，各地區、各級學校有各自的特點，各學校可根據各自所處地區的特點、學生畢業去向、本系教師在學校心理學及相關領域的研究優勢與特長開設一些靈活的、有針對性的特色課，增強學生的適應性。

綜上所述，我們認為學校心理學專業的課程設置應該由四個部分構成，即由專業基礎課、專業主幹課、實踐課、特色課構成（特色課各校可根據實際情況另行確定）。可以看出，學校心理學的上述專業課再加上大學階段各專業共同的公共課（如外語、大學語文、微積分、計算機概論、公共政治理論課、思想品德課等）總科目數將達到或超過 50 門，科目數比一般本科專業多十幾門。

三、全面提升學校心理學的團隊水準

學校心理學的師資團隊薄弱，表現為數量少，水準低；專職人員少，兼職人員多；心理學專業，尤其是臨床心理學專業出身的少，轉行過來的多。在師資培訓方面也很薄弱，表現為專業實踐培訓少，理論講座多；實質內容的培訓少，巧立名目的培訓多；按計劃培訓少，臨時培訓多。聯合國教科文組織要求，6000～7500 名中小學生至少要擁有一名學校心理學家。需要有大量的專業教師。所以，必須透過多途徑、分層次的專業教育與系統培訓相結合，逐步建立健全以專業化為主的、專兼結合的學校心理學師資團隊。具體來說，要借助心理學和教育學力量較強的大學加強學校心理學專業化教師

的培養和培訓。培養和培訓的內容要以心理診斷、評估、輔導和干預為主。被培養和培訓的教師要有參與學校實習的經歷和綜合考試。實行嚴格的師資培養和培訓制度,逐步建立國家和地方的學校心理學家和心理學工作者的資格認證制度,使學校心理學走上職業的規範化和標準化道路。具體來說,主要透過以下兩方面來提升學校心理學家的團隊水準。

1. 建立多層次、規範化的資格認證制度

面對強烈的心理健康教育的社會需求,參考美國學校心理學家培養的經驗,可以嘗試建立多層級、規範化的學校心理學家資格認證制度,以提升學校心理學服務提供者的數量與質量。

第一,應明確不同層級學員的培養目標及標準。目前,學校心理學服務提供者的培養主要有學校培養和社會培養兩種途徑。以心理健康教育教師的培養為例,主要以學校培養途徑為主,來自於包括大學生、碩士研究生和博士研究生等多個層次的心理學專業畢業生;少部分為透過自學或參加心理諮詢師培訓並獲得心理諮詢師從業資格的人員,其專業水準更是參差不齊。與美國學校心理學家培養中區分的碩士水準、專家水準和博士水準相比,目前的心理健康教育教師主要是具有碩士及碩士以下學位者,整體水準偏低。為了逐步培養一支規模上可觀、質量上可靠的學校心理學服務者團隊,比較可行的辦法是為不同層次的學員設置有針對性的培養目標和考核標準。例如,本科生及以下(包括專科生和非心理學專業人員)的培養可以參考美國的碩士水準標準,碩士生和博士生的培養則依次參照美國的專家水準標準和博士水準標準。

第二,不管是哪個水準的培養過程都必須做到規範化,達到相應的培養標準。參考美國的經驗不僅為每個階段水準的培養規定了明確的時間要求,而且還要在培養過程中嚴格執行。另外,培養效果的考核也應嚴格按照規定的學校心理學家勝任特徵標準來進行。有了差異化的培養目標、規範的培養過程以及嚴格的考核機製作為基礎,一套既能夠應對中國當前學校心理學服務需要,又能嚴格保證培養質量的多層級、規範化的學校心理學家資格認證制度基本上就可以建立起來。

2. 探索適合實際特點的學校心理學家培養方法

在美國學校心理學專家和博士水準的培養時間中實習占到了40％和50％，以保證學校心理學家的專業化和職業化水準（馬紅宇，2012）。各人才培養單位應充分意識到實踐環節是應用心理學專業學生培養的重要途徑。目前，心理諮詢方向的碩士或博士生多是借助大學心理健康教育中心或諮詢門診等實習單位來開展實踐學習的。一些實習單位建設不足的人才培養單位只能減少實習時間或採用缺乏系統指導的學生自主實習，難以達到培養目標。因此，在現有的人才培養方案中適當增加實習環節的時間，以確保不同層次人才的勝任特徵可以發展到足以整合知識技能、獨立解決與評估相應問題的高級階段，是培養學校心理學家的重要途徑。與此同時，還要加大力度進行實習單位的建設，使增加實踐機會與實踐時間成為可能。

同時，在培養方法的選擇上，可以參考美國學校心理學家培養方面的經驗，側重於以行為主義諮詢理論為指導的學校心理學家培養方法。這一方法的目標非常明確，直接指向能夠導致學員在實踐中做出優秀表現的那些知識或行為，而且此方法特別重視反饋的作用，透過此方法可以讓有限的實踐訓練達到目標最大化，結合專家的適時反饋，進一步強化實踐能力。這種行為主義的培訓方法將更有效地培養那些與諮詢實踐相關的勝任特徵（Tillman，2005）。

四、逐步健全學校心理學的監督管理

鑒於學校心理學發展仍處於初期，我們應借鑑美國學校心理學發展的有益經驗，逐步建立健全學校心理學的監督和管理體系。要依靠教育行政機構和學校心理學專業委員會來制定學校心理學的管理條例和工作細則，形成監督機制，明確具體的義務、責任和權利，確保學校心理學從一開始就走上正軌。由於學校心理學的服務對象主要是兒童和青少年，其中還包括有心智障礙的兒童，這可能牽涉到個人權利和隱私的保護問題，所以也需要國家制定一些相關法律、規範，既保護兒童和青少年，又保護學校心理學家和心理學工作者。當然，對於學校心理學家和心理學工作者的資格認證制度、考核制

度和繼續學習制度等方面的內容，不僅是師資團隊建設的重要內容，而且是監督和管理體系的重要組成部分。

目前，各國學校心理服務的形式很多，或由私人建立學校心理服務機構，或立足於社會面向學校進行服務，或獨立工作、服務於一所學校，或一人負責幾所學校等（官群，2009）。這種多樣化的服務體制雖有利於滿足不同服務對象的需要，但也導致了管理上的混亂和同行間的訊息阻塞，服務質量很受專業人員知識面和專業能力的侷限。為解決這個問題，管理分權制的國家主張加強專業學會的領導、管理和監督職能，集權制的國家傾向於實行地區或全國性領導。還有一些國家實行群體服務形式，如法國由學校心理學家、教育心理學家和發展心理學家各一名組成「心理—教育援助小組」，三方互相配合，克服了由個人服務可能帶來的能力缺陷。與此同時，對學校心理學服務這一職業的要求也將日趨規範化和標準化，並有相應的法律規範，如「國際心理科學聯合會」對學校心理學家的學歷有明確的規定（汪亞芳，2006）。

拓展閱讀

2012年秋季學校心理學未來會議（網路會議）2012年學校心理學未來會議的任務旨在透過對領導力、批判性技能和其主張這三方面主題，將眾多學校心理學家召集到一起，確保兒童未來學業上的成就和心理健康。此次會議三大主題分別如下：

1. 領導力

領導力漸漸發展成為學校改進工作的一項重要元素。研究表明，領導力對孩子的成功起關鍵作用，影響僅次於教導。具體來說，我們要探尋幫助學校心理學家成為學校使命的關鍵出力者；在學校心理學領域中倡導一種領導力文化；加強學校心理學家基於研究的學校改進角色和在學校心理學領域中培養領導力技巧的發展和實現。

2. 批判性技能

為了創建我們的未來，我們要優先考慮批判性技能和勝任實踐所需要的基礎性知識。我們必須考慮到學校心理學家所需要的批判性技能是加強學校問責制領域的學術、行為和社會性情感教學；支持學校、處在危機中的孩子和面臨創傷的孩子重視學術、行為和社會情感需求；有效開發和專家、家長之間的合作及團體所需的諮詢技巧；建立、倡導和準備學校基礎心理健康技巧，比如學校中的社會情感學習和個體/團體輔導；提倡當前在學術和社會行為領域中有競爭力的實踐；提供學校心理學家有效實踐所需的監督及監督技巧；影響當地、地區之間、國家和國際系統水準變化的有效性；建立支撐我們所有批判性技能的技術競爭力，比如合作的連通性和全球可行性。

　　3.辯護

　　辯護是影響和改變孩子的未來的一項關鍵技能。所涉及的問題有：教育辯護是什麼？需要哪些工具來促進所有孩子的有效教育？我們怎樣去主張學校心理學的專業化？我們怎樣在高校和從業者水準上主張這種教育？你怎樣支持、主張以及實施基於實證的實踐？關於當地水準有效的辯護案例有哪些？

複習鞏固

　　1.APA學校心理學對學校心理學是怎麼定義的？你是怎麼看待學校心理學的服務任務的？

　　2.學校心理學課程體系有哪幾塊？

　　3.怎麼提升學校心理學的團隊水準？

本章要點小結

　　1.小學生輔導實踐的兩種方式：團體輔導、個體輔導。中學生輔導實踐的兩條途徑：心理健康教育課程、心理熱線。大學生輔導實踐的兩種方法：專題講座、自我調節。

　　2.教師健康維護的途徑：自我調控、外部支持。

3. 自我調控的四種方法：加強學習、悅納自我、拓寬心胸、學會放鬆。

4. 家校合作著重點：家長培訓、學校協調。

5. 社區心理健康服務運行機制的特點：正式與非正式相結合、專業與輔導相結合。

6. 學校心理學六大服務內容：心理預防與心理衛生、心理諮詢、診斷性評價、行為矯正、學習指導、職業指導。

7. 學校心理學專業課程設置四大塊：專業基礎課、專業主幹課、實踐課、特色課。

關鍵術語表

職業倦怠 學校心理學家勝任特徵 行為矯正 情緒疲勞 人格解體

診斷性評價 社區心理健康服務

本章複習題

1. 悄悄話熱線信箱主要是針對（　）設立的。

A. 小學生 B. 中學生

C. 大學生 D. 教師

2.「金蘋果」俱樂部屬於（　）輔導實踐。

A. 個體輔導 B. 專題講座

C. 團體輔導 D. 自我調節

3. 社區服務支持的特點包括（　）

A. 專業性 B. 系統性

C. 嚴密性 D. 開放性

4. 諮詢心理學屬於（　）

A. 專業主幹課 B. 專業基礎課

C. 實踐課 D. 特色課

5. 教師職業倦怠表現為（ ）

A. 情感衰竭 B. 人格解體

C. 成就感低 D. 輕生念頭

6. 可建議膽怯心理缺陷類型的個體參加的運動項目有（ ）

A. 拔河 B. 慢跑

C. 溜冰 D. 跳馬

7. 常見的自我調節方式有（ ）

A. 暗示調節 B. 肢體調節

C. 想像調節 D. 放鬆調節

8. 小學生的常見心理問題主要有（ ）

A. 叛逆行為 B. 逃學厭學行為

C. 入學適應問題 D. 情緒激盪行為

9. 美國學校心理學家的培養側重於（ ）

A. 精神分析理論 B. 行為主義理論

C. 建構主義理論 D. 人本主義理論

附錄 參考答案

附錄 參考答案

第一章

第一節

1. 學校心理學是在學校環境下，在教學過程中對學生、家長及教師進行的心理方面的援助與諮詢。

2. 可從普及性、目的性和針對性等三個層面開展危機預防工作。

3. 第一，身體因素（有無腦器質性、身體機能性障礙）；

第二，智力因素（有無弱智、智力發展遲緩現象）；

第三，人格、情緒因素（有無心理異常狀態）；

第四，環境因素（家庭、社區、學校、社會的環境如何）；

第五，體質因素（有無遺傳性問題、過敏性體質、營養不良等）。

第二節

1. 收入差距和兩極分化帶來的心理困惑與危機；拜金主義、享樂主義、極端的個人主義和腐朽生活方式對兒童心理健康的衝擊。

2. 心理健康無障礙是有效學習的基礎，不健康的心理會影響智力和學習效率。

3. 心理健康是發掘智力潛力的必要條件；心理健康與美育有著特殊的關係；心理健康與思維、創新素質的培養都存在著密切聯繫。

章後複習題

1.B 2.C 3.C 4.B 5.B 6.B 7.A 8.ABC 9.B 10.ABC

第二章

第一節

1. 針對不同年齡和年級的學生而展開的，學校心理學的心理測量研究、學校心理學的心理諮詢研究、學校心理學的管理研究。

2. 主要是在研究過程中尊重學生的自主權利、重視研究的知情同意環節和綜合評價研究的內容設計。

3. 通常情況下，雙盲實驗會在實驗開始時請被試參加到一個試驗中，並告知一個並不真實的實驗目的，以避免在實驗過程中產生社會讚許效應或者使被試受到實驗目的的暗示。但是通常會在實驗結束之後告知真正目的，所以並不違反知情同意原則。

第二節

1. 通常在進行實驗設計的時候就已經決定了將使用哪一些數據分析方法，同時也決定了要怎樣收集數據，所以數據統計分析方法和數據收集方法之間相互制約，並不是所有的統計方法都能夠用在所有數據收集的結果上的。

2. 首先，問卷中的問題數量不宜過多，必須緊緊圍繞所研究的問題；其次，問卷的內容和表述應是學生所熟悉、可以理解的；第三，問卷的形式應以封閉性的問題為主，開放性的問題為輔；第四，問卷中問題的表述應儘量能隱蔽研究真實意圖，防止「社會讚許效應」的出現。同時，還可以加入一些測謊題目或者反向計分題。

章後複習題

1.D 2.C 3.D 4.A 5.D 6.B 7.ABD 8.C 9.ABCD 10.D 11.AC

第三章

第一節

1. 賴特納·韋特默。主要是因為他開設了第一家心理診所，向有學習困難的兒童提供服務，開創了美國心理學為教育服務的先河，對學校心理學這門學科的產生做出了奠基性的貢獻。

2. 1946 年，美國心理學會（APA）第 54 屆年會決定成立 APA 學校心理學分會。

3. 格塞爾。

第二節

1. 一個會議，一個法案，一支團隊和兩本雜誌：塞耶會議，94-142 公法，專業雜誌，專業人員協會。

2. 組織更完善，服務更廣泛；專業工作者的團隊日益壯大；服務工作制度化、正規化；對從業人員執行高標準。

章後複習題

1.A 2.B 3.A 4.D 5.AB 6.C 7.ABCD 8.C 9.D 10.ABCD 11.ABCD 12.AB 13.C

第四章

第一節

1. 認知是個體最基本的心理過程，是人們獲得知識或應用知識的過程，或訊息加工的過程。認知包括感覺、知覺、記憶、想像、思維和語言等。

2. 青少年自我中心是一種自我的專注狀態，他們會認為全世界都關注著自己。自我中心的青少年對權威充滿批判精神，不願接受批評，並且很容易指出別人行為中的錯誤。青少年自我中心的一個重要組成部分就是個人神話，即認為一個人的意念可以控制他的生活事件的信念。青少年還可能發展出假想觀眾，青少年可能根據假想觀眾變換自己的態度、行為甚至是穿著。

3. 注意力缺陷；多動；易衝動

第二節

1. 智力功能顯著低下，在個別施測的標準化智力測驗中，其智商（IQ）在 70 分以下；有適應行為方面的缺損或障礙，即在下列十項技能中至少有兩項存在缺損或障礙：溝通、生活自理、居家生活、社會技能、使用社區、

自我管理、功能性學科技能、工作、休閒活動、健康與安全；在 18 歲之前發病。

2.《國際疾病分類》第 10 版中的學習困難診斷量表；美國缺陷兒童教育諮詢委員會制定的學習困難診斷量表；學習能力障礙兒童篩選量表；學習適應性測試：將學生的非智力因素標準化後再與同齡同年級的學生比較，以比較他們之間的差異；學習困難檢查表。

3.ICD-10 確定診斷的 18 項症狀條目描述與 DSM-IV完全一致。不同之處在於 ICD-10 要求注意缺陷和多動/衝動症狀兩大主要症狀要同時存在，即兩大主要症狀均要符合 6 項以上方可診斷，相當於 ADHD 混合型，而DSM-IV僅需任意一組症狀明顯滿足診斷條件即可。

章後複習題

1.D 2.C 3.D 4.ABCD 5.C 6.ABC 7.AB 8.BCD 9.ABCD 10.ABC

第五章

第一節

1. 人格是構成一個人的思想、情感及行為的特有模式，這個獨特的模式包含了一個人區別於他人的穩定而統一的心理品質。

2. 整體性、穩定性、獨特性和社會性。

3. 表演型人格障礙、強迫型人格障礙、邊緣型人格障礙、自戀型人格障礙和分裂型人格障礙。

第二節

1. 弗洛伊德認為，人格的三個成分中，本我遵循享樂原則，不間斷地要求滿足自己的需要，不顧現實世界的遊戲規則，為了保護個體不被損害，自我就要努力調節本我和現實的關係，力求使本我的需要以社會所能接受的方式獲得滿足。如果自我能夠建設性地解決問題，就不會產生情緒困擾。但是，如果問題難度較大，自我找不到解決問題的方式，自我就會產生焦慮情緒；

為了避免緊張、自責與不愉快等焦慮反應，自我便調動出一套防禦機制，以降低焦慮，保護自己。

人人都有自我防禦機制。我們每個人在遇到挫折時如果用理性的方式不能降低焦慮，便會在無意識中調動起自我防禦機制。防禦機制偶爾被啟動的確能緩解緊張情緒，但過多地被調動時，則會使人因過分消耗心理能量以及脫離現實而陷入更大的困境，嚴重的就可能是心理不正常的表現了。

2. 羅杰斯認為，健康人格不是人的固定狀態，而是一種過程。健康的人格應該具有如下一些特點：對一切經驗持開放的態度；存在主義式地生活，即每時每刻充分體驗當前的生活，並對當前的生活負責；信任自己的機體，即信任自己的感覺、直覺和經驗，不受約束地按照瞬間的直覺並且不受外界的影響自發地行動；具有自由感；具有創造力。

3. 完善人格的培養應從早期做起；健全學校人格教育課程體系；積極開展社會實踐活動；加強良好的校園文化塑造；重視教師人格的示範作用。

本章複習題

1.A 2.ABCD 3.ABCD 4.ACD 5.D 6.A 7.ABCD 8.ABCD

第六章

第一節

1. 適應是生物有機體調整自身生存形態以順應已改變了的生存環境的活動形式。

2. 個人和群體調整自己的行為使其適應所處社會環境的過程。

3. 學校適應不良。

4. 大學新生入學適應和大學畢業生社會適應。

第二節

1. 每個人都不可避免地處在一定的社會關係中，周圍的這些社會關係和他人會根據人們的職位、個性、家庭等不斷提出一定的「角色期望」，而每個人都會透過「角色採擇」塑造自己的形象。

2. 主要有症狀標準、嚴重標準、病程標準、排除標準等。

3. 找準角色定位，明確自身責任；強化實踐教學，進行角色學習訓練；開展心理健康教育，促進角色轉換；正確評價自我，規劃人生目標。

章後複習題

1.A 2.C 3.A 4.C 5.ABC 6.ABC 7.C 8.ABC 9.ABD 10.D 11.B；12.A 13.ABCD 14.A

第七章

第一節

1. 運用心理學的方法和技術評估個體的心理狀態、心理差異及行為表現，判斷其性質和程度的過程。

2. 正確區分正常與異常精神活動；尋找心理紊亂的原因；對心理紊亂狀態做出分類診斷。

3. 發展常模、發展過程、發展的穩定性、共生現象。

第二節

1. 會談法、觀察法、測驗法、個案法、實驗法、產品分析法。

2. 科學嚴謹，儘量排除影響因素；全面具體，力求選擇適宜的測量工具；縝密細緻，務必慎用測驗結果。

3. 使用當事人所能理解的語言；要告訴當事人這個測驗測量或預測什麼；使當事人知道他是和什麼團體在進行比較；要使當事人知道如何運用他的分數；要考慮測驗分數將給當事人帶來什麼心理影響；要讓當事人積極參與測驗分數的解釋。

章後複習題

1.ABCD 2.ACD 3.AD 4.ACD 5.AB 6.ABC 7.ABCD 8.BCD 9.AB

第八章

第一節

1. 諮詢師以心理學的理論和方法為指導，以特殊的人際關係為基礎，以幫助來訪者解決心理問題、增進身心健康、提高適應能力、促進個性發展與潛能發揮為目的的一種專業化服務。

2. 心理發展的一般問題諮詢；學習、升學及就業諮詢；常見心理異常和行為障礙的治療矯正。

3. 保密性原則、理解與支持原則、積極心態培養原則、時間限定的原則、來訪者自願的原則、感情限定的原則、重大決定延期的原則。

第二節

1. 尊重、溫暖、真誠、共情和積極關注。

2. 確定諮詢目標；設計輔導計劃；選擇團體成員；實施活動計劃；評估諮詢效果。

3. 尊重和理解阻抗；正確的分析和診斷；真誠化解阻抗；調動來訪者的積極性；運用適當的技術。

章後複習題

1.A 2.BCDE 3.ABCDE 4.ABCD 5.B 6.A 7.ABC 8.ABC 9.ABC

第九章

第一節

1. 心理干預是指透過心理學的手段和技巧，對心理活動的方向、性質、強度和表現形態進行控制和調整，從而使人的心理狀態和行為方式歸於正常。

2.行為矯正主要是依據學習原理來處理行為問題，從而引起行為改變的一種客觀而系統的有效方法。

3.第一，面向全體學生，開展心理干預方面的教育；

第二，重視學生中特定的群體和個人，對他們進行心理干預；

第三，針對學生中特定個體已經出現的心理問題進行心理干預；

第四，完善對青少年學生心理狀況的測量和評定服務；

第五，為學校心理干預的自身建設服務。

第二節

1.認知模式、情緒疏導模式、行為轉變模式。

2.個別干預、團體干預、電話干預、網路干預。

3.降低行為發生率，提高行為發生率，認知行為矯正的技術。

章後複習題

1.ACD 2.ABC 3.AB 4.ABD 5.ABC 6.ABCD 7.ABCD 8.ABC 9.ABCD 10.ABD

第十章

第一節

1.疏通教師的心理問題，改變消極的認知方式，學會有效解決問題的技能，提高學校管理效能，引導學校和教師提高績效、建立良好的人際關係。

2.無條件積極關注、傾聽的諮詢策略，使學生感到他是安全、溫暖的，但學校心理學家卻也永遠保持共鳴而不捲入的旁觀者態度。

3.指導學校管理者改良制度政策，增進家長、學生、教師三方的互動交流，利用互聯網、微信等把握學生心理活動，與家長交流互動。

4.壓力覺察、環境順應、生理訓練和心理控制。

第二節

1. 檔案管理者。鑑別出特殊兒童，建立檔案，培養小學生良好的道德品質，指導教師。

2. 品行培育者。使學生積極主動參與教學過程，形成優良的傳統品德。

3. 生命意義啟蒙者。引導學生珍愛生命，瞭解生命存在的意義和價值。

4. 人生價值觀指導者。幫助學生進行職業生涯規劃，幫助他們選擇與其個性相吻合的職業。

章後複習題

1.C 2.B 3.C 4.C 5.D 6.ABC 7.ABD 8.ACD 9.ABD 10.ABD 11.BD 12.ABC 13.ABC 14.ABD 15.ABCD

第十一章

第一節

1. 團體輔導和個體輔導，可以分別以文中的「緊握我的手」和「金蘋果」俱樂部為例加以說明。

2. 中學生處在青春發育期，可以針對這個時期的心理特點進行闡述，對應的輔導實踐要適應中學生的這種特點，主要有開展心理健康教育課程和開通心理熱線。

3. 所謂社區心理健康服務，它是指在社區服務工作中，運用科學的理論和原則來保持與促進人們的心理健康，即透過講究心理衛生，培養人們的健康心理，從而達到預防身心兩方面疾病的目的。社區心理健康服務的運行機制是一個相當寬泛的概念，對運行機制的考察可以從組織機制、動力機制、激勵機制、保障機制以及整合機制諸多方面切入。整體而言，青少年社區支持運行機制主要體現了正式與非正式相結合、專業與輔助相結合的特點。首先是正式與非正式相結合，其次是專業與輔助相結合。

第二節

附錄 參考答案

1. APA 給出的定義是：學校心理學是專業心理學裡專注於總體實踐和健康服務的分支，它專注於在教育過程中與兒童、青少年、家庭，以及各個年齡階層的學習者有關的心理學科學和實踐。學校心理學家所受的基本教育和培訓使他們能在學校、家庭和其他環境中，針對兒童、青少年的發展過程提供一系列的心理學測評、干預、預防、健康促進和評價服務。主要包括以下六個方面的任務：心理預防與心理衛生、心理諮詢、診斷性評價、行為矯正、學習指導、職業指導。

2. 專業基礎課、專業主幹課、實踐課、特色課構成（特色課各校可根據實際情況另行確定）。

3. 主要透過建立多層次、規範化的資格認證制度和探索適合中國實際特點的學校心理學家培養方法這兩個方面來提升學校心理學家的團隊水準。

章後複習題

1.B 2.A 3.ABC 4.A 5.ABC 6.CD 7.ACD 8.BC 9.B

第二節 學校心理學的未來

國家圖書館出版品預行編目（CIP）資料

學校心理學 / 陳永進、魯雲林 主編 .-- 第一版 .
-- 臺北市：崧燁文化，2019.06
　　面；　公分
POD 版

ISBN 978-957-681-862-2（平裝）

1. 教育心理學

521　　　　　　　　　　　　　　　　108009069

書　　名：學校心理學
作　　者：陳永進、魯雲林 主編
發 行 人：黃振庭
出 版 者：崧燁文化事業有限公司
發 行 者：崧燁文化事業有限公司
E - m a i l：sonbookservice@gmail.com
粉 絲 頁：　　　　　網　址：
地　　址：台北市中正區重慶南路一段六十一號八樓 815 室
8F.-815, No.61, Sec. 1, Chongqing S. Rd., Zhongzheng Dist., Taipei City 100, Taiwan (R.O.C.)
電　　話：(02)2370-3310　傳　真：(02) 2370-3210
總 經 銷：紅螞蟻圖書有限公司
地　　址: 台北市內湖區舊宗路二段 121 巷 19 號
電　　話:02-2795-3656 傳真:02-2795-4100　　網址：
印　　刷：京崟彩色印刷有限公司（京峰數位）

　　本書版權為西南師範大學出版社所有授權崧博出版事業股份有限公司獨家發行
電子書及繁體書繁體字版。若有其他相關權利及授權需求請與本公司聯繫。

定　　價：500 元

發行日期：2019 年 06 月第一版

◎ 本書以 POD 印製發行